"十三五"国家重点图书出版规划项目

中国乡村振兴示范村

丛书主编 陈文胜
副主编 王文强

景溪村

申端锋 著

东北大学出版社

© 申端锋 2020

图书在版编目（CIP）数据

景溪村 / 申端锋著 . — 沈阳：东北大学出版社，2020.12

（中国乡村振兴示范村 / 陈文胜主编）

ISBN 978-7-5517-2634-4

Ⅰ. ①景… Ⅱ. ①申… Ⅲ. ①农村—社会主义建设—概况—安吉县 Ⅳ. ①F327.555

中国版本图书馆 CIP 数据核字（2020）第 270316 号

出 版 者：东北大学出版社
　　　　　地　址：沈阳市和平区文化路三号巷 11 号
　　　　　邮　编：110819
　　　　　电　话：024-83687331（市场部）　83680267（社务部）
　　　　　传　真：024-83680180（市场部）　83687332（社务部）
　　　　　网　址：http://www.neupress.com
　　　　　E-mail:neuph@neupress.com
印 刷 者：辽宁一诺广告印务有限公司
发 行 者：东北大学出版社
幅面尺寸：170 mm × 240 mm
印　　张：14
字　　数：251 千字
出版时间：2020 年 12 月第 1 版
印刷时间：2020 年 12 月第 1 次印刷
责任编辑：张德喜　刘宗玉
责任校对：杨　坤
封面设计：潘正一

ISBN 978-7-5517-2634-4　　　　　　　　　　　定　价：49.00 元

景溪风光

图1　景溪地貌

图2　景溪交通

图3　景溪云雾

图4　景溪河畔

景溪风光

图 5　景溪漂流

图 6　景溪啤酒节

图7　美丽的景溪河

图8　景溪漂流下码头

景溪风光

图9　景溪山民文化街入口

图10　枫林山自然村民宿部落入口

图 11　景溪漂流售票处

图 12　景溪村民在景溪河里放生鱼苗

景溪风光

图13　游客在景溪村体验挖笋

图14　景溪村竹林合作社组织村民种植林下经济作物

图 15　景溪村党员参加党员主题活动日

图 16　新冠疫情期间志愿者在村口执勤

序
Foreword

　　党中央始终高度重视农业、农村和农民工作，新世纪以来，连续推出了一系列强农惠农富农政策，我国农村发生了翻天覆地的变化，广大农民从物质到精神都有了前所未有的提高。习近平总书记指出，农业强不强、农村美不美、农民富不富，决定着全面小康社会的成色和社会主义现代化的质量。实施乡村振兴战略是党的十九大作出的重大决策部署，这是党的"三农"工作一系列方针政策的继承和发展，是开启全面建设社会主义现代化国家新征程的必然选择，是我们在新时代做好"三农"工作的行动总纲和根本遵循。

　　2020年，我国打赢了脱贫攻坚战，农村贫困人口按现行标准全部脱贫，贫困县全部摘帽，消除了区域性整体贫困现象。党的十九届五中全会提出"实现巩固拓展脱贫攻坚成果同乡村振兴有效衔接"的要求。脱贫之后的农户面临着尽快加入中等收入群体行列的新任务、新挑战，而乡村振兴正是他们实现这一美好愿景的必由之路。

　　村庄是乡村的基本社区单元，是乡村振兴的主战场。我国有60多万个行政村，从南到北、由东至西，情况千差万别，振兴之路也必然各有千秋。广大农村在实践中探索出各具特色的发展路径，一批村庄尽享强农惠农富农政策红利，通过艰辛探索，率先迈入全面小康，成为乡村振兴示范村；但仍有大量村庄在后起赶超，既需要政策的引导与推动，也需要典型的示范与带动。

　　习近平总书记强调，"要科学把握乡村的差异性，因村制宜，精准施策,打造各具特色的现代版'富春山居图'。"实施乡村振兴是一个划时代的伟大创举,也是一项长期而艰巨的任务。党的十九大提出的实施乡村振兴战略,指明了村庄建设的前进方向,但还要不断总结典型经验,探索发展规律,才能持续推动乡村的全面振兴。

由陈文胜教授担纲主编、多位专家学者共同编撰的"中国乡村振兴示范村"丛书,选择不同地域、不同类型的10个典型村庄,系统、全面地介绍其乡村振兴过程,是一件十分有意义的事情。典型村庄的选取兼顾地理区域、发展路径、奋斗历程等多方面,既有经几代人持续奋斗形成的富裕村,也有在精准扶贫中脱颖而出的脱贫村;既有区位优势显著的城郊村,也有大山深处的边远村,有较强的代表性,可以为乡村振兴工作提供多视角的参考借鉴。丛书既详尽地叙述了每个示范村的发展过程,包括对村干部与村民思想、行为变化的细微描写,又对村庄发展的关键阶段、特殊环节的超常做法和成功经验进行了系统总结,给出了各示范村乡村振兴过程的全景式展示。纵览全书,一个个眼光独到、能力超群、公而忘私的村庄引领者的高大形象跃然纸上,一件件惊心动魄、事关生死大事的抉择过程展现在眼前。这种纪实性文体鲜活、可信,感染力强,是总结农村基层工作与农民群众创造精神的一种有益的探索。

丛书文字生动活泼,叙事生动简明,启发性、指导性强。衷心希望这套丛书能有助于广大读者了解乡村,为乡村干部和农民朋友提供有益的借鉴,为各级党政部门的科学决策提供参考,助力全国的乡村振兴工作。

是为序。

蔡 昉
2020年12月

蔡昉,全国人大常委会委员,全国人大农业与农村委员会副主任委员,中国社会科学院原副院长、学部委员、博士生导师。

前言
Preface

  自从党中央提出乡村振兴战略以来,全国各地掀起了推进乡村振兴的热潮。在各地调研时,我发现每个村庄推进乡村振兴的积极性都很高,一部分村庄经过艰辛努力,探索出具有自身特色的发展模式,整体过上了质量较高的全面小康生活,但大多数村庄并没有明晰的发展思路,仍在乡村振兴的道路上彷徨且找不到突破的方向。由此,我心中一直想寻找一批优秀村庄,为其他村庄提供示范样本,以让更多的村庄能更快地实现乡村振兴。我也曾经将这个想法写进了对政府的建议之中。

  我的这一想法与东北大学出版社的计划不谋而合。2018年秋天,东北大学出版社领导找到我,提出出版一套宣传乡村振兴优秀村庄系列丛书的构想,并希望由我来组织编写这套丛书,我欣然答应了。我们一致认为,实施乡村振兴,是党中央、国务院的战略部署,是广大农民过上小康生活的必由之路,但前景美丽而道路曲折,实现乡村振兴将是一个长期的奋斗过程。在这个过程中,已有许多村庄走在前列,提前进入小康,应该把他们的经验总结出来,供尚在乡村振兴奋斗路上的村庄学习、借鉴。各个村庄经济基础不同、自然条件迥异,笼统设定一个模式,照搬一个做法显然不妥,而是要有针对性地选择一批有代表性的优秀村庄,让大多数村庄都能找寻到学习的榜样,以最大限度地发挥优秀村庄的示范作用。为此,我们在全国范围内,遴选了10个走在乡村振兴前列的典型村庄,以通俗化语言、纪实的叙事方式,把村干部及村民的超前意识、奋斗过程、成功经验全面描绘出来,将它们的坚定信念、聪明才智、开拓精神细致展现出来,并以"中国乡村振兴示范村"丛书的形式奉献给广大读者。希望这套丛书能给各级政府以借鉴,给广大乡村干部和农民朋友以启示,为实施乡村振兴战略助一臂之力。这就是我们编写、出版这套丛书的初衷。

  为确保编写质量,我们组建了一个由长期关注、从事"三农"研究的专家学者、政府官员、媒体精英等组成的跨区域作者队伍。具体分工是:

我任丛书主编，湖南省社会科学院人力资源与改革发展研究所所长王文强任丛书副主编。各分册作者分别是：《十八洞村》，湖南师范大学中国乡村振兴研究院教授陆福兴；《花园村》，人民日报社《民生周刊》杂志社编辑部主编、资深媒体人严碧华；《战旗村》，四川省农村发展研究中心主任、四川农业大学教授蓝红星，四川农业大学教师张正杰；《浔龙河村》，湖南省政协经济科技委员会主任、中南大学教授吴金明，湖南浔龙河投资控股有限公司刘红峰博士，国家税务总局党校长沙分校教师吴双；《景溪村》，河北农业大学教授申端锋；《郎德上寨》，中共黔东南苗族侗族自治州委员会宣传部副部长龙志波，黔东南苗族侗族自治州融媒体中心纸媒综合部主任、主任记者宋尧平；《袁家村》，中共陕西省咸阳市委农工办主任、西北农林科技大学兼职教授赵强社，西北农林科技大学教授赵晓峰、讲师张贯磊等；《振兴村》，山西农业大学形势与政策教研室主任、副教授庞丽锄；《张庄村》，湖南省社会科学院《毛泽东研究》编辑彭秋归；《大梨树村》，辽宁省直工委原副调研员张玉洁。作者们治学严谨、知识渊博，具有丰富的乡村调查经验，对所写的村庄比较熟悉，对所剖析的对象有着密切的关注。为了高质量地完成撰写任务，他们或常驻或三番五次前往所写村庄，目的就是真实记录所写村庄的振兴过程，挖掘出其潜在的精神动力。

本丛书的编写得到了各示范村村委会、支委会和所在地党政机关的大力支持和热情服务。尤其是本丛书的出版还得到了全国人大常委会委员、全国人大农业与农村委员会副主任委员、中国社会科学院学部委员蔡昉的关注，并在百忙之中为本丛书作序，其深厚的为农情怀和对"三农"研究者的关爱令我们十分感动。在此，一并对给予本丛书编写、出版以支持和帮助的各相关单位、各界人士表示衷心的感谢！

需要说明的是，丛书中的有些数据、案例引自专业著作与论文、媒体报道、政府门户网站发布的资讯。对各类文献的作者，我们致以真诚的感谢。由于时间关系，难以一一核对和注明所有文献的出处，在这里我们深表歉意。由于编者水平所限，加之时间仓促，丛书中的内容难免有不妥、失误之处，敬请广大读者批评指正。

陈文胜
2020 年 11 月

陈文胜，湖南师范大学"潇湘学者"特聘教授、博士生导师，中国乡村振兴研究院院长，中央农办乡村振兴专家委员，中共湖南省委农村工作领导小组"三农"工作专家组组长。

目录
Contents

第一章　景溪村足迹 / 1

　　一、集体化时期的景溪村：以毛竹种植为主 / 2

　　二、分田到户后的景溪村：从一产转向二产 / 6

　　三、21世纪以来的景溪村：从二产转向三产 / 10

第二章　黄大伟小传 / 15

　　一、乡镇企业上班：青春岁月 / 15

　　二、返乡养殖创业：艰难岁月 / 16

　　三、转型农家乐：成功致富 / 17

　　四、任职村干：成长为村庄带头人 / 20

　　五、村庄带头人的重要性 / 22

第三章　农家乐起家　乡村旅游首现 / 25

　　一、野趣农庄：景溪村乡村旅游的火种 / 25

　　二、水云轩：从农家乐到民宿 / 33

　　三、山景园：不断升级的农家乐 / 35

　　四、听风山庄：外地人承包经营的农家乐 / 37

　　五、家庭经营的优越性 / 39

第四章　村庄环境整治　建设美丽乡村 / 41

一、村庄环境整治的历程 / 41

二、村庄环境的长效管理 / 51

三、垃圾分类 / 56

四、从美丽乡村建设到生态文明建设 / 61

五、美丽乡村是公共品 / 62

第五章　村民众筹　集体开发漂流 / 64

一、产业规划 / 64

二、村民入股 / 66

三、艰苦创业 / 69

四、承包经营 / 72

五、村民众筹与新型集体经济 / 74

第六章　产业转型　村民二次创业 / 77

一、招羊树：从毛竹拉丝厂到农家乐 / 77

二、行趣：从喷漆厂到农家乐 / 84

三、春安客栈：从纸浆厂到农家乐 / 92

四、平贵竹木制品厂：正在进行的转型 / 95

五、景溪产业转型的启示 / 99

第七章　青年返乡　农家乐升级 / 101

一、俞宅民宿：从杭州出租车司机到民宿协会会长 / 101

二、蕉下民宿：从销售能手到民宿老板娘 / 116

三、那厢民宿：老板返乡创业的故事 / 124

四、农家乐升级 / 136

第八章　乡村经营　旅游兴村 / 141

一、乡村经营示范村建设 / 141

二、竹林合作社与竹产业转型 / 147

三、开竹文化旅游节 / 155

四、全域旅游 / 160

五、乡村经营的启示 / 162

第九章　黄大伟的治村之道 / 165

一、党建引领 / 165

二、共建共治共享 / 169

三、用人之道 / 176

四、合作社 / 179

第十章　景溪之路启示录 / 182

一、景溪经营 / 182

二、景溪机制 / 190

三、景溪精神 / 196

四、景溪之路 / 200

后记 / 203

第一章
景溪村足迹

　　景溪村位于浙江省湖州市安吉县报福镇,地处安吉县南部山区,邻近浙北大峡谷景区、黄浦江发源地。景溪村交通便利,地理位置优越,两边青山环抱,一条山间溪水潺潺流过,村民依山临水而居,拥有丰富的生态旅游资源。

　　改革开放前的景溪村,以毛竹种植为主要产业,为上海提供原材料,几乎没有什么工业;改革开放后的景溪村,在毛竹种植的基础上,逐步发展出了毛竹加工业,通过发展二产带动了一产的发展;进入新世纪以来,安吉作为"两山"理念的发源地,最早提出了美丽乡村建设,在美丽乡村建设的基础上,景溪村逐步将乡村旅游作为本村的主导产业,从二产转向了三产,并积极探索三产融合的发展道路。

　　现在的景溪村共有农户388户,1245人,人均耕地0.2亩[①],辖5个自然村,8个村民小组,党员54人。村庄区域面积11.78平方千米,其中山林面积10.7平方千米,森林覆盖率达92%以上。2019年,景溪村经营产值达6000万元,村集体经营收入达302万元,带动就业200余人,村民人均收入

景溪村入口

---

① 亩为非法定单位,为方便读者阅读,本书仍沿用。1亩=666.67平方米。

超4万元，其中民宿经营户每年最高收入可达80余万元。通过发展乡村旅游产业，全体村民都成为股民，成为乡村经营者。景溪村先后获得国家AAA景区、省级森林人家、省级美丽乡村精品村、省美丽宜居优秀村庄、省级休闲旅游示范村、市森林村庄、市县党建示范村、县美丽乡村精品示范村、县水环境优美村、县旅游示范村等称号。

纵观景溪村的发展历程，景溪村之所以能够取得今天的发展成就，也经历了长期的探索。安吉县是著名的中国竹乡，竹产业在区域经济中占有重要地位，景溪村的发展历程也围绕着竹产业展开。

一、集体化时期的景溪村：以毛竹种植为主

（一）毛竹种植

1. 山区农业

改革开放前的景溪村为景溪大队，耕地面积很少，也没有什么工业，农民生计来源主要靠山上的毛竹。毛竹种植一直是景溪村的主业，景溪村创业和产业转型的过程，就是围绕着竹产业展开的。改革开放前，毛竹山由集体经营，当时市场还没有开放，集体的毛竹都卖给供销社，由供销社统购统销。当时的生产队还利用毛竹来造纸，8个生产队有3个生产队造纸。

在人民公社时期，由于土地较少，农业并不是主业，竹业才是主业，有毛竹的种植和销售，也有加工毛竹来做纸，这实际上是一种多元化经营。所以，在集体化时期，景溪村的收入还是不错的，要比山下种水稻的地方强。当地农民对过去的印象是，有毛竹的地方生活条件是好的，种水稻的地方是穷的。这也正是山区不同于传统农区的地方，在山区农村，粮食种植从来不是主业，早就有发展非农产业的传统。以毛竹为中心的产业，一直是景溪村的主导产业，这也是我们理解景溪村创业的一个主线。

改革开放前，景溪村是缺粮的地方，有一半是国家供应粮票，像城市居民一样。改革开放后，放开了，生产效率提高，只有少部分家庭的粮够吃了，90%的农户都要买粮吃，自家耕地里产的粮食不够自己吃。这就是山区农村的特点，耕地少，农业从来就不是重点。在人民公社时期都是如

此，需要国家供应，从外面调粮食进来。但山区农村的山地面积大，安吉山区就是全国有名的毛竹产地，有"中国竹乡"之称，可以为其他地区提供毛竹，从而获得经济收入。所以，景溪村虽然土地少，粮食不够吃，但生活比山下的平原农村过得要好。山区的农业所占比重很少，可以说，在景溪，农业一直是副业，林业曾经是主业，现在旅游业是主业。

1983年分山到户之前，景溪村毛竹山属于集体经营，每个生产队都有一个专人管护山林，毛竹和毛料都属于集体所有，村民通过参加劳动获得工分。毛竹比竹笋值钱，为了养更多的毛竹赚钱，竹笋也不能乱挖。改革开放前是计划经济主导，国家对毛竹实行统购统销，当时毛竹还主要用于建筑工地，毛竹山的砍伐是需要指标的，村集体拿到了指标才能砍伐。政府分配砍伐指标，并由供销社统一收购，统一调拨，这种经营模式一直维系到20世纪80年代末。改革开放之前，毛竹的价格是计划定价，价格不高，改革开放之后，毛竹市场逐步放开，价格也开始上涨。

2. 贫穷的生活

景溪村地处山区，耕地少，改革开放前有耕地230亩，有人口1100多人，人均2分地。1965年之前吃不饱。农业学大寨期间，开了40亩田，全都是村民出义务工。在集体化时期，景溪村民的粮食70%需要国家供给，30%能够自给。景溪村的老书记涂吉祥老人是1942年生人，1970年开始在生产队当干部，1977年担任景溪大队大队长，分田到户后当了10年的村支书。老书记还清晰地记得，那时候的生活很艰苦，70年代他们去公社开会，都是走着去，直到1978年他才买了一辆自行车。

童关林，1954年出生，比老书记涂吉祥年轻了10多岁，他对改革开放前最深的印象就是贫穷，当时的生活太困难了。老童现在还记得一件事，当时大队还在办食堂，大概是1958年的时候，当时老童才四五岁，他跟着家长去食堂打稀饭，当时下着雨，在回家的路上，有一位叫倪友望的孤寡老人，摔了一跤，碗里的稀饭撒了一地，这位老人就趴在地上舔稀饭，一边舔，一边哭，老童把自己家的稀饭分了一半给老人吃，老人才不哭了。这件事对老童的影响很大，深深地印在了老童当时幼小的心灵里。后来，老童经常把这件事讲给孩子们听，以激励孩子们珍惜现在的美好生活。

老童的父亲身体不好，基本上丧失了劳动能力，家里负担很重，穷人的孩子早当家，为了帮助母亲养家，老童放弃了读书，当时觉得读书不重要，养活家人才是最重要的。老童16岁的时候就是生产队的整劳力了，和成年人干一样的活，挣一样的工分，在田里种水稻，到山上砍毛竹。老童当时读书成绩很好，因为家里条件差，老童一般都是开学四五周了才在老师的催促下去学校，即使这样，他很快就能赶上去。当老童迫于生活压力从学校辍学以后，学校的老师还到家里来，要求他继续上学。这一说法也得到了老童弟弟童关心的证实，童关心认为他的哥哥有点天赋，老师们都很喜欢，可惜家里条件太差了。

当时的贫困不只是哪一个家庭的贫困，而是普遍性的贫困。枫林山自然村的姚建明是1955年生人，老姚也是16岁就开始到生产队务农，先后担任生产队的记工员、会计和队长，后来家里造房子欠了1000多元钱，为了还账，老姚带了30多个人去江西烧竹油。老姚记得很清楚，那一年是1976年，毛主席去世那一年，秋天下起了大雪，生产队的水稻被大雪压了。公社拍电报让老姚回来救灾，但老姚带了30多个人在外面烧竹油，肩负着多个家庭的希望，没有办法回来，为此，老姚的生产队长也被撤了。时隔多年之后，老姚重新当选枫林山村民组的组长，对这件事仍然记忆深刻。

（二）集体经济的多元经营

虽然分田到户前的景溪村以毛竹种植为主，但村集体还是积极探索多元化经营，用当时的话来讲搞了一些副业。主业还是毛竹种植，副业主要是以毛竹资源为基础，搞了一些加工业。同时，景溪人还积极利用当地的丰富的水资源，修建了水库和水电站。

1. 集体副业

在集体化时期，在生产队下面，还有一个经济联合社的机构，主要是发展集体经济的多元经营。1953年出生的王永芳，曾经在1979年至1983年担任景溪大队经济联合社的社长。

涂吉祥老书记于1970年开始在生产队任队长，1977年担任生产大队大队长，分田到户后又当了10年的村支书。涂老书记还清晰地记得，在集体化时期，景溪大队的基础设施很差，村里只有一条土路通往报福公社所驻地，现在，景溪村有3条公路通往报福镇上，交通条件得到了极大的改善。集体化时期，景溪大队还有一个林场，林场的茶叶、毛竹、笋干一年能带来2万元的收入，那时候村里的开支很小。

据涂老书记讲，村集体积极开展多种经营，1968年村集体办了一个毛笋厂，质量不过关，产品卖不出去，后来也不行了。1975年，村集体又办了一个竹器厂，1982年停掉了。从1976年开始，集体开始在林场上种了30多亩的茶叶，一年能有五六万元的收入。

1956年出生的陈云龙老书记，从1979年开始担任生产队长，据他讲，集体化时代的老书记带领村民搞茶场和加工厂，搞副业经营。60年代开始在杨树林林场种茶叶，培养毛竹，加工笋干，林场的面积有三四百亩。当时的竹木加工综合厂，主要加工脚手片，在建筑工地上做架子用，当时主要供应上海。分田到户之后，集体林场和茶场一直存在，竹木加工综合厂就不存在了。

总体上来看，在集体化时期，除了种植毛竹和水田，景溪大队还积极进行多种经营的探索，一些生产队也有自己的副业。这些副业都是依托于当地农副产品资源进行的初加工，虽然没有成规模，却也是最早地将绿水青山转化为金山银山的探索。

2. 水电站开发

景溪大队除了依托农副产品资源搞副业经营，还积极对当地的水资源进行开发，通过建设小型水电站来获得集体收入。景溪村的水资源丰富，早在集体化时期就对水资源进行了开发，当时主要是建设小水电，报福镇是全国的小水电之乡，还受到国务院的嘉奖，奖状是时任国务院总理周恩来同志签发的。在电气化方面，景溪村虽然是一个山村，却走在了大多数乡村的前面，这里的村民早在70年代就用上了电。

余诚老先生是村里的老会计，1942年出生，从1973年就开始担任生产队会计，后来又担任村会计。余老会计现在还清晰地记得景溪大队进行水资源开发的事情，集体化时期先是造罗家费水库，全部靠人工，造了8年，用来灌溉和发电。当时4个大队造的水库，一个村一个电站。目前景溪村共有两个发电站，都是在集体化时期兴建的。第一个水电站建于1977年，1982年修建了第二个水电站，发电功率是160瓦，陈云龙任书记时对水电站进行了增容，发电功率为360瓦。

当地水资源丰富，是黄浦江的发源地。这是景溪村的另一个资源优势，为了开发水资源，在集体化时期，景溪人在学习外地经验的基础上开发水电站。水利部门有一定补助，第一个水电站是景溪人自己修建的，第二个采取了承包的办法。

两个水电站实行股份制,村集体占70%,村民和供电局、水利局占30%,水电站每年都有分红,收入要看雨水的情况,雨水大发电量大分红就多。村民每人入股150元,每年能分130元左右。在管理上也是股份制,技术由供电局负责,日常管理由村集体负责。两个水电站过去是村集体收入的主要来源,一直到现在,村集体每年能从中获取10多万元的收入。

小水电是对水资源开发的主要形式,虽然对经济收入的贡献不是特别大,但也是非农产业的重要组成部分。对水资源的开发在集体化时期就已经开始了,并且还受到了国务院的表彰,在景溪村的水电博物馆里,展示了当地的水电工业和水电文化。小水电站仍然是一种工业化思维。现在,景溪村对水资源的开发,已经从工业化思维走向了生态化思维,最典型的就是漂流产业,漂流成为水资源开发的主要形式。水资源的开发,也是生态资源的价值实现形式。

二、分田到户后的景溪村:从一产转向二产

分田到户后,景溪村的发展进入了一个新时期,农民的生产积极性被极大地调动起来,除了继续种植毛竹之外,景溪村村民开始以当地的毛竹资源为依托,大力发展竹产品加工业,全村最多时有5家毛竹拉丝厂,对毛竹进行初加工。而毛竹加工业的发展反过来又带动了毛竹种植。这一时期景溪村的产业发展出现"一产转二产,二产带一产"的发展格局。当然,这一时期的毛竹加工业以家庭经营为主体,集体经营的产业仍然是集体时期打下的基础,除了林场、茶山和水电站,并没有新的突破。

(一)集体经济的停滞不前

分田到户至美丽乡村建设这30余年,景溪村集体经济主要是还是吃老本,除了集体化时期的电站和林场,并没有太大的突破。1985年,景溪村集体建了一个综合厂,把毛竹加工成建筑材料,然后出售到上海、嘉兴等地。当时,余大爷担任综合厂的负责人,他还清楚地记得将毛竹建筑材料销售到上海黄浦区。有时候毛竹卖不出去,出现滞销的情况,所以村集体办综合厂。综合厂是村集体搞的加工业,其背景是毛竹的统购统销,1987年之后,毛竹市场放开了,村民个人开始办厂,景溪村也一度出现三四家毛竹加工厂,后来的加工厂不是把毛竹加工成建筑材料,而是拉丝

厂。景溪村的毛竹产业也经历了一个转型,先是村集体办加工厂,然后是村民个体办加工厂,现在又成立了竹林合作社发展林下旅游,从工业化到景区化,这是毛竹产业发展的新方向。

20世纪80—90年代,景溪村的集体经济没有太大的起色,各项工作在全镇处于中游水平,并不突出。村里的集体收入主要来自电站、林场、茶山,每年的集体收入也就有10万元左右。虽然这一时期村集体收入不多,但还经常有盈余,村集体并没有负债,这说明村集体搞的建设也不多。可以说,在2010年之前,景溪村村民靠山吃山,多数从事毛竹种植,少一部分从事毛竹加工和运输,年轻人开始外出打工,村集体缺乏一个清晰的发展思路,景溪村在某种意义上陷入了停滞不前的状态。这是老一辈村干部也认可的看法,正如老书记陈云龙所言,景溪村发生大的变化还是在2008年启动美丽乡村建设之后,村庄以旅游业发展为主导产业,村庄发展才摆脱了90年代的停滞不前状态,进入了新的时代。

虽然这一时期,景溪村的变化不大,但也做了一些公益事业:1986年建了学校,村里投资了8万元钱,政府只给了8000元。这所学校当时是报福镇最好的村庄学校,只有小学1至4年级,后来小学撤掉了,校舍成为村老年人协会的场所。景溪村还重新翻建了一座桥,下阴山桥是集体时期建造的,后来景溪河发洪水把桥冲毁了,当时涂吉祥老书记和村干部找到县里的领导,县里拨了2万多元钱把桥修好,解决了学生冬天上学过河的难题。这座下阴山桥村里共修了3次才修好,原来是两孔桥,后来改为三孔桥,才把桥修好。

在80年代和90年代,村庄搞公益事业主要靠村集体和村民筹资。村里的老书记陈云龙还记得,1993年村里修路,向农户集资,向富裕户募捐,当时项目很少,村里很少能得到项目。为了修路,村集体还到工商银行借贷20万元,总共花了60万元修路,大部分都是靠自筹。自然村负责修自己的路,主要通到各个自然村的水泥路,靠各个自然村自己集资,行政村适当补一点,帮助做一些政策处理工作,主要是修路的占地问题。在这一时期,村庄公益事业主要靠自力更生,而不是靠项目,而进入新世纪之后,村庄公益事业主要靠政府项目。

(二)毛竹种植:从集体经营到家庭经营

1983年12月,景溪村分山到户,耕地已早一年分田到户。分毛竹山的时候,老书记陈云龙当时是工作组成员,亲身参与了这次分山,对过程和做法至今记忆犹新。毛竹山是按人口来分的,为了减少阻力,从人口少的生产队开始分。分山的时候,先把竹林分好,按照位置来分,一般是路边的低山、中等高度的山、高山等三个地段,不同的地段,每年向集体上交的利润不同,低山山林上交40%,中等高度的山林上交30%,最高的山林则只需上交10%。可见,分山的方案非常精细化,按人口来分,同时也要考虑到不同的地段,地段不同,产出不同,付出的劳动也不同,向集体上交的利润也不同。景溪村的山林根据地段一般可以分为五六个档次,具体由各个生产队来操作。在分山之前,先把分配方案制定好,确保公平,然后确定好顺序,按顺序抓阄分山。

景溪村毛竹山

"动钱不动山"是集体所有制的一种实现形式,也是一种利益联结机制,较好地处理了个人与集体之间的关系,既发挥了家庭经营的积极性,也保证了集体经济组织内部的公平,体现了景溪人创业与合作的实践智慧。当然,随着毛竹产业的转型,毛竹的家庭经营无法维系,利益分配机制也就有了新的形式,这就是毛竹合作社。

景溪村当时有5000多亩毛竹山,8个生产队分。在老会计余诚看来,分山的时候按人口平均分,分配方案比较复杂,一半按人头来分,一半按口粮来分。分配方案的复杂化就是为了追求公平,当时是公平的,但人口是变化的。虽然人口在变化,但毛竹山自分到户后就再也没有动过。山林太复杂，没有办法调整，不像平原的土地便于调整。但山区农民也有自己的智慧，他们在实践中探索出了"动钱不动山"的山林调整方案。所谓动钱不动山，就是为了平衡人口变化与山林之间的矛盾，并不调整山地，动山复杂且不利于农户干活，因而就用钱来平衡，让新增人口也能够从竹林经营中获益。动钱不动山，两年动一次，工作量很大，镇干部和村干部一起，制订方案，到农户家中讨款，有的村民愿意交，也有不愿意交的村民。尤其是当毛竹不值钱的时候，就没有人上山做工了，毛竹山没有效益了，低山还有一点钱，高处的毛竹林就没有钱了。毛竹山没有效益了，动钱不动山的调整分配方案自然也就无法维系了，大概从2010年开始，有些农户的钱就收不到了。

动钱不动山的调整方案，不同于平原农区的土地调整方案，为了应对人口变化，一些平原农区自分田到户以后就一直坚持"三年一小调，五年一大调"，通过重新调整分配土地，实现人口与土地的平衡。这种土地调整方案的核心就是"均分"，按人口对土地资源进行重新分配，实现了公平，但也导致土地细碎化，不利于耕作。安吉山区的动钱不动山，一方面保证了人口变化与山林的平衡，另一方面也保证了每家山林面积的稳定性。动钱不动山这一方案有"均分"的思想，追求公平，同时也有合作的思想，使得集体内部依然保持了合作，使得利益是一个整体，同时也调动了家庭经营的积极性。

动钱不动山，里面蕴含着股份制的思想，农户的林权实际上股权化了，每个人都能从林业经营中受益，但又不直接与自己家的承包山面积挂钩。当然，这个股权的实现也需要条件，只有经营才能实现股权。这种做法一直延续到漂流产业的开发，一直延续到竹林合作社的运营。这是一种合作经营的思路，较好地处理了各个主体之间的利益关系。

（三）毛竹运输和毛竹加工业的兴起

改革开放前，景溪村主要靠山和田获得收入。在80年代，大部分村民还都是在家里务农，有一部分脑子好使、胆子大的村民开始做生意，当时外出打工的较少，主要是做毛竹和毛料的生意，就是把当地产的毛竹和毛料销售到外地。从1987年开始，景溪村做毛竹生意的村民越来越多。最多的时候，有30多家做毛竹生意，30多家做毛料生意，是当地村民收入的主要来源。

毛竹在集体化时期实行统购统销，1983—1987年，毛竹市场逐步放开，开始有小商小贩收购毛竹，然后由大的销售商运到上海做建筑材料用。改革开放后，毛竹的价格上涨，效益提高。从80年代至90年代中期，这是毛竹价格最好的时期。在这一时期，村民基本上都在家里务农，种植毛竹，为了多收一些毛竹，多挣一点钱，村民精心打理自己家的毛竹，还给毛竹施肥，有化肥也有农家肥。1995年之后，就没有村民给毛竹施肥了，全靠毛竹的野蛮生长。到了2010年以后，报福镇的毛竹加工业也是从80年代开始的，全镇最多的时候有20多家毛竹加工厂，一年能加工毛竹1万多千克。景溪村也曾一度有三四家毛竹加工厂，主要是拉丝厂，毛竹都抢着要，农户把毛竹砍伐下来，拖到山脚下，老板开着拖拉机去收。只不过报福镇和景溪村的毛竹加工都是初加工，主要是拉丝厂，把毛竹切成片，用来做凉席和筷子。毛竹加工厂是毛竹需求的大户。景溪村有3家私人经营的拉丝厂，做凉席用，有100人在工厂里从事竹加工。

三、21世纪以来的景溪村：从二产转向三产

2002年，浙江省在全省开展"千村示范万村整治"，2008年，安吉县在全国率先启动美丽乡村建设，景溪村成功创建了美丽乡村精品村，成为安吉县第一批美丽乡村。景溪村从此逐步走上了从美丽乡村到美丽经济的发展道路，从第二产业转向第三产业，乡村旅游产业成为景溪村的主导产业，并于2016年成功创建AAA景区村庄，景溪村的集体经济和产业发展进入了一个新阶段。

（一）乡村去工业化

毛竹拉丝厂的废水直接排到沟里，污染严重，影响到当地群众的吃水。报福镇在2015年加大了环境治理力度，村里的拉丝厂都关闭了。到最近四五年，全镇只剩下了两三家加工厂。镇上的笋加工厂也因为环保关闭了，以竹业为中心的乡村工业全面退出。

景溪村的拉丝厂的关停始于2014年，最后一家拉丝厂于2016年8月份关闭。没有工厂了，毛竹就没有人要了，以毛竹中心的产业链就断掉了，农民这一块的收入来源也就断掉了。环保加速了竹加工业的退出，原来的初级工业化模式无法维系，普通的种植户都对之感同身受，认为这是

大环境。

与其他农业地区一样，农副产品加工业曾是主导产业，农民种植为加工业提供原材料，比如山东的花生、棉花等。这是八九十年代农民收入的主要来源。这是走的工业化道路，各地都孵化出了一批龙头企业。但农民很难通过提供原材料致富，包括恩施的烟叶种植，现在都不做了。这是80年代开始乡村产业发展的一个思路，就是为加工业提供原材料。但是这一模式现在很难维系了，农副产品的初级加工会产生环境污染，在环保风暴之下，乡村去工业化加速。

自从1995年后毛竹需求量减少，价格降低之后，做毛竹和毛料生意的急剧减少，在我们调研的时候，还有2家在做。毛竹的效益不高了，没有搞头了，劳动力开始外出务工经商，打工就成为很多年轻人的选择，比如俞斌，就是在1998年外出打工的，他的父亲还在家里收购毛竹，但他的记忆是赚不到什么钱了，日子过得很苦。

对景溪村的毛竹产业来讲，90年代中期是一个转折点。自从90年代中期后，当地的老板多了，开始到江西、福建、云南等价格更低的竹产地购买毛竹，而本地的加工厂吃不下那么多的原材料。在同一时期，上海建筑工地上的竹材料也被替代了。这两个因素都影响了当地的毛竹产业，市场发生了变化，毛竹产业也就逐步发生了变化。

但直接的影响还是环保，报福镇是毛竹主产区，毛竹产业是主导产业，毛竹加工厂很多，毛竹加工产生的污染也就很多。自从2015年以来，报福镇的环保力度进一步加大，毛竹加工厂要想开下去就必须上环保设施，办厂的成本很高，很多小型加工厂吃不消，大量的工厂关停。

毛竹的需求量减少了，毛竹的价格也就下降了，慢慢地，高处的毛竹林就没有人砍了。现在很多山地都荒了，高处都是柴和草。山上的毛竹两年砍伐一次，以前的价格是50千克30多元，50千克就是3根竹子的重量。自己做的话一天能砍伐1000千克，请人工需要200元一天，价格便宜，工钱涨了，再去砍伐就划不来了。老陈家的10多亩山林，能赚2万多元，现在没有什么利润了，老陈家也有4年没有砍伐毛竹了。当然，低山的毛竹还是有搞头的，有一定的收益，老百姓还是在乎的，高处的就无所谓了，基本上就没有人管理了。低处的山林，50千克卖26元，除去人工费，50千克收入18元，还是能够有一些收入。

（二）乡村旅游产业的兴起

2008年，黄大伟通过换届选举成功当选为景溪村村委会主任，开始在村庄发展中发挥作用。2008年，景溪村成为安吉县第一批美丽乡村建设创建村，这为景溪村的发展打开了一个全新的空间。2008—2010年，景溪村成功创建美丽乡村重点村、精品村，极大地改善了基础设施，美化了村庄环境。用黄大伟的话来讲，景溪村民居呈带状分布，两边青山环抱，中间是清澈的景溪河流过，通过美丽乡村建设的梳理，景溪村就像一个美女，显得更加楚楚动人。

1. 创建美丽乡村，成功开发漂流

游客在景溪漂流

在美丽乡村建设的基础上，景溪村干部群众不甘落后，积极探索集体经济和乡村产业发展之路。村两委班子进一步开拓思路，作出了开发旅游业进行美丽乡村经营的决定。通过发展乡村旅游，走共同致富之路，这是景溪村集体和全体村民的共同目标。2010年，景溪村两委对景溪村进行了定位，提出了"十里景溪"，重点抓产业提升，成立了杨树岭农民专业合作社，整合全村200余亩闲置土地，做好产业经营文章。同时，景溪村还建设景溪河滨景观带，发展了盆景园。

2011年，景溪村以村支部牵头、群众参与的形式，村民每人入股2000元，成立安吉景溪坞旅游开发有限公司，注册资金500万元，公司采取股份制形式，其中村集体和村民占71%的股份，工商资本占29%的股份，打造一个集休闲、度假、体验于一体的新农村旅游景点，包含溪涧漂流、人工冲浪、快乐水屋等以山涧戏水为主题的水上娱乐项目，也就是

俗称的漂流，又名浙北峡谷漂流。

景溪村的漂流一举开发成功，自2012年5月对外营业以来，受到了广大游客的青睐，当年接待游客2万余人，营业额达100余万元，村集体收入增加30余万元。通过开发漂流，景溪村的景区建设向前迈了一大步，开始有游客来村里了，这是景溪村村民过去所不敢想的。这给村集体和村民带来了极大的鼓励，不仅切实增加了村集体和村民收入，而且打响了"十里景溪"的旅游品牌，为景溪村带来了人气和游客，巩固了美丽乡村建设的成果，增强了景溪村进行美丽乡村经营的信心。

2. 乡村民宿集聚发展

在美丽乡村建设的基础上，景溪村大力发展美丽经济，通过乡村旅游产业实现生态资源价值。首先，景溪村通过和杭州布雷克公司合作，共同研究开发枫林山自然村农家乐民宿集聚区，标准化建设民宿，树立"景溪民宿"品牌。美丽宜居的生态环境，加上村集体有效的引导扶持，民宿发展的速度加快。

2018年，通过美丽乡村经营创建，景溪村新增民宿13家，共投入社会资金4000余万元。2019年，景溪村已经形成了下阴山、枫林山、中心村、马腰坦等四大区块的民宿集聚区，全村共有民宿农家乐40余家，共有床位1000余张，可同时接待用餐1500余人，年增收800余万元，真正做到了村民不用出远门在家里就可以赚钱，实现了生产、生活、生态的"三生"合一，绿水青山开始有效转换为老百姓的金山银山。

3. 创建美丽乡村精品示范村，深化探索乡村经营

2016年开始，景溪村开始创建美丽乡村精品村示范村，并在这一年成功创建AAA景区村庄，创建乡村旅游示范村，村庄环境得到了进一步的提升，乡村经营也得到了全面提升，乡村旅游产业业态丰富完善。

景溪村以村入口盆景园景点为切入点，新增下阴山自然村那厢民宿户外基地和花海漫步步道，完善了枫林山民宿村落，再加上中心村、峡谷漂流、山民文化街、文化礼堂，以及大坦上自然村美丽家庭示范村落，景溪村已经形成了以中心河溪的滨水景观中轴，以及河东传统文化片区、河西休闲度假片区两大片区，建成了以五个自然村为景观节点的旅游环线，一个以生态水文化休闲度假为特色的美丽乡村已经建成。

2018年，在乡村振兴战略的指导下，通过学习借鉴陕西袁家村的经验，景溪村收回坐落在漂流下码头的水岸枫情，经过改造提升，建设固定店面30余间，挖掘乡村美食，打造了一条浙北山民生活文化街，把山村村民的乡土生活和乡愁美食转化为旅游产品，带动老百姓致富和村集体增收。

为了进一步丰富旅游业态，2018年，景溪村通过外出学习考察，在充分征求村民意见的基础上，成功流转毛竹林6228亩，注册成立了景溪福林毛竹合作社，制定了合作社章程，争取政策项目的支持，发展林下经济。林下经济主要包括林下套种经济作物，提高竹林的经济价值，同时，积极从传统的毛竹种植和加工转向竹林旅游，从第一二产业向第三产业转型，挖掘毛竹的多功能，实现三产融合。通过发展林下经济和林下旅游，促进了竹产业的转型升级，增加了农民收入，盘活了竹林资源，促进了绿水青山向金山银山的转换，探索了生态资源价值实现的有效渠道。

第二章
黄大伟小传

黄大伟，1972年生人，2002年开始担任村两委成员，2008年任景溪村村委会主任，2016年任景溪村党总支书记，同时担任安吉景溪坞旅游开发有限公司董事长。黄大伟是在"千村示范、万村整治"和美丽乡村建设中成长起来的村庄带头人，作为年轻的村支书，黄大伟认真践行"绿水青山就是金山银山"的发展理念，以建设美丽乡村为基础，以经营美丽乡村为起点，带领全体村民走出了一条乡村振兴的新路子。景溪村也因此成为新时代红色党建引领绿色发展的样板地，成为实践乡村振兴战略的模范生。

一、乡镇企业上班：青春岁月

黄大伟的父亲是一名教师，母亲是一位勤劳善良的农村妇女。据黄大伟自己讲，他在读高中的时候有点叛逆，对未来有点茫然，缺乏人生目标，在高一的时候因一念之差便辍学回家。

黄大伟从学校回家后，并没有上山干农活，他的第一份工作是到本镇洪家村的一家小工厂干活，这家工厂是大伟亲戚家开的，主要做镰刀柄。干了一段时间，大伟的父亲觉得这样干下去不行，年轻人还是要学门技术。于是，大伟便到报福镇上的乡镇企业耐磨材料厂上班，做电工。大伟对这份工作还是有点兴趣，找到了人生的小目标，在工作期间还考取了电工中级职称，通过自学看书学会了修发电机。大伟现在还记得，有一次修发电机，线路很复杂，他拆来拆去，反复试验，从白天干到黑夜，终于把发电机修好了。

从 1988 年到 1998 年，大伟在报福镇耐磨材料厂工作了 10 年，从电工做到了设备科科长，负责管理厂里的设备，并在工作中找到了乐趣，找到了目标，期间他还读了大专班。耐磨材料厂是政府主办的乡镇企业，当时有上海钢铁研究所的老师来指导生产。黄大伟的爱人当时在工厂里做化验员，两人在工厂里认识，自由恋爱。大伟的爱人年轻时在工厂里也是一枝花，能和大伟谈恋爱并结婚，这说明大伟在工厂工作时也是相当优秀的。

在工厂工作的 10 年，大伟从 16 岁工作到了 26 岁，这可以说最美好的青春年华，正是在工厂工作的这 10 年，大伟得到了锻炼和成长，为以后的创业和担任村干部打下了基础。在大伟看来，他在工厂工作期间有以下三个方面的收获。

第一，掌握了一门电工技术，提升了自己，能够通过自己的技术劳动来赚钱。当时镇上的乡镇企业多，需要修电机装电线的多，大伟经常能靠自己的技术赚点外快，到厂里给人家修一次电机能挣个 100 多元。当时大伟的工资一个月才 200 多元。当时工厂里一个工 3 元钱，大伟晚上加班多，一天能做 2 个工，一个月有时候能做七八十个工。

第二，学会了和人相处，掌握了为人处世的本领。在工厂上班时晚班多，大部分时间都和同事们在一起，工作氛围好，大家相处比较融洽，很团结，互相帮忙，今天给你家割水稻，明天给我家割水稻，团结就是力量。工厂的集体生活对年轻的大伟是一种很好的锻炼。

第三，大伟在工厂工作期间认识了现在的爱人，找到了对象。大伟的爱人漂亮贤惠，在邻居们眼中是一个能干的媳妇，大伟家的野趣农庄农家乐，主要是大伟的爱人在打理，她是大伟创业的帮手，也为大伟到村里任职从事公共服务创造了条件。

二、返乡养殖创业：艰难岁月

黄大伟是个孝子，在他的母亲生病之后，他从工厂回到家里。母亲患了胃癌，为了完成母亲心愿，黄大伟和谈了 5 年恋爱的女朋友于 1998 年结婚。

1999 年元旦，黄大伟的女儿出生，大伟母亲没有看到孙女就过世了。黄大伟的父亲是教师，在外村的学校教书，没办法带小孩，黄大伟夫妻两个自己带孩子。母亲过世后，由于父亲在外面教书，家里无人打理，黄大伟夫妇在外面务工就不方便了，夫妇俩便从镇上回家创业。

大伟母亲生病的时候家里有欠款，为了还债也为了生活，黄大伟夫妇先是开鱼塘养泥鳅，养了100多头猪，上面养鸡养猪，下面养泥鳅。黄大伟自己学会了给猪打针，给鸡打针，变成了兽医，周边邻居家的牲畜生病了都叫他去看。搞养殖很难，家畜很难伺候，病死率高，这次养殖创业并没有成功，也没有赚多少钱。

那几年家里最穷，家里没有大钱用，女儿三岁多的时候，有一次要买零食，家里没有钱，最后从抽屉里找了几个硬币出来。在大伟夫妇看来，那几年是生活最困难的时候。为了生活，大伟有时候也会去干山上的毛竹活，上山砍柴去卖，也给人家做过小工，当时的生活艰辛可见一斑。

当然，在这一时期，虽然创业并没有成功，也没能改善家庭生活。但还是积累了经验。大伟在自己家的庭院里搞养殖，也搞了一个产业链，养猪的猪粪可以喂泥鳅，养泥鳅的水塘里长出来的水草可以喂鸡，他的养殖经验还登上了当时安吉县的报纸。为了搞好养殖业，大伟曾经到杭州余杭区考察过，学习借鉴了别人养泥鳅、猪和鸡的模式和经验。

从1998年至2002年，这是黄大伟返乡创业的初期，也是一个探索期，在家庭生活上，由于刚成家，也是一个贫困期。大伟由于具有10年的工厂工作经验，他回家后并没有走村民的老路，并没有选择上山干毛竹活，而是选择了养殖业。虽然当时的发展思路并不是很清晰，经验也不是很丰富。但有两点是很清晰的：一是家庭很困难，为了谋生，为了家人过上好的生活，必须创业，正所谓穷则思变；二是创业不走老路，当时景溪村的主导产业就是毛竹产业，大部分家庭都以毛竹为生，有着非农就业经验的黄大伟决定不走寻常路，他认为也不能长期干山上的毛竹活，于是他选择了家庭作坊式的养殖业。黄大伟的女儿现在还记得，小时候家里是养鸡的。

三、转型农家乐：成功致富

黄大伟的养殖创业并没有让家庭富裕起来，他在2002年转向了农家乐经营，他家的农家乐是景溪村最早的农家乐。通过农家乐创业，黄大伟改变了自家的经济条件，逐步摆脱了贫困，成功实现了家庭致富。并且，致富之后的黄大伟开始考虑带动周边群众发展农家乐，并推动了农家乐的升级。黄大伟这一时期的创业经历大致可以分为以下三个阶段。

第一阶段是 2002 年至 2008 年，在这一阶段，不只是景溪村，整个报福镇的农家乐都还比较少，虽然政府也在大力倡导旅游业，但老百姓不相信会有游客来，他们还是以毛竹产业为主，年轻人开始外出务工，全村最多时也不过五六家农家乐，但有些人家中间就开不下去了，没有坚持下来。当时游客比较少，有一些上海人骑自行车过来，是一个小众群体，黄大伟把自己家的老房子改了一下，只提供简单的吃住。客人不是来旅游的，而是来放松的。上海人一开始对农家乐并不信任，后来逐步建立起来了信任关系，客源也像滚雪球一样越来越大。2005 年的时候，客人建议黄大伟将农家乐改造一下，改造成小宾馆型，居住条件得到了改善。

　　在这一阶段，农家乐的发展处于初始阶段，大伟书记称之为农家乐 1.0 阶段。黄大伟夫妇通过辛勤经营，逐步改善了自己家的生活条件，家庭收入超出了过去在企业上班的收入，还清了欠款，生活明显改善了。黄大伟的女儿还记得这一时期家里很忙，她小时候经常带客人去山上玩，还有不少外国友人，有时候还带客人到镇上的集市去买茶叶，自己家客人多，没有地方睡，她还要到舅舅家去住。可以说，黄大伟家的农家乐生意走上了正轨，家庭生活也越来越好。

野趣农庄

第二阶段是2008年至2013年，这一阶段是农家乐的辉煌时期，大伟书记称之为农家乐2.0阶段，主要是以量取胜，一家大型农家乐能接待一辆大巴车的客人。对黄大伟家的野趣农庄而言，这一阶段是效益最好的时期。用大伟书记的话来讲，就是摘果子的时期，路子走对了，政府也支持，游客多收入多，正是在这一时期实现资本积累，黄大伟家的收入远远超过了务农收入，彻底改善了自家的生活条件。黄大伟这一时期已经在村里担任主职干部，精力主要在美丽乡村建设上，农家乐的经营以他的爱人王蓉琴为主。据王蓉琴讲，农家乐的生意非常忙，除了大年三十和初一，她全年没有休息，连去亲戚家拜年也都是女儿和儿子去的。

黄大伟家的野趣农庄背靠竹海，门前就是景溪河，环境清净，院内有池塘可以垂钓，可以划竹筏戏水。野趣农庄是典型的大型农家乐，标准客房就有12间，有单人间、双人间、三人间，共有30多张床位，房间里都有卫生间、电视、空调和宽带。野趣农庄还有停车场、会议室、卡拉OK厅、烧烤区等，除了提供住宿，农庄还提供餐饮，有9个包厢，1个大厅，可同时接待120人就餐，餐饮以当地农家菜为主，请了专门的厨师。野趣农庄作为安吉县最早的一批农家乐之一，在当地的影响较大，效益也名列前茅。野趣农庄曾被评为报福镇四星级农家乐、安吉县三星级农家乐、湖州市农家乐休闲旅游示范户，并成为湖州职业技术学院的课外教学基地。

第三阶段是2013年至今，农家乐进入了规范发展的时期，浙江省先后启动了三改一拆、五水共治等环境治理，农家乐不能再依赖过去以量取胜的传统路径，进入了升级发展的阶段，政府也开始推动农家乐升级，农家乐发展进入3.0阶段，也就是以民宿和客栈为主体的阶段。黄大伟在这一时期除了经营自家的农家乐，其主要精力用在了推动全村农家乐升级发展，并引入了外部设计单位和工商资本，打造了民宿集聚区。黄大伟在这一时期主要是带动景溪村村民发展农家乐民宿，而自家的野趣农庄农家乐反倒一直没有升级，还停留在农家乐2.0阶段。

黄大伟农家乐创业成功，抓住了产业转型和生态振兴的机会，也抓住了安吉美丽乡村建设的机会，黄大伟的创业成功与安吉县的产业转型是一致的，也遵循了习近平总书记2005年在安吉提出的"绿水青山就是金山银山"的新发展理念。可以说，黄大伟作为一个安吉农民，作为一个安吉村干部，他的创业经历正是在"两山"理念的指导下进行的，一开始是生活所迫，无意中走上了乡村绿色发展的道路，当然，在后来的创业实践和乡村经营中，他对生态文明和绿色发展的理解也越来越深刻，成为一名自觉的"两山"理念的践行者。

四、任职村干：成长为村庄带头人

黄大伟 1997 年入党，也是在村里入的，当时还担任村里的团支部书记，是村里的后备干部，在这一时期便开始接触村庄公共事务。当然，团支部书记不享受工资待遇。2002 年，村委会换届选举，黄大伟进入村两委工作，这和他开始农家乐创业差不多是同一个时间。村里的老会计余诚是大伟父亲的同学，当时快退下来了，村里需要年轻人接班，他看中了大伟，大伟在工厂里管过设备，有一定的管理经验，便把大伟吸纳到村里搞服务。按照当地农村人的说法，余诚老会计是黄大伟的师傅，也可以说是引路人，黄大伟现在说起来还是充满了感恩之情。

景溪村党群便民服务中心

2002 年至 2008 年，黄大伟担任村支部委员，主要负责党建、调解、会计、三资管理等工作。在大伟看来，那一时期村里的项目少，以抓稳定为主，当时邻村洪家村搞得热火朝天，景溪村还缺乏发展理念和思路，在

第二章 黄大伟小传

镇里只能是处于中游水平，可以说是发展滞后，也可以说是停滞不前。这一时期是黄大伟在村庄公共事务治理中的锻炼期和过渡期，为他后来主政景溪村打下了基础，2008年之后，黄大伟逐步担任了村主任、村书记，景溪村的发展便进入了快车道，也打上了黄大伟的烙印。

2008年，黄大伟通过村委会换届选举开始担任村委主任，当时大伟36岁，干劲十足。当时老主任因为年龄问题退下来，通过前面几年的锻炼，黄大伟得到了村民的认可，便顺其自然地成功竞选为村委主任。成为村班子成员中最年轻的干部。从此，黄大伟便在景溪村这块土地上施展开来，2008年一上任便开始创建美丽乡村建设，2011年开始发展漂流，2015年发展民宿集聚区，2016年开始创建美丽乡村精品示范村，成功创建AAA景区村庄，景溪村的旅游产业发展进入了快车道。2016年，黄大伟当选为景溪村村支书，2020年11月份村两委换届之后，黄大伟担任景溪村村支书、村主任。正是在美丽乡村建设和乡村经营的过程中，在景溪村进行生态创业的过程中，黄大伟逐步走上了村庄权力的中心，成为景溪村的带头人。

这些年，景溪村取得的成绩是有目共睹的，景溪村干部群众公认黄大伟书记带领的景溪村发展得最好，从过去以稳定为主走向了以发展为主，从过去羡慕邻村到现在被邻村羡慕，景溪村进入了有史以来发展最好的阶段。这都离不开黄大伟和他的团队的勤政。我们从黄大伟书记爱人的"抱怨"中也能有所了解，据黄大伟的爱人讲，黄大伟到村里任职后整天忙于村务，他天天搞环境整治，没办法照顾家里，没有时间带儿子，而她又要开农家乐，天天忙生意。儿子自己躺在外面床上，客人来了抱一抱。儿子从小在草堆里长大，三四岁就送到镇上的幼儿园里去了。黄大伟的爱人曾经对他说："我要休掉你，要你干嘛，不带小孩，又不挣钱，你回家来，我一个月给你5000元。"当然这只是夫妻俩的一种"秀恩爱"，但也从侧面反映了大伟书记一心扑在村庄发展上，终于带领村庄走出了自己的道路。

正是因为黄大伟带领景溪村在美丽乡村建设和乡村振兴上取得了一定的成绩，因而也得到了上级政府部门领导的认可与肯定，获得了一些荣誉。同时，黄大伟和景溪村的曝光率也增加了，相继被中央电视台、浙江卫视、人民网、浙江在线、湖州在线、中新网等多家媒体报道，在乡村振兴领域引起了广泛关注。黄大伟是湖州市八届人大代表，先后荣获湖州市第二届乡村旅游特色好书记，创先争优县级优秀共产党员等荣誉称号，同时，还被聘为上海交通大学新农村发展研究院乡村振兴领军人才专家智库专家，杭州电子科技大学马克思主义学院社会实践导师。浙江大学、华中科技大学、江南大学等学校师生到景溪村进行调研考察，黄大伟的治村经验受到了专家学者的高度认可与肯定，更有浙江省社科院"三农"专家闻海燕研究员在考察后就提出，她退休后要到景溪村做一个导游。

黄大伟书记参加人大代表会议

　　景溪村的创业史就是以农民为主体的生态创业故事，生态创业必然伴随着生态治理，必然伴随着乡村治理的变化。黄大伟书记成长的过程，实际上也是景溪村实现生态振兴的过程。正是在生态振兴的过程中，一批以黄大伟为代表的村干部登上村庄舞台。当然，这一批村干部过去大都有从事二产、三产的经历和经验，包括返乡创业的新一代创业者，也通过生态创业进入了乡村治理和乡村公共生活的核心，包括农家乐协会。那些有钱老板，虽然有钱，但若不能从事生态产业，也无法进入乡村治理的中心。生态振兴也意味着乡村权力的更替，意味着乡村干部的更替。一批能人通过生态振兴进入村庄权力中心，相应地，也有一批能人在生态振兴的过程中逐步丧失了影响力，退出了村庄权力中心。这就是乡村产业振兴与乡村治理体系建设之间的有机联系，即产业转型与权力更替之间的关系。所以，景溪村生态创业的过程，也是治理变迁的过程，生态创业必然促进治理变迁，治理变迁也能促进生态创业，治理是以经济为基础的。

五、村庄带头人的重要性

　　景溪村在2019年的全镇综合考核中又是第一名，景溪村从一个中游村进位到报福镇的先进村，从一个普通村成长为明星村，这与带头人黄大伟书记不无关系。景溪村的农家乐不断向民宿升级，景溪村的乡村景区建设和经营也不断创新。景溪村的乡村产业为什么没有出现常见的"低端锁定"，而是能够不断升级。大伟书记说这就是浙江人勇立潮头的精神写照。景溪村在乡村振兴道路上勇于突破善于创新，与黄大伟书记自身的性格和治村之道有密切关系，正所谓：火车跑得快，全靠车头带。

黄大伟在青年时期的探索和实践，对他的成长都是有帮助的。大伟书记在青年时期便树立了一个理念，做任何事情都要做好，即使零基础，也要用心去做。大伟书记没有学过厨师，但也能在农家乐做菜。善于学习，用心去做事情，在失败中成长，积累经验，锻炼能力，这是大伟书记在长期实践中悟出来的一个道理。在他看来，做过的任何事情，都不会白费，养鸡也好，做电工也好，都掌握了一门技术，也都能够更好地为群众服务。养鸡的时候能够为老百姓的鸡打针，做电工的经验可以为群众服务。保持一种善于学习的开放心态，掌握的技术多了，阅历丰富了，这些都是为后来服务群众所做的准备，这是黄大伟成长为村庄带头人的重要经验。一名优秀的村庄带头人不是凭空产生的，而是经历过千锤百炼才产生的。

景溪村所在的报福镇领导对黄大伟的评价就是政策敏感性强，脑子转得快，有时候乡镇还没有行动，黄大伟已经到县里的一些部门对接项目了，这种政策敏感性是一位优秀带头人的必备素质。景溪村的干部群众对大伟书记的评价主要是脑子好使，善于学习，接受新事物快，能够带领全村干部群众一直向前冲。

正如景溪村毛竹合作社的负责人王为年所言：景溪村在报福镇是一个亮点，项目建设多，领导视察多，外地来学习的也多。村庄发展总体上不错，村民之间展开发展竞赛，你带我，我带你，共同进步。老王认为，这都靠黄书记的带头作用，黄书记的脑子好使，善于学习，接受新事物快，想法比一般人先进，村里的发展都要靠他启发。

黄大伟的父亲是一名优秀教师，对他的直接管教很少，但父亲一直言传身教，教育他做事要执着，要善于学习，帮助他自年轻时代起便养成了优秀的习惯。在大伟书记看来，就村庄发展而言，大环境和大政策都是一样的，关键是如何把握，他认为等靠要的思想不适合现在农村发展的需要，乡村发展需要干部群众团结一心主动冲击，就像树上的桃子，如果站着摘不到，那就要跳起来去摘，就要搭梯子去摘，只有这样，村庄才能赢得发展的机会。

黄大伟书记是一位讲政治且具有企业家精神的带头人，他带领景溪村村民一直往前冲，景溪村村两委的办公室是坐班的，村干部在某种意义上是职业化的，他们非常忙。大伟书记尤其忙，一周至少要参加三四个会议，项目验收的时候经常加班到晚上 11 点。我们在访谈大伟书记的时候，至少访谈了四五次，才总算对大伟书记做了一个相对完整的访谈，因为总是会被各种来访、检查和会议打断。大伟书记说：村庄定位定准了，村里的基础设施做好了，产业项目引进来了，村民的创业积极性也就被调动起来了，村庄的发展需要引领，而村干部就要发挥引领作用。

第三章
农家乐起家 乡村旅游首现

景溪村的乡村旅游是从农家乐起家的，早在 2002 年，景溪村民就开始了农家乐创业，虽然当时还只是星星之火，但却为景溪村乡村旅游产业的发展埋下了火种。黄大伟夫妇经营的野趣农庄是景溪村最早的一家农家乐，在当时的安吉县和整个浙江省都是比较早的一批农家乐。在景溪村，除了野趣农庄，还有山景园、水云轩、听风山庄等农家乐，通过这些农家乐早期的创业故事和转型发展，我们能够找到景溪村乡村旅游产业的基因，以及未来的发展道路。

一、野趣农庄：景溪村乡村旅游的火种

野趣农庄是黄大伟夫妇创建的，在经过短暂的养殖业创业之后，黄大伟夫妇便转到了农家乐创业上，野趣农庄也逐渐成为当时报福镇最早且经营最好的农家乐之一，同时，也为后来景溪村乡村旅游产业的发展埋下了火种。

（一）农家乐创业致富

2002 年，黄大伟夫妇利用自家的老房子，开了村里的第一家农家乐野趣农庄，老房子是 1989 年修建的二层楼房，说是山庄，也只有 3 间客房、1 间吃饭的包厢、1 个公用卫生间。这是典型的第一代农家乐，房间设施很简单，客房的被子还是花被子。

黄大伟为什么会开办农家乐呢？有一个机遇，当时有上海客人过来

玩,还在村里花3万块买了个房子,把厂里的人带过来。他对黄大伟说:你把房间搞起来,我带人过来吃住。黄大伟便从养殖业转型到了农家乐,开了村里的第一家农家乐。

2002—2005年是农家乐发展的起步阶段,生意并不稳定。那时候这里还没有开发旅游,周边还没有景点。上海人骑着自行车过来,不是来旅游的,是到山里来探险的,自己从山里摸过来。这是一个热爱探险和户外运动的小众人群,他们路过景溪村,发现村里的环境蛮好,这些客人主动提出来要村民烧饭菜给他们吃,并提供住宿。外地人来探险,看一看有没有地方吃饭,野趣农庄满足了这部分人的需求。

这是野趣农庄最早的客源,以上海人为主。黄大伟还记得有别克公司的摩托车队过来,还有残疾人骑摩托车过来,当时骑摩托车探险是一件很拉风很前卫的事情。当时的探险团队中还有外国人,他们喜欢在河里洗澡。

当时没有更多的农家乐,可选择的面小,客人没有比较,要求也不高,只需要满足吃住的基本需求。当时价格也非常便宜,包吃住30元/(人·天)。当时的成本也低,就可以把自己种的菜变成钱,城里人很喜欢吃这些无公害的生态蔬菜。

据野趣农庄的实际经营者黄大伟的夫人王蓉琴讲,野趣农庄2002年开始经营,那时候镇里很支持,还拿过服务明星奖。在政府支持下,农家乐从萌芽状态成为一个新产业。政府非常支持,没有什么税收,政府收益不大,是个民心工程。富民效果好,老百姓赚钱,还解决了当地妇女的就业,到农家乐打零工150元/天。

2005年是一个小转型,这一年,安吉县请上海电视台来安吉寻找黄浦江源,并拍了纪录片,在上海播出后,上海人一看安吉的环境这么美,适合旅游度假,此后便有大量的上海人来到安吉,为安吉农家乐的发展提供了大量的客源,农家乐的客人也从过去的小众探险爱好者群体转型为大众群体。

客源扩大了,更多的上海人知道了安吉,他们有了信息来源,像赶潮流一样来到安吉,探险大自然。那时很多上海人打电话过来问:你们那里有什么好玩的?黄大伟回答:我们这里不是黄山,也没有名胜古迹,我们这儿有绿水青山。安吉的吸引力主要是生态环境和农家菜,工作压力大的年轻人会来休闲度假,吃吃喝喝,睡睡走走。

上海游客认为安吉农村的环境好,但住宿条件差,上海游客对住宿提出了更高的要求。客人要求农家乐宾馆化,建设小宾馆型的农家乐,每间客房都有卫生间,一些老客户也开始提出要求。为了满足游客的需求,黄大伟对野趣农庄进行了改造提升。

2008年,黄大伟投资70多万元造了新楼房,共三层17个房间,所有客房都是标准间,这就是第二代农家乐,其风格就是小宾馆型。加上原来老房子的3间客房,野趣农庄共有20间客房。2008年之前,野趣农庄收费很便宜,那时候游客少,成本低。2008年改造提升之后,农副产品的价格也提高了,野趣农庄的客房提高到180元/(间·天),吃饭实行点餐。这种小宾馆型的农家乐,住宿条件有了很大的提升,能够满足客人的需求,接待能力也有了很大的提升,2008年,野趣农庄接了一个大巴车带来的团,20间客房全部住满。

野趣农庄院内美景

野趣农庄的经营主要靠口碑,在长期经营中与客人建立了信任关系。这种信任关系的建立经历了一个过程。一开始,客人对农家乐并不信任:客人要吃鸡,要求活鸡现杀,客人在现场看着杀鸡,看着烧鸡,整只鸡烧好以后,客人再亲手弄碎,这种细心背后是不信任,生怕农家乐缺斤短两。面对游客的这种不信任,野趣农庄耐心接待,用诚信经营赢得了客人的信任。后来有了信任之后，就成了朋友，客人再吃鸡的时候就说：小黄你把鸡给我弄好，要纯生态的竹林鸡。客人点了菜就不管了，就放心地交给农家乐来烧菜。

野趣农庄通过诚信经营赢得了客人的信任，和客人成了朋友，更多的客人成为了回头客。有时候客人会从上海给孩子带点书包、巧克力过来，客人离开的时候，黄大伟夫妇也会送点自家地里的地瓜给他们。这样，客人就像滚雪球一样越来越多，野趣农庄的收入也相当可观。农庄一年至少有十几万至二十多万的收入，2008年的营业额达到了100多万元，纯利润四五十万元。

2008—2013年，这是农家乐发展的黄金期，农家乐较少，在旅游旺季，农家乐的房间供不应求，必须要提前一周订房。正是在这一期间，黄大伟夫妇经营的野趣农庄完成了资本积累，赚了不少钱，家庭生活条件也得到了极大地改善。用黄书记的话来讲，他们家虽然不是村里的首富，但中上阶层是有的。

农家乐的经营离不开一个好的老板娘，黄大伟的爱人王蓉琴就是野趣农庄的灵魂。王蓉琴和大伟书记同龄，1972年生人，报福镇洪家村人。她10岁读小学，18岁初中毕业，父亲是当地有名的石匠，手艺很好，收入不错，家庭条件好。在她看来，之所以没有读很多书，并不是因为家里穷，而是那时候的家长不重视子女教育。初中毕业后，王蓉琴到镇上的耐磨材料厂上班，在工厂里做了五六年的化验员，后来从工厂里出来到镇上卖服装。2002年做农家乐，造房子的时候，黄书记整天忙于村务不在家，没有时间管家里的事，都是王蓉琴一手操办的，后来农家乐的经营也一直以王蓉琴为主。王蓉琴说，乡村旅游发展很快，开农家乐能挣点钱，但还是有文化好，网上可以接客人，但我接不了，主要做老客的生意。

（二）带动群众发展民宿

黄大伟年轻的时候很瘦小，母亲曾一度担心他干不了山上的毛竹活计，母亲去世之前曾经给周边的邻居们交代：大伟拖毛竹不行，你们以后要照顾大伟，我担心他以后连饭也吃不上。黄大伟的母亲是一位伟大的母亲，临终前还放心不下儿子，这当然是从当地农村传统的生计模式来讲的，过去景溪村村民主要靠山上的毛竹过生活，上山砍毛竹并把毛竹拖下山来是非常辛苦的劳动。

但是，从后来的情况来看，黄大伟夫妇通过农家乐创业实现了脱贫致富。不但在县城买了房，还买了车，小孩子也送到县城读书，女儿还读了大学。黄大伟虽然干不了山上的农活，但却通过农家乐创业让一家人过上了幸福生活，而这些靠在山上种植毛竹是做不到的。与黄大伟一家形成鲜明对比的是，靠在山上干农活谋生的农户只能维持生活，并没有改变现状。黄大伟母亲临终前嘱托邻居照顾黄大伟一家，现在却是黄大伟照顾邻居，并带动周边邻居和村民通过参与乡村旅游发家致富。

在黄大伟看来，不管是上山种植毛竹，还是外出务工，都比不上搞旅游业，乡村旅游是一个富民产业，收入最稳定。在自家通过经营农家乐致富之后，黄大伟开始带动村民从其他产业转移到农家乐，让老百姓都能参与到乡村旅游产业中来，从而带动农民致富。他首先从自己家所在的枫林山自然村做起，打造枫林湾民宿群。

2014年，景溪村开始与杭州布雷克品牌策划设计有限公司谈判合作开发民宿，为了带动枫林山自然村的村民发展民宿，景溪村与布雷克品牌策划设计有限公司达成协议。老百姓的房子空在那里，由村里出面动员老百姓租给公司，租金为2万元/年，每5年增加10%，租期20年，20年后房屋仍归老百姓所有。景溪村与公司签订两份协议，一份是房屋租赁协议，一份是合作经营协议。按照当初的想法，村里通过这两份协议把公司与老百姓捆绑在一起。公司租赁老百姓的闲置房屋改造为民宿，并成立合作社，由合作社统一经营民宿。

景溪村两委邀请乡镇党委书记和枫林山自然村40余户农户一起开会，讨论发展民宿的问题，还专门发放了调查问卷，主要是问村民有没有开农家乐的意愿，家里的住房有多少房间，等等。村两委走遍了整个自然村，还请了专家来讲课，带领村民去乌镇考察，看人家是怎么发展怎么经营的。老百姓最大的担心是能否经营好，最大的疑问是：一家搞四五个房间，怎么做生意。村里请杭州布雷克品牌策划设计有限公司的设计专家，解答老百姓的疑惑，讲授把老房子改造为民宿的技术，把农民原有住宅改建后就能开民宿的理念和方法告诉老百姓。

枫林山旅游经济合作社调查问卷

各枫林山农户：

随着乡村旅游经济快速发展，越来越多城市人来到安吉农村游玩，但目前安吉县真正能留住人，让人尽兴游玩的主打夜晚休闲娱乐的去处还没有。枫林山自然村总农户38户，环境优美，通过近年来美丽乡村创建和河道整治等工程，更突显本村小桥流水、翠竹依人的生态优势。如果大家能齐心协力，各尽所长，按照自家房屋的特色，改建二三个房间，专门经营农家餐厅、乡村茶吧、酒吧、歌吧、咖啡馆、特产专卖店等，把枫林山打造成"浙北乡村旅游第一村"，完全有可能。如今市场经济体制下，经营主体主要依靠广大农户积极主动参与，大家如果团结合作成立枫林旅游经济合作社，统一办一个营业执照，统一管理，统一对外营销，坐在家门口就有赚钱机会。下面是你对乡村旅游调查问卷的回答，请务必在家庭协商后认真答卷。

1. 你家_____（是、否）愿意加入合作社走乡村旅游之路。（如愿意继续答卷）
2. 加入合作社，_____（是、否）同意按章程统一规范经营管理。
3. 家中空余房间_____间。
4. 你认为家中适合经营的项目是_____（1）住宿（2）餐馆（3）棋牌（4）乡村酒吧（5）乡村茶吧（6）咖啡馆（7）特产专卖店（8）其他_____。
5. 你愿意投资_____万元在自己家的经营项目上。
6. 如果外出考察学习，你户_____人参加，姓名_____。
7. 你对乡村旅游的想法和建议：_____

户主签名：　　　　////联系电话：
　　　　　　////2014年　月　日

除了这份针对枫林山自然村村民发展旅游业意愿的调查问卷，还有一份针对枫林山自然村农户情况的调查表，它是由村里派人摸排调查的。可见，景溪村和大伟书记当时为了发动群众发展民宿集聚区，想了很多办法，工作做得很实。

报福镇景溪村枫林山自然村农户情况调查表

1. 户主姓名_____性别_____年龄_____。
2. 家庭总人口数_____，其中60周岁以上_____人，常住人口数_____，常年外出就业人数_____，常年外出求学人数_____，家庭年收入来源是_____，总收入_____万元。
3. 如果整个枫林山发展农家乐，你的看法是_____（1支持，2不支持，3无所谓）。
4. 你家主建筑面积_____平方米，附屋面积_____平方米。
（1）房间总数_____间，愿出租的房间总数_____间。
（2）主建筑能否出租_____（自己住在附屋）。
（3）村安排集中居住，是否愿意整体出租_____，租价_____元/米^2。
5. 院子_____平方米，菜地_____平方米，出租_____平方米，租用期限_____年。

调查人_____ 调查日期_____

起初，制度设计得非常好，由村里出面把老百姓的闲置房屋委托给公司统一经营，成立由公司和农户组成的枫林旅游经济合作社，把公司与农户的利益捆绑在一起，激活农户的闲置资源，借助专业公司的力量开发经营民宿。这样做，一方面激活了农村的闲置资源，另一方面也解决了老百姓不懂经营的缺陷。房屋改造由设计公司负责，民宿经营由合作社负责，资金由银行联保，这就大大调动了农民的积极性。

2015年，布雷克公司租赁了农户的3栋房屋，改造为田水谣民宿。田水谣民宿开业后，当时民宿集聚区还很少，令人耳目一新，来参观的人很多。这对枫林山自然村民宿的发展起到了带动作用。但是，由于设计公司不懂经营，公司与村里的关系没有处理好，原先设计的合作社没有成立，由公司和农户联合经营的想法没有实现。设计公司虽然发挥了改造房屋设计民宿的示范作用，但并没有发挥联合经营的功能，后来，该公司又将3栋田水谣民宿承包给上海人经营，退出了直接经营。

在田水谣民宿的示范带动下，在村集体的大力推动下，枫林山自然村的民宿业快速发展起来。原来只有黄大伟经营的一家野趣农庄，现在除了3栋田水谣民宿，还有其他9家民宿，枫林山民宿集聚区共有10家民宿，初步形成了规模和特色。黄大伟通过引入专业力量，带动了更多村民参与到乡村旅游产业中来。枫林山民宿集聚区是政府培育的结果，也是乡村经营的探索，直接提升了景溪村民宿的档次。景溪村的邻村石岭村以老年团为主，景溪村以自驾游为主，开小车的多，坐大巴的少，以家庭游为主，几个家庭相约一起来玩的客人较多。

（三）引领景溪民宿升级

田水谣民宿发挥了样板引领的功能，把景溪村的民宿提升了到了一个新的档次，从第二代农家乐发展到了第三代农家乐。田水谣民宿一栋房子只有4个房间，3栋楼房共12个房间。田水谣是纯住宿，没有餐饮，可以喝咖啡，客源以年轻人为主，实行网上订房。城里人到这儿来主要是找一个放松的地方，看星星，摸摸鱼，爬爬山，睡个懒觉。

原来的农家乐追求数量，大型农家乐多，价格低，通过数量来获得收益。过去，农家乐接待老年团，包吃住每人每天只需要七八十元。2013年，农家乐的发展进入了瓶颈期，进入规范整治阶段。政府实行国土和住宅管制，开展"三改一拆"专项治理，凡是过去违章建房的，要交120元/米^{2}的占地费，3元/米^{2}的使用费，新建住房一律不准违章。民宿经营要把有限的资源空间价值最大化，通过消耗能源来获利的模式已经不可取了。农家乐进入全面规范整治阶段后，老百姓不习惯。过去数量取胜，现在必须提高品质和价格，这是现在的大形势，这就倒逼着农家乐升级。民宿经营要规范化，不能像过去那样在路上放一个灯箱，写上"今日有房"，更不能上路拉客。

御停山庄

黄大伟举了一个例子来比较农家乐升级的必要性和好处：2019年11月份的一天，田水谣民宿的一栋楼房由客人包栋，包栋的话2800元/天，4个房间，一个管家就能轻松应付。黄大伟家的野趣农庄是第二代农家乐，共有20个房间，接待40个客人，收入2400元，需要1个厨师1个服务员，还非常辛苦。两种模式孰优孰劣，对比非常鲜明。所以，野趣农庄也正在进行升级，从第二代农家乐向第三代农家乐转型。

2019年，野趣农庄承包给了上海人，租金35万元/年。上海客商准备投入500万元进行改造升级，但由于众筹没有成功，房屋改造没有动工。上海客商接手经营了不到一年，大伟书记的爱人帮忙管理。由于上海客商的融资没有成功，便退出了经营，押金被没收。借助外部力量进行升级的设想没有成功，黄大伟现已将野趣农庄收回，准备自己投资进行改造提升。

黄大伟准备投资180万元进行改造提升，主要对房子装修和外部环境进行提升。野趣农庄现两栋房子20个房间，改造后，每栋楼房6间客房，共12个房间，单间客房的价格要提高到1200元。房屋外部环境提升，主要打造有山有水的江南风格，院落的边边角角都整修一下。通过内外环境提升，实现从农家乐到民宿的升级。

农家乐改造升级需要设计师，规划先行，否则，装修起来没味道，花冤枉钱，请一个好的设计师很重要，光凭自己的理念，不一定能够落地。在黄大伟看来，景溪村就有几家民宿的设计不成功，钱没少投，至少投资150万元以上，但效果不好。杭州的设计公司，投资开发3栋民宿，150万元的投资，花钱少，效果好，从设计的角度来讲是成功的。

黄大伟相信专业的人做专业的事，请了3个设计师提供设计方案，除了专业设计公司，有一个是自己的朋友，还请了一个民宿老板过来参谋一下，最终形成了3个方案，都出了设计图纸，光设计费就花了10多万元。黄大伟在综合3个设计方案的基础上，自己进行了综合，还出了效果图。目前正在等镇政府相关部门的审批，一旦审批通过就开工建设。

二、水云轩：从农家乐到民宿

水云轩是景溪村最早的一家农家乐之一，就在景溪村的罗家费水库边上，靠山面水，环境宜人。水云轩的主人童关心夫妇，2002年将自家的老宅改造成为农家乐,成为当时景溪村最早的农家乐之一。

(一)餐饮为主的阶段

童关心是1955年生人,读书读到小学2年级,因为家庭困难便早早放弃了学业,9岁便到生产队干活,分田到户以后便外出做点小生意。老童主要是到安徽、江西、福建等地烧竹油,主要是因为那里的毛竹要便宜一些。有时候搞点产业和笋干带到外地去推销,也能赚一些钱。通常是下半年出去烧竹油,过年的时候才回来,家属便在家里从事农业生产。

童关心自认为自己的头脑还比较灵活,有做生意的头脑,但在外面做生意也很苦,并且常年在外,家庭和小孩也照顾不到。2001年从外地做生意回来之后便没有再外出了,而是在家里开农家乐。

2002年10月1日,水云轩开始营业,据童关心讲,那时候吃饭的多,签单的多,农家乐以餐饮生意为主。学校、部门、村里以及工程单位都来这里吃饭。客人对水云轩老板娘的厨艺赞不绝口,主要是土鸡和水库鱼,在水库里下网,有河虾和小野鱼,客人到这里来都是来吃小野鱼的。

刚开始的时候,住宿的客人比较少,农家乐也只有4个房间,主要是老年客人,上海的退休老人到农村来体验生活,对住宿的要求也不高。当时开发浙北大峡谷景区,开挖掘机的工人定点在水云轩吃住,一连住了4个月,为水云轩带来了不少生意。

2005年,水云轩改造房间,改出来10个房间,那时候村里的农家乐少,客人来了没有地方住,客人主要来自苏州和上海,生意还蛮好。房间小了一点,但每个房间都有卫生间。政府也支持搞农家乐,提供贷款,政府一些部门还上门办理营业执照。改造房间共花了20万元,没有形成欠债。

当时农家乐还是一个新鲜事物,政府部门大力支持。童关心夫妇对什么是农家乐也没有概念,他们还记得,当时不光景溪村,就是周边都没有几家农家乐,就连石岭村都没有,报福镇最大的农家乐集聚区石岭村也是后来才发展起来的。

(二)转型为民宿

童关心的儿子童云结婚以后,童关心便将农家乐交给了儿子经营。童云接手以后,2016年又对农家乐进行了改造,由两层改造为三层,增加了一层，但房间数仍然为10间，这样就把房间改大了，把房间的品质提升了，同时又对农家乐的周边环境进行了提升，增加了绿化面积，修了停车场。投资了200多万元，其中贷款100余万元，每年能有三四十万元的稳定收入。

在水云轩改造提升之后，餐饮仍然是其主要营收项目，童关心老伴烧的农家菜仍然具有较大的名气，青团、南瓜饼、粉蒸肉等也颇受客人的欢迎，农家土菜仍然是其特色，也没有请专业的厨师。有安吉城里的客人，在过年的时候专门到水云轩买了200多碗粉蒸肉。有上海的客人，特别想吃水云轩的红烧土鸡，做好之后真空包装给客人邮寄过去。

水云轩

水云轩2016年进行改造，2017年改造好，2018年的生意很好，在景溪村受到了关注，很多人过来参观。房间的品质和价格都得到了提升，标准间收费500元左右，套房680元以上。改造前是低端的农家乐，改造后便成为中高端的民宿。从早期的餐饮到后来的农家乐，再到现在的民宿，水云轩也完成了自身的升级。当然，水云轩的经营模式一直是家庭经营，不管硬件如何升级，运营模式一直没有变，妈妈负责烧菜，爸爸负责采购，儿子负责接待客人和网上营销。家庭经营表现出了其优越性，在景溪村农家乐和民宿中，家庭经营一直是主要的经营主体和经营模式。

三、山景园：不断升级的农家乐

山景园的主人叫童关林，1954年生人，他是水云轩主人童关心的哥哥，小时候因为家里穷，同样没有读多少书。分田到户之前，童关林一直在生产队干活，分田到户之后，当过几年生产队长，农闲时便外出搞点副业，主要是到安徽、江西等地烧竹油，有时候做点笋生意，把竹笋加工成罐头，到外地去推销。

（一）农家乐创业

据童关林讲，2001年左右，浙北大峡谷景区开发，带动了周边农村农家乐的发展，黄大伟当时在村里担任一般干部，抓住了机遇，带头搞农家乐。当时乡镇政府的政策也好，鼓励开展农家乐经营，镇干部经常在大会上讲，不要老盯着山上的毛竹，以后要搞旅游产业的开发。那个时候村民对农家乐和旅游没有什么概念，政府也是摸着石头过河，村民担心没有客人怎么办。老童当时比较看好农家乐，基本上和老二童关心家同时着手农家乐经营，老童家稍晚一点。2003年，老童有了开农家乐的想法，开始打谱，申请建房，2004年开始建新房，当年9月份竣工。当时的房子比较简单，房间里有床，有卫生间，有一台老式电视。当年国庆节开始营业，刚开始客人主要是上海客人，包吃住60元/（人·天），开房间的话每间房每天80元至100元。

老童家的山景园从一开始就是二代农家乐，不同于第一代农家乐，当时老童弟弟的水云轩、黄大伟的野趣农庄，以及邻村石岭村的农家乐，还都是第一代农家乐，都是从老房子改造而来，没有单独卫生间，只有公共卫生间。山景园是新建的房子，每个房间都有卫生间，共3层，8个房间，每个房间都有太阳能热水器。这次建农家乐老童共投资80万元，没有贷款，向亲戚朋友借了一点钱。

山景园

老童为什么在 2004 年就投资 80 余万元发展农家乐呢？第一点是从黄大伟那里受到的启发；第二点是政府大力支持，鼓励发展农家乐；第三点是在外面做生意很辛苦，还有风险，不如把钱投资在农家乐上，做成功了就好好做，即使不成功，也没有关系，不管生意好坏，房子还在那里，还是自己家的财产。

（二）农家乐升级

山景园主要做回头客生意，老客户会介绍客人，客人介绍客人，客人就像滚雪球一样越来越多。刚开始是上海客人多，主要是上海的老年团，2010 年以后江苏的客人多了起来。有一个关系比较要好的游客建议老童建新房，说他的老房子太小，品质也不高，属于小打小闹，要提升品质，才能跟得上市场。老童听从了客人的建议，2016 年开始打申请，2016 年 11 月份开始动工，2017 年竣工，2018 年 4 月 24 日开始对外营业，共 20 个房间，投资 230 多万元，其中贷款 90 多万元。新房子改好之后，老童就把农家乐的经营交给了女儿和女婿。农家乐的经营也升级了，过去包吃住每个人每天从 80 元到 180 元不等，改造升级后，农家乐的房间价格从 380 元到 580 元不等，可以说，山景园已经从过去的传统农家乐升级到了中高端民宿，也可以称之为精品农家乐。

山景园近 20 年的经验表明，不断升级是其能够生存下来的法宝。山景园现在有两栋房子，一栋是 2004 年建的房子，一栋是 2016 年修建的房子，2016 修建的房子当然是请了设计师的，不管是房间和装修，都升级成为了中高端民宿。2004 修建的老房子迄今为止已经升级了 3 次，2010 年升级了一次，主要是换了电视机，重新刷墙，新造了洗漱台，实现了干湿分离。2014 年又升级了一次，主要是给每个房间重新贴了墙纸。2019 年底，老童投资 18 万元进行了一次比较大的改造提升，床、马桶和灯具都换了，请木工重新进行了装修，改造后的整体风格是仿古，颇有艺术化的味道。

四、听风山庄：外地人承包经营的农家乐

听风山庄的主人是景溪村党支部委员张新柱，张委员是 1965 年生人，从学校毕业后一直在乡镇各个部门工作，后来到临镇的一家乡镇企业工

作，2008年回村通过村委会换届选举担任村干部。2008年回村后，张委员手里有一笔钱，当时也想搞一个创业项目，反复比较后，他决定开农家乐。2009年，张委员开始造房子，130多平方米，共两层，共投资58万元，当年9月26日开始营业。从2009年至2013年，张新柱和家人经营了5年，2014年将农家乐承包出去。

（一）家庭经营

张委员自家经营的听风山庄，是典型的周末经济，周一至周五150元/间，周末和节假日期间房价220元/间。听风山庄只做散客生意，第一年的生意不是太好，第二年过了半年之后生意开始好起来，主要是回头客多，老顾客介绍客人，朋友介绍给朋友。当时听风山庄也是以餐饮为主，有三个特色菜，一个是老鸭煲，每天只做一个，需要的话要提前预订，还有两个分别是葱油鳊鱼和蚕豆包，后来又增加了狗肉、牛肉等特色菜，客人都很喜欢吃。刚开始都是张委员的爱人做菜，后来请了一个厨师和一个帮工。张委员负责采购，每天都是早上4:30去邻近的孝丰镇买菜，平时的打理就交给了他的爱人，张委员还是以村务为主。2013年，张委员通过村委会换届选举担任村委会主任，为了更好地做好村务，2014年，张委员将自家的农家乐承包了出去，承包者是外地人。

（二）承包经营

现在的听风山庄由承包者经营，每年的租金为6万元，张委员和承包者签订了10年的合同。承包者也对听风山庄进行了改造提升，总共有21个房间，承包者是一对夫妻，实际上也是一种家庭经营模式。房间平时的价格是220元，周末和旺季的时候380元/天。经营模式还是农家乐的经营模式，但已经升级为中档农家乐。

随着景溪村农家乐和民宿的快速发展，外地人来村里承包农家乐民宿来经营的也越来越多，除了听风山庄，还有田水谣民宿、100号民宿、过山名楼等民宿。这表明景溪村的农家乐民宿产业已经初具规模，并且具有一定的吸引力，吸引外部的投资者和经营者前来承包经营。

农家乐承包经营的出现，意味着农村住宅的升值，这个升值来源于景溪村的旅游产业开发。美丽乡村建设和乡村经营之后，老百姓家的住宅明显增值，过去可能只要10万元，现在要40万元，村庄资产价值提升，村民获得了财产性收入。出租的话，一栋房子的租金至少要5万元以上，县城的房子出租出去一年才3万元，无形中增加了农民的收入。通过发展乡村旅游产业，绿水青山转换为金山银山，增加了农民的财产性收入。

五、家庭经营的优越性

农家乐是中国农民的伟大创造，是绿水青山转换为金山银山的重要通道。农家乐体现了农民的主体性，体现了家庭经营的优越性。在乡村旅游产业开发中不要迷信工商资本，要坚持农民的主体性。农家乐是生态经济的先行者，是农民的先行探索，农家乐已经成为景溪村旅游产业的主要业态。

农家乐挣的是辛苦钱，这就是农家乐的最大价值，劳动致富，劳动替代资本，就是家庭经营的最大价值，体现了劳动的价值，而非工商资本的价值，农家乐的发展，并不是赋能资本，而是赋能劳动者。农家乐的这一价值，让我们看到了乡村产业发展中的一道亮光，即劳动的价值，而非目前的去农化，这个农家乐也最有可能发展成为多功能农业。这是农家乐的最大价值。但一味强调产业升级，会排斥小农。小农是生态产品价值实现的主体，要让农民成为农村生态产品价值实现的主体，为小农赋能。

目前乡村旅游业的发展，正在经历着资本对劳动的替代、工商资本对农户的替代，要么家庭经营长大，要么被工商资本所替代。在生态产业化经营中，资本正在替代劳动，并且政府正在推动这一进程，这对乡村旅游业的发展是非常危险的，是需要警惕的，并不是从资本下乡的角度，而是从产业经营的角度来讲的。农民也不是被动的，农民也是有自己的经营能力的，家庭经营仍然具有活力。

乡村建设不能照搬城市化思维，乡村建设也不能只有底线思维，仅有底线思维是不够的，底线思维不是消极思维，乡村建设在底线思维之上还应有适度积极思维。我们认为，家庭经营就是适度积极，农家乐就是适度积极。农家乐不要动辄转型升级为高端民宿和酒店，那就不是乡村旅游了，农家乐应该适度积极，适度提升，农家乐集聚地可以向养老村转型。但是，当前农家乐的转型升级并没有朝着这么一个方向去发展。动辄高端化，动辄景区化，景区化并不是农家乐发展的唯一方向。

农家乐是成功的，家庭经营在经济学那里被视为是落后的，但家庭经营不仅促进了中国农业的发展，而且促进了乡村工业化的发展，进而促进了乡村服务业的发展。家庭经营是乡村产业的一个主要经营形式，在乡村产业振兴中具有不可替代的价值。家庭经营是乡村产业的先行者和探索者，这就是家庭经营的价值，家庭经营仍然是乡村经营的基本形式，集体经营和工商资本经营只是一个参照体系而已。家庭经营的价值值得尊重，这是中国农民创造力的源泉，中国农民的创造力隐含在家庭经营之中，中国乡村振兴的希望也在家庭经营之中，而不是工商资本。凡是不能发掘家庭经营活力的，就很难实现可持续发展。乡村旅游的资本化、专业化经营无疑会排斥小农。现在乡村经营的难处是集体经营和资本经营的难处，而非家庭经营的难处，农家乐是生态产业和乡村旅游的探索者，这是农民的创造。

第四章
村庄环境整治　建设美丽乡村

农家乐是景溪村乡村旅游产业的火种，环境整治则是景溪村实现生态振兴的基础。2002年，浙江省第十一次党代会提出建设绿色浙江，2003年，浙江成为全国生态省建设试点省，并全面实施"千村示范、万村整治"工程（"千万工程"），提出用5年的时间在全省选择1万个左右的行政村进行环境整治，把其中1000个左右的村庄建成全面小康示范村。从2008年开始，浙江省安吉县率先提出进行建设"中国美丽乡村"，"千万工程"也从前期的示范引领阶段进入整体推进阶段，从2010年开始，浙江省在全省推进美丽乡村建设，从2012年开始，浙江省又先后实施了"四边三化""三改一拆""五水共治"等环境治理行动。景溪村作为浙江安吉山区的一个普通村庄，在政策的引导下，从环境整治入手，逐步建成了美丽乡村精品示范村，积极探索村庄环境管理的长效机制，为乡村产业经营奠定了良好的环境基础。正是在美丽乡村建设的基础上，景溪村逐步走上了发展美丽经济的道路。

一、村庄环境整治的历程

浙江省启动"千万工程"之后，景溪村也就启动了村庄环境整治，然后是美丽乡村建设，中间是"四边三化""三改一拆""五水共治"，现在，景溪村已经从环境整治走到了生态文明建设的阶段，从美丽乡村走到了美丽经济的阶段。

对于景溪村的村庄环境整治历程，黄大伟书记打了一个形象的比喻：

景溪村的环境整治就像一棵树，2003—2008年的环境整治主要集中在树干上，2008—2016年的环境整治开始进入到树枝上，2016年以后，景溪村的环境整治开始进入到每一个树叶。也就是说，村庄环境整治是一个过程，最早是村庄的主要干道两旁的绿化美化，美丽乡村建设启动之后，开始进入到自然村的层面，逐步对每个自然村的村庄环境进行整治。2016年之后，随着垃圾分类的精细化和智能化，村庄环境整治进入到了每一个家庭，家庭成为环境整治的基本单元。

1. 环境整治

2003年，景溪村开始实施"千万工程"，对村庄环境进行整治。在进行环境整治之前，景溪村的环境破坏严重，村民们都是随手扔垃圾，景溪河里到处是生活垃圾和建筑垃圾。据村民讲，每发一次大水，景溪河两岸都是"彩旗飘飘"，河床上留下了各种垃圾。

2003年，"千万工程"搞农村环境整治，刚开始的时候，补助资金也不多，只能做一部分垃圾桶，村里做的还是比较表面化，主要是在道路沿线做一些绿化。在村庄主道路两边，种一些花草，搞一些绿化美化，摆放一些垃圾箱。从2003年到2008年，村庄环境整治主要是做公路两边，不是全域整治，而是有选择的整治，当时对工厂、河道都没有进行整治，验收的时候也没有指标。

2. 美丽乡村建设

（1）美丽乡村建设的考核指标。2008年，安吉县开始启动建设"中国美丽乡村"，并印发了《安吉县建设"中国美丽乡村"考核指标与验收办法（试行）》，在加大资金投入的同时，建立了全面细致的考核标准与验收指标。安吉美丽乡村建设的考核指标非常全面细致，共分为"村村优美、家家创业、处处和谐、人人幸福"四个方面、36项指标，实行百分制考核。

在美丽乡村建设的考核指标体系中，"村村优美"主要包括规划编制及执行、村容村貌及村庄美化、生态保护和环境整治、长效管理制度、公共服务设施建设等方面；"家家创业"包括村集体总收入、人均收入、创业农户数、就业培训等；"处处和谐"主要包括基层组织建设、文明村、平安村、民主法治村的创建等方面；"人人幸福"主要包括低收入农户脱贫率、义务教育、医疗保险、养老保险、公共卫生等方面。这四个方面包括了农村建设和群众生活的方方面面，也为美丽乡村建设提供了一个具有操作性的评价体系。

（2）美丽乡村建设的内容。2008年，黄大伟当选为村主任，一上任就开始搞美丽乡村建设，创建之后由上级政府部门进行验收，指标非常细。美丽乡村创建要求一村一品一景，有特色有亮点。从2008年，景溪村开始创建美丽乡村，当时分为三等，最基本的是生态村，然后是重点村，最后是精品村。当时，因为景溪村的基础条件较好，安吉县农办建议景溪村从重点村开始创建，2009年，景溪村成功创建美丽乡村精品村。在创建之前，村庄基础设施很差，通过先后创建重点村、特色村、精品村，景溪村的基础设施得到了极大地改善，包括文化设施、"破烂差"的局面得到了改观。

在美丽乡村建设中，环境整治不再局限于主干道的两旁，而是深入到了每个自然村。景溪村分别对大坝上自然村、下阴山自然村、中心村自然村、枫林山自然村、马腰坦自然村进行了村庄环境整治，受益人口1100余人，受益率达87.1%。在创建过程中，景溪村严格按照各项考核指标，以"四改"（改路、改水、改厕、改线）为重点因地制宜全面进行高标准的整治，力求早日达到"道路硬化、村庄绿化、路灯亮化、卫生洁化、河道净化、环境美化""六化"标准，而在"六化"之前是村庄规划，也正是在美丽乡村建设的过程中，景溪村有了规划的概念。

一是道路硬化。完成下阴山自然村与枫林山自然村之间的道路硬化1000米。

二是绿化工程。根据规划要求，以道路绿化、村庄绿化、重点工程绿化、公共绿地绿化以及山林绿化为重点，全面推进村庄绿化美化，完善村庄绿地系统。在中心村新建了群众文化活动中心，增添了健身器材、标准化篮球架等设施，并规划了休闲绿地，给群众提供了一个休闲、娱乐的好去处。以中心村村庄环境整治为契机建设休闲绿地，对河道旁进行清理改造，改建成一座河滨公园，公园绿地以草皮、鹅卵石为基调，以乔灌木、花卉为点缀，辅以娱乐、健身设施，宣传栏，石椅，既美化了环境，又方便了群众的娱乐休闲。对主公路沿线约2千米进行亮化升级，种植树木，点缀花卉，提高绿化层，现已成功种植行道树800棵，成活率达98%。鼓励庭院绿化，开展"美丽家庭"创评工作。搞好公墓建设，保护山林资源，不断完善生态公墓建设。进行低产林改造工程，利用罗家费水库优势，建造竹子观光园，对阴家户、直坞里竹林低产林改造，对现有的荒山、经济林进行修复，补种毛竹或经济作物。

三是路灯亮化。对主公路沿线增设路灯30盏，投资2万元。

四是河道净化。对河道进行整治，包括防洪埂的修建、横水坝的筑、河道内的清洁整理等，并新增污水池30个，其中集中式的5个，受益农户达80%以上。同时保护生态环境，河里的鹅卵石不能卖，过去都是随意卖（河里很多漂亮的石头都被卖掉了）。此外，对大坝上自然村的渠道进行了清洁整治，整治长度为1000米，下挖淤泥50厘米，并加宽至1.5米。整个景溪村自来水入户率为100%。

五是环境美化。成功拆除违章建筑及危房1200平方米，中心村沿线房屋立面改造已完成10000平方米。

六是环境卫生长效管理机制。制定环境建设长效管理制度、卫生保洁制度，设立固定管理员1名、保洁员5名、垃圾清运工1名，形成村民自觉和保洁员齐抓共管的管理网络。新增改造垃圾箱20座，垃圾桶10余只，垃圾集中收集率达100%，家家均安上各种封闭式的清洁厕具，全村卫生改厕率达100%，全面取消露天粪坑。

景溪村当时已经进行了厕所改造，采用的是三格式厕所，厕所粪污并没有集中处理，而是进行三格式发酵处理，然后将污水排到湿地里，每户人家都建了一个小湿地，大概两三平方米，靠水生植物进行最后的处理。这是景溪村的第一代卫生厕所改造，大约80%左右的农户都改造了厕所，基本上消灭了露天厕所。应该说，景溪村从2008年开始进行厕所改造，仅这一点就领先了其他地方农村10多年。

总之，在美丽乡村建设过程中，景溪村先后投入200余万元，新建公共厕所2座，新增绿化面积300平方米，拆除旧房250平方米，立面改造1200平方米，新建公共设施450平方米，整治河道2000米，护岸400米。景溪村的居住环境得到明显改善，村容村貌焕然一新，农村脏、乱、差的现象已不复存在，垃圾入箱已成为村民的生活习惯。村容整洁，环境优美，老百姓的生活质量明显改善。在进行环境整治的同时，精神文明建设也取得了明显成效，通过一系列先进村、示范村、文明户的创评活动，使得农民的文明程度和自身素质得到了很大的提高。

2008—2010年，景溪村两委的主要精力就是抓项目建设，重金打造美丽乡村，把项目建好，当时并没有产业发展思路，黄大伟说自己当时主要是埋头做事。美丽乡村建设和毛竹加工厂也没有太大的矛盾，用围墙把工厂遮住。美丽乡村建设有图纸有规划，村里自己找规划单位，主要是环境规划，没有产业规划，没有把产业植入进来，就是单纯地把环境搞好。从2008年起，村庄环境卫生管理开始起步，村民的生活垃圾开始入池，比原来干净多了，上海来的客人也发现了这一点，发现景溪村的环境变得更美了，这样促进了农家乐的发展。

（3）美丽乡村建设的难题。据黄大伟讲，当时对美丽乡村的理解还不是很到位，村里有了项目大家都很激动，为项目而项目，老百姓的积极性没有调动起来，参与度不够，几乎没有什么参与，老百姓的认可度也不高。在老百姓看来，反正是国家的钱，在项目建设涉及自己家土地的时候，有漫天要价的现象，村干部只有耐心做工作。

过去的美丽乡村建设，为项目而建，老百姓没法参与进来，村集体3年为项目建设负债200多万元，项目建设也流于形式。项目建好之后，还存在维护管理的问题。项目封闭运行，老百姓的参与率低，环境变好了，但老百姓没有收入，他也不会认同，感受不到美丽乡村建设的价值，自然也不会投入。老百姓也不会觉得政府好，不会觉得村里好，有依赖思想，你政府有钱，乡村建设是你政府的事情。美丽乡村建设是政府主导，乡村两级的压力都很大，但作为主体的农民却认识不够，参与热情不高，致使许多工作开展较为困难。

过去垃圾乱放，小菜地和小竹园都乱扔垃圾。村里搞环境整治，建垃圾池，刚开始做的时候很难，村民们不习惯。过去老百姓都习惯于把垃圾扔到竹林或者河道里，一开始不接受垃圾入池，也没有保洁员，花了半年的时间才习惯。当时垃圾还没有分类，所有的垃圾都集中到一个大垃圾池里，味道很难闻，有些村民不愿意让垃圾池建到自己家门口，暗中破坏垃圾池。这一时期的环境卫生管理还是粗放式管理，应该说是从无到有，公共卫生开始有人打扫管理。

有一次上级来视察评选，刚打扫干净的地面被一位村民乱扔了垃圾，有一位大学生村官都哭了。村干部很辛苦，那时候有很多人付出很多，当时黄书记的爱人也很激动，也哭了。还有村民用锄头把垃圾池砸掉，过了很长一段时间村民才习惯。还有人认为，村庄环境整治是为开农家乐的农户搞的，很多村民不理解。很多时候，村干部在前面打扫，村民在后面扔垃圾。10年多过去了，村民早已养成了重视村庄环境卫生的习惯。

3. 美丽乡村精品示范村建设

（1）美丽乡村精品示范村的考核体系。美丽乡村精品示范村是美丽乡村建设中的典型，是优中选优，能够为全县、全省乃至全国的美丽乡村建设起到带头示范作用。安吉县于2013年印发了《安吉县建设"中国美丽乡村"精品示范村考核验收暂行办法》，并于2015和2017年进行了修订完善，为美丽乡村精品示范村建设提供了考核指标体系。

美丽乡村精品示范村建设的考核指标包括"村村优美、家家创业、处处和谐、人人幸福"四个方面、43项硬性考核指标，总计1000分，整体评分取得850分以上方可通过。精品示范村考核是美丽乡村考核的升级版，在美丽乡村建设验收指标的基础上增加了诚信体系、文化传承、村民自治等更高层次的要求，创建期为两年，巩固期为两年，对通过考核的村实行以奖代补，在每个村200万元的基础上，根据考核得分给予不同档次的以奖代补。

（2）美丽乡村精品示范村建设的内容与效果。2016年，景溪村成功创建美丽乡村精品示范村。通过三年的创建，对整个村庄进行梳理，村庄面貌发生了根本性的变化。同时成功创建国家AAA景区，做到了"村村优美、家家创业、处处和谐、人人幸福"。围绕这十六个字，全面开展精品村的创建，不只是做一个小节点，不只是环境变美了，内容更加全面，也更加接近乡村振兴的目标了，在乡村振兴上，景溪村又一次走在了前面。

通过历年来的美丽乡村建设，村庄环境改变了，带动了村民改造自己庭院内部小环境。大环境主要是基础设施建设，这是民宿的外部环境，属于公共品，通过项目建设来达成。小环境是民宿内部的装修改造，由家庭投资建设，属于私人物品。通过大环境与小环境的双重提升，实现了生态宜居。

通过开发旅游产业，老百姓获得分红，实现了共建共享，村民的态度也发生了变化，从过去的政府建到我要建。如果老百姓的观念不转变过来，美丽乡村建设只是项目建设，只是政府的政绩工程，老百姓不但不支持，反而会破坏，会投诉。现在，老百姓参与进来，乐于奉献，积极参与环境保护，积极参与乡村经营和产业振兴，形成了共建共治共享的美丽乡村建设局面。

第四章 村庄环境整治 建设美丽乡村

美丽乡村一角

景溪村还创建了水环境优美村、美丽宜居村，并且还做了世界银行的污水治理项目。2016 年，景溪村做了一个世行的污水治理项目，工程建设费用由项目出，生活污水全部纳管，输送到报福镇上的污水处理厂集中处理。污水处理非常难做，工作量非常大，当时，景溪村干部说了一句话：要是能够把污水治理项目做好，屎都可以吃了。话糙理不糙，可见污水治理项目的难度之大。污水治理项目要把污水纳管，需要挖开地面，埋管道，埋桶，涉及占地问题。

在实施污水处理项目中，景溪村充分发挥了党员的模范带头作用：首先，党员不需要村里上门做工作，要自觉积极支持污水治理项目。同时，每个党员还要联系八九户人家，全村 300 多户，如果不是靠党员带动，光靠 5 个村干部是不可能完成这项工作的。党员带头实施污染治理，将生活污水全部纳管，并且积极到联系农户家里做工作：我家的污水纳管了，苍蝇蚊子都少了，环境好了，心情也好了，心情好了才能长寿，还可以发展旅游业。党员在污水治理项目中发挥重要作用。在大伟书记看来，和平年代的党员，不用上战场，把自己的小事做好，在乡村建设中带好头，就是合格的党员。

在做污水项目的时候，给老百姓的补偿费，项目预算了150万元，后来一分钱都没有出。就是因为群众的思想观念转变了，从要我做变成了我要做。过去的一个项目，涉及部分村民的土地，村民往往会漫天要价。现在变成村民自己的事情，村民们会共建共享，就不会形成负债。中心村有一个停车场，因为占地需要赔偿村民1.5万元，大家凑钱把政策处理费给赔了，大家建停车场，大家自己出钱，正是因为大家都出了钱，也都有了责任心，不会乱占停车场，平时停车场上有垃圾了，附近村民也会自觉维护，不会给村里打电话。

（3）环境建设与人心建设。村庄环境变美了，美丽乡村最美的是人心，乡村最大的变化是村民素质的变化，美丽乡村建设是人心建设。否则，一个村几千万砸下去，是不会有什么效果的。美丽乡村建设不是钱的问题，大家对浙江美丽乡村建设的认识就是有钱，这并不是美丽乡村建设的核心问题。景溪美丽乡村建设的核心经验是人心建设。

2017年有一个故事：几个老百姓闲聊，过几天孙女过周岁生日，不放烟花了，5个人每人出500元，另一户出了200元，交给村里买鱼苗，少放烟花。把这个事在群里一发，共捐了1万多元，在党员活动日放鱼苗。在村民的自觉保护之下，河里又有石斑鱼了。2018年的旅游旺季，景溪漂流从外村招聘了一名员工，这位外村人不了解景溪村的情况，他一看河里有这么多鱼，还纳闷景溪村民为什么不抓鱼，他就抓鱼，违反了景溪村的村规民约，最后花了2000元买鱼苗放到河里去。

（4）乡村规划与乡村经营。美丽乡村建设不只是环境建设，而且包括了乡村经营。2008年的村庄规划，只有效果图，没法实施，硬生生的，没有策划，也不利于产业发展。乡村设计要有针对性，景溪村乡村设计就是要为发展乡村旅游服务，不是为发展农业生产服务的。这就对设计提出了要求，好的设计一定能够提升乡村的价值，促进乡村产业的发展。

景溪村打造枫林山自然村落的时候，先后请了9个设计师。有浙江大学的、宁波的，还有韩国的，每个人都有自己的理念。也有上当受骗的时候，有些设计是从网上直接复制过来的，没有融入村庄环境，很生硬。

在黄大伟看来，设计师要懂产业策划，要考虑舒适度和便捷性，才能成功。最好的设计师就是把东西放到一个合适的位置上，而不是推倒重来，修边而不是重建。每一块石头，每一潭，每一个棵树，都要放到合适位置上，每一个点都能讲出故事来。好的乡村设计，就是讲故事，不能生

第四章 村庄环境整治 建设美丽乡村

硬地植入景观。好的乡村设计，就是要能让游客停下来拍照，客人不想拍照的设计不是好设计。

美丽乡村建设要打通乡村设计与乡村经营的关系，会设计的人不懂经营，懂经营的人不会设计。乡村建设需要人才，需要什么样的人才呢，首先需要设计人才，更需要经营人才。现在，设计人才引起了关注，但乡村建设更需要经营人才。乡村建设必须要打通乡村设计与乡村经营的关系。但在很多村庄，乡村设计与乡村经营是断裂的。农民创业者善于经营，但不一定擅长设计。返乡的农民可能不善于经营，但却善于设计。如何既懂设计又懂经营，处理好设计与经营的关系，这是美丽乡村建设最为关键的问题。

4. 无废村庄建设

2008年的美丽乡村建设主要是垃圾入池，不乱倒，当时还没有实行垃圾分类。2013年开始实行垃圾分类，把垃圾分为四类，有害垃圾、可回收垃圾、不可回收垃圾、厨余垃圾。2013年之后，浙江省在全省范围内启动"三改一拆"、"五水共治"，报福镇在2013年之后开始把小工厂拆掉，力度非常大，对农家乐也开始进行规范整治，环境治理的力度进一步加大。

2019年建设无废村庄，村庄无废气、无废水、无废物，全部污水纳管，农家乐全部装油烟净化器，生活垃圾全部收走。在下阴山自然村做了一个垃圾分类文化广场，做了几个牌子，做成一个节点。同时，农家乐取消了一次性的洗漱用品，也就是俗称的"六小件"。把整个村庄打造成为一个

县领导视察景溪村环境管理

生态文明展示馆，打造无废村庄，三无村庄（无废气、无废物、无废水），实现垃圾分类，垃圾不落地，生活污水全部纳管。对垃圾回收实行智慧化管理，形成积分，可换取商品，以起到引领作用。打造无废村庄，管理越来越精细化。垃圾分类，APP网站，传输，积分，垃圾分类做得好，积分可以换物品，对村民以引导为主，引导村民积极参与垃圾分类。黄大伟书记说：我们的梦想是建设无废村庄，建设生态文明展示馆，与科技部门合作。

2020年，景溪村要建设生态文明展示馆，预算200万元，招投标165万元。生态文明展示馆是报福镇的重点建设项目，是为了纪念"两山"理论提出15周年，具有重要的政治意义。生态文明展示馆分为蓝天、碧水、净土、振兴四个篇章，蓝天主要是指大气污染治理；碧水则主要是指生活污水治理；净土是指垃圾分类和无废村庄；振兴则是指生态产品价值的实现，是指生态振兴，是生态文明建设的最终成果。

生态文明展示馆建好之后，可以把景溪村的美丽乡村建设成果展示出来，垃圾分类，垃圾减量化，有制度，有办法，有展示馆，可以进一步促进景溪村的生态文建设。通过生态文明建设展示馆的建设，景溪村的美丽乡村建设就从环境整治进入了生态文明建设的阶段，进入了一个全新的阶段。不管是建设层次，还是政治站位，都得到了大大的提高。

景溪村生态文明展示馆目前已经完成了招投标，正在做开工建设前的准备工作。因为景溪村又是AAA景区村庄，生态文明展示馆建成之后，除了献礼"两山"试验区建设，景溪村准备将之作为一个研学场所，里面有电子设备可以体验垃圾分类。垃圾分类在城市也是一个新事物，景溪村从2013年就已经开始实践了。现在景溪村已经在垃圾分类上领先了一步，垃圾分类和环境治理也是需要成本的，善于经营的景溪人准备把垃圾分类也做成旅游产品，这也是把绿水青山转换成为金山银山的一种创新做法。

目前，景溪村已经建设了一个垃圾分类文化广场，生态文明展示馆建成之后，准备把垃圾分类做成一个可以参观的旅游环线，从垃圾分类文化广场到农民家庭的垃圾分类，再到生态文明展示馆，做成一个新的旅游业态。因为到安吉来学习参观垃圾分类的也很多，景溪村把垃圾分类做成一个旅游业态，也体现了一种生态经营思维。

2020年1月14日，报福镇与安吉农商银行成立了安吉县首家乡镇"两山绿币银行"，试图通过绿色金融创新将绿色行为价值化，将绿色生活方式转化为生态文明信用指数，转换为一定数量的"绿币"。"绿币"为虚拟货币，垃圾分类准确可以得到 5 个积分，100 积分可以兑换 1 个"绿币"。

"两山绿币银行"是生态文明建设的创新，覆盖了"绿色循环、绿色出行、绿色渠道、绿色公益"四个方面，群众可以通过参与垃圾分类、共享单车出行、公交车出行、徒步出行、参与慈善公益事业、参与新时代文明实践志愿服务等行为获得相应数量的"两山绿币"，村民可以凭绿币到超市兑换物品，也可以享受金融服务优惠。

景溪村是首批"绿币"试点村，黄书记讲，"两山绿币银行"是乡村治理的一个创新，通过将绿色金融与绿色乡村建设相结合，促进美丽乡村建设的持续深化，对于推动农村人居环境整治，打造无废村庄，必将产生积极的作用。同时，这一绿色金融创新也必将引领绿色发展，实现乡村生态振兴。

二、村庄环境的长效管理

美丽乡村建设的重点是环境基础设施建设，通过投入资金彻底改善了农村的环境。当农村环境变美之后，为了维护美丽乡村建设的成果，促进美丽乡村的可持续发展，就要探索村庄环境的长效管理机制。安吉县在县、乡两级成立了村庄环境长效管理办公室，景溪村也是较早探索村庄环境长效管理的村庄。如果说美丽乡村建设的重点是基础设施建设，那么村庄环境长效管理的重点则是制度建设，通过制度建设探索环境长效管理之道。

1. 专人分管

张新柱是村支部委员，同时担任村监事委员会主任，张委员 2008 年进入村班子，2011 年开始分管村庄环境卫生工作至今，可以说是村庄环境治理的专家。张委员管了 10 年环境卫生，连续 8 年获得了"十个好"。

在过去的 10 年中，张委员一直负责村庄环境卫生。一般人不愿意分管环境卫生工作，因为村庄环境卫生天天都要做，是一项动态的工作，没有过去时，只有进行时，需要常态化管理。在上级领导来调研的时候，张委员说：垃圾分类真难管，过去农村工作是计划生育和调解最难管，垃圾分类比这两项工作都难管。为什么呢？因为每家每户每天都要产生垃圾，在这样一个动态管理的过程中，有的群众不理解。在张委员接手之前，那时候刚开始实行垃圾入池，是景溪村的大学生村官林颖分管这些工作，有一次为了迎接检查，保洁员刚刚把环境卫生搞好，一个村民就把垃圾撒在了村里的道路上，那位大学生村官当时就哭了。这个事情，不止一个人给笔者讲过，可见其影响之大，可见当时环境卫生工作的难度之大。

每个村民小组的妇女组长在垃圾分类工作发挥着重要作用，妇女组长就是网格员，对环境卫生实行网格化管理，妇女组长要到农户家里检查，发现问题报告给村里，村干部也要经常到各个分管的自然村的农户家里督促检查，确定比较好的农户，村里会奖励一些日用品，包括食用油、肥皂、杀虫剂等，鼓励农户对垃圾进行精准分类。妇女组长在垃圾治理体系中扮演着重要角色，这是景溪村垃圾分类治理体系的一个创新之处。妇女组长负责一个村民组的垃圾分类，发宣传单，深入农户宣传，督促农户进行精准分类。尤其是刚开始推行垃圾分类的时候，宣传任务非常重，培训任务也非常重，后来村民形成了习惯，妇女组长的功劳不可忽视。在张委员看来，妇女的心细，适合做这项工作。妇女组长通常是义务劳动，没有工资，如果需要妇女组长超过一天以上的劳动，村里会适当补助100元/天。

2. 垃圾承包管理

景溪村的村庄环境卫生费一年是35万元，县里差不多每个月都会对每个村进行一次考核，一年考核10次，如果能够得到个好评，县里每人奖励80元，镇里配套20元/人，全村1236口人，智慧化管理县里再补20元/人，这样每个村民能补到120元，总共有15万元左右的补助，减轻了村级负担。

景溪村的环境卫生管理2016年外包给了容大物业公司，包括河道、花草、绿化。村庄环境卫生由公司承包，工作人员都是本村村民，外地人不熟悉，也不好开展工作。

在张委员看来，景溪村的环境卫生已经承包给了公司，按理说村里可以不用管了，实际上，村里每天都要管，不管不放心。张委员每天早晨到村里去上班，3分钟的路能走上15分钟，每个地方都要看一下。他的后备箱里有一个草帽、一副手套、一把镰刀、一把虎钳、一支垃圾桶，看到不合格的地方，直接自己动手。张委员家里还有一个割草机，需要割草的地方也可以使用。

工人的管理由承包公司来管理，张委员看到有卫生不合格的地方，就直接拍照发给承包公司负责人。公司在用人时也会征求村里的意见，管理制度也会征求村里的意见，但具体管理还是以公司为主。如果工人的工作考核不过关，物业公司可以随时解雇，村里不过问。张委员会对村里的环境卫生进行检查，如果上级政府在检查时发现了问题，村里要对物业公司进行处罚。

景溪村将环境卫生承包给物业公司，用张委员的话来讲，就是专业的人做专业的事，减轻了村里的工作压力，等于说村里请了个卫生管家，专门负责全村的环境卫生。来景溪村参观的人多，遇到重要的参观，张委员会给物业公司打个电话，让他们提前安排一下。景溪村将环境卫生管理承包给专业公司的做法，也是安吉县近年来大力倡导的。为了促进美丽乡村的长效管理，安吉县农办成立了专门机构负责环境卫生的长效管理。

3. 制度建设

村庄环境卫生长效管理的核心是制度建设，为了促进村庄环境卫生的长效管理，景溪村也进行了一系列的制度创新，发挥党员干部的引领作用，实行网格化管理。

景溪村环境治理与长效管理制度

为深入开展景溪村生态文明建设工作，提升景溪村整体环境质量，提高景溪村村民家园环境保护意识，实现村民环境保护行为的自发、自觉、自为，真正做好垃圾分类智慧化管理，实现景溪村环境治理与保护的长效管理，特制订本制度。

1. 将景溪村划分为五个网格，成立网格管理小组，每个网格小组组长由景溪村村两委班子成员担任，小组成员由网格内各村民组长、村民代表以及妇女主任组成，同时绘制网格责任关系图。

2. 各网格小组每周开展学习生态文明建设相关文件，了解我国目前生态文明建设的相关精神。同时积极向先进单位学习垃圾分类、垃圾不落地等相关工作的有效经验。

3. 每月各网格管理小组要到自己所辖村户进行检查至少一次，检查内容主要包括：分类垃圾桶不按规定摆放；未对分类垃圾桶及时进行清洁；垃圾分类知识掌握情况不达标；垃圾未按规定（四分类）进行分类；智能回收平台不会使用；房前屋后有乱堆放，不整洁、有垃圾；所辖农家乐乱摆设招牌，乱挂标语、灯笼；村道河道及绿化整洁情况等。

4. 每个网格管理小组建立本小组检查问题汇报手册，对每周检查所出现的问题进行记录，并附小组成员签名。同时在汇报手册记录问题解决进程及结果。

5. 积极参加村班子例会，及时将检查情况以及所出现的问题提到班子例会上，班子成员群策群力，及时将问题解决，坚决做到一周一结一汇报。

6. 各村民组长、村民代表以及妇女主任要支持村委工作，积极联系本小组农户开展垃圾分类、垃圾不落地、自觉维护景溪村环境等相关工作，与农户加强沟通，积极进行指导、检查，同时要以身作则。

7. 村民要积极支持村委工作，不断提高思想认识，了解村两委开展垃圾分类、垃圾不落地等相关工作目的是给景溪村以及村民提供良好的生活环境。同时，作为景溪村村民要共同维护景溪村环境，要变被动为主动，实现自身环境保护行为的自发、自觉、自为。

8. 村民要主动学习垃圾分类等相关知识，对垃圾的分类情况做到清楚认识，同时认识进行垃圾分类的长远意义。

9. 村民要妥善利用好分类垃圾桶，对家庭所产生的垃圾进行正确分类。要积极利用垃圾智能回收平台，对各类垃圾进行正确处理。同时要及时清洁分类垃圾桶，避免虫菌的滋生。

10. 村民在平时生活中要时刻保持环保意识。对于路边垃圾，发现之后及要时清理，同时对于随意扔垃圾者要进行及时制止，争做景溪村的环境保护宣传员、监督员和保洁员。

11. 村民要积极配合网格管理小组工作，对于网格管理小组检查所提出的问题及时进行整改。

为了更好地执行这一管理制度，景溪村还制定了考核办法。

景溪村环境治理与长效管理考核办法

1. 对各个网格每月进行考核检查，考核小组由各个网格管理小组担任，各考核小组交换进行考核检查，并对每户进行打分，基础分为12分，在村委建立"红黑榜"，每月考核得分在9分以上的农户进入红榜，并由村委张榜公布，同时在垃圾智能回收平台积分卡上奖励100积分，每个网格每月考核得分最低的一家农户上黑榜,并接受村委垃圾分类相关知识教育,同时在垃圾智能回收平台积分卡上扣除100积分。

2. 每户的基础分12分进行累积减扣,每季度恢复一次。在本季度内若12分扣完仍需扣分的农户,则由垃圾智能回收平台积分顶扣,10积分为1分。

3. 分类垃圾桶不按规定摆放,普通农户扣1分,党员家庭、村民组长家庭、村民代表家庭及妇女主任家庭扣1分。

4. 未对分类垃圾桶及时进行清洁,普通农户扣1分,党员家庭、村民组长家庭、村民代表家庭及妇女主任家庭扣1分。

5. 垃圾分类知识掌握情况不达标,普通农户扣1.5分,党员家庭、村民组长家庭、村民代表家庭及妇女主任家庭扣1.5分。

6. 垃圾未按规定(四分类)进行分类,普通农户扣3.5分,党员家庭、村民组长家庭、村民代表家庭及妇女主任家庭扣3.5分。

7. 智能回收平台不会使用,普通农户扣1分,党员家庭、村民组长家庭、村民代表家庭及妇女主任家庭扣1分。

8. 房前屋后有乱堆放,不整洁、有垃圾,普通农户扣3分,党员家庭、村民组长家庭、村民代表家庭及妇女主任家庭扣3分。

9. 所辖农家乐乱摆设招牌,乱挂标语、灯笼,普通农户扣1分,党员家庭、村民组长家庭、村民代表家庭及妇女主任家庭扣1分。

10. 村两委班子成员、党员未按照制度执行或者不作为者扣2分,并且纳入干部考核机制、党员先锋指数考核机制。

11. 各考核小组在检查村道、河道、绿化整洁情况时,若检查出现问题,对责任路段的保洁员进行及时通报处理,处理办法参考《长效管理、垃圾分类、垃圾不落地、保洁员考核奖惩机制(办法)》执行。

景溪村还探索了党建引领垃圾分类的做法,在全村5个自然村都建立了网格,网格内每名党员负责联系5到8户村民。对于老人,党员要做好指导帮扶。每个月,村委会组织每个村民组的妇女组长对村民的垃圾分类情况进行考核,对分类不够精准的村民,负责联系该户的党员将被"连坐",党员先锋指数将受到影响。这样,党员的责任心就被调动起来,在做好自家垃圾分类的同时,要经常督促所联系的农户搞好垃圾分类。

总之,通过制度创新,村庄环境长效管理成为乡村治理的中心工作,推动美丽乡村建设从基础设施建设,转向生产方式、生活方式和治理方式的协同建设。

三、垃圾分类

美丽乡村建设是如何建成的？除了基础设施建设，就是垃圾治理，垃圾治理是美丽乡村建设的中心。可以说，美丽乡村建设的最大成果就是垃圾治理，基础设施建设已经取得了成功，垃圾治理还在探索，垃圾分类便是垃圾治理的一个创新。景溪村的垃圾分类已经远远走在了很多城市垃圾分类的前面。

1. 垃圾治理的历程

景溪村的垃圾治理可以分为以下几个阶段，在2008年之前，基本上处于无人管理的状态，2008年之后，垃圾开始入池，但没有进行垃圾分类。2013年，景溪村开始进行垃圾分类，2016年进一步开展垃圾不落地，2019年开始进行智能化管理，建设无废村庄。

景溪村在开展美丽乡村建设的过程中，将垃圾治理作为核心议题，注重从源头上减少垃圾和污染物排放，通过加强基础设施建设和制度创新，逐步形成了对可利用物品的资源化利用，以及对有害垃圾的安全处置，从而走在了生态文明建设的前面。

（1）实施垃圾分类，减少废物产出。在2008年之前，景溪村村民产生的垃圾大都倾倒在河道、路边，对景溪村的整体环境造成了严重污染，一直是村里的一大难题。从2008年开始，景溪村村两委开展美丽乡村建设，在美丽乡村建设的过程中，景溪村尤其注重垃圾处理方面的问题。村两委班子成员通过不断地讨论，摸索经验，基于景溪村的实际，开始在村里设立垃圾房，村民将生产的垃圾全部混装到垃圾房中，逐渐养成垃圾不乱扔的习惯。

随着景溪村美丽乡村建设工作的不断深入开展，加之2008年以来积累的垃圾投放经验，在2013年下半年景溪村开始筹备垃圾分类的工作。经过村两委成员讨论，初步确定了垃圾分类的实施规则。2014年景溪村全村正式开展垃圾分类。在全村85%的村民家中分发"三桶一筐"，让村民将垃圾进行分类投放，同时在村里建立垃圾分类点23个，对各类垃圾进行分类处理，村民基本养成垃圾分类的习惯。

从2016年开始，景溪村开展垃圾不落地工作，在保留村民家中"三

第四章 村庄环境整治 建设美丽乡村

桶一筐"的同时,将全村23个垃圾分类点拆除,并购置垃圾车,由村里聘请保洁员上门收集垃圾。同时为了顺应时代的发展,丰富景溪村美丽乡村建设的发展成果,景溪村积极与软件平台开发公司合作,引进垃圾智能回收平台,对全村300余户农户,发放再生物资回收平台智能卡,实行垃圾换积分兑商品和赢大奖机制,并与农村商业银行建立合作,实行银行卡积分垃圾分类回收,积分直接打到村民的社保卡中,村民凭积分到指定商店兑换物品。同时每个村每个季度都会对30名积分高的村民发放奖品。通过奖励措施带动村民参与垃圾分类的热情,从而实现垃圾减量化、资源化、无害化处理。

2019年6月,景溪村开始使用智慧农村管理平台,率先在全县开展垃圾分类智慧化管理试点村建设,重点将厨余垃圾和可回收垃圾统一纳入互联网积分反馈平台,村委通过给各家各户分发倡议书以及二维码,号召大家积极进行垃圾分类,由保洁员每天上门收集,同时针对农户的垃圾源头分类准确率、分类设施状况、分类设施摆放情况、分类设施清洁状况、厨余垃圾重量等进行评价打分,到12月底已累计积分486693分,从而实现垃圾分类"智分类、云回收、源处理、循利用"。

总之,景溪村通过使用垃圾智能回收平台、智慧农村管理平台对各类垃圾进行回收,将回收的垃圾集中到镇垃圾处理中心进行无害化处理。同时景溪村积极响应安吉县的号召,在办公场所禁止使用一次性用品,在农家乐、民宿禁止无偿提供六种一次性用品(简称"六小件"),从而真正实现了从源头上减少废物生成。

(2)建立污水处理系统,杜绝废水直排。从20世纪90年代起,为带动景溪村产业发展,充

垃圾分类文化广场宣传标语

分利用当地竹资源，景溪村开办4家拉丝厂。在生产过程中，为了提高拉丝质量，需要用双氧水进行煮丝，在这一过程中会产生大量的废水，对景溪村环境产生严重污染。为了改善村居环境，提升景溪村河水质量，在2013年到2016年间，景溪村陆续关停了4家拉丝厂，杜绝了工业污水的产生和排放。

由于村民长期生活习惯固化，在2016年之前，村民对于家中、农家乐、民宿、景区服务中心等产生的生产生活废水往往进行直接排放，这样不仅对景溪村的河水产生污染，还严重降低村居环境质量。为了响应浙江省"五水共治"工作号召，做到从源头上治理废水，杜绝废水直接排放，景溪村实施了"世行项目"，开始进行厕所改造升级，以及建立废水处理系统。在这之前，每家每户进行污水处理，每家建有三格式厕所，有自己的化粪池。

景溪村在全村铺设废水排放管道网，农户、农家乐、民宿、景区各处服务中心进行集中纳管，对各处产生的生产生活废水通过废水排放管道网进行排放。通过厕所改造升级，在厕所排污处设置三格式过滤池，厕所污水通过三次过滤，进行净化处理，最后排放汇入废水处理管道。各种废水再通过管道网汇集到报福镇废水处理中心，由废水处理中心进行工厂式处理。通过建立废水处理网，景溪村从源头上杜绝了废水的直接排放，对于河水保护、水质提升起到了重要作用，而水环境的改善不仅带来了生态宜居的环境，而且为旅游产业的开发创造了更好的生态条件。

（3）治理废气排放。为开展美丽乡村建设，打造样本示范，景溪村围绕"村村优美、家家创业、处处和谐、人人幸福"四个方面，开启生态文明建设新篇章。尤其在"家家创业"方面，景溪村鼓励村民创办农家乐、民宿。目前景溪村农家乐、民宿由2008年的2家发展为2019年末的43家。越来越多农家乐、民宿的开办，所产生环境污染也不容小觑。在2014年之前，农家乐所产生的油烟都是直接排放，为加强治霾治气工作的落实，景溪村在2014年开始对农家乐进行提升改造。每家农家乐都要对厨房进行升级改造，安装油烟净化机，通过对产生的油烟进行净化，从而达到保护大气环境的目的。

除了农家乐所产生的油烟对大气环境进行污染外，景溪村还存在秸秆焚烧、燃放鞭炮产生的污染。在2016年之前，村民为了方便，经常将干枯的树叶、豆秆、秸秆聚拢成堆进行焚烧处理，所产生的烟尘对环境造成严重影响。2016年，景溪村开始全面禁止秸秆焚烧，并组成巡逻队定期巡查，一旦发现有焚烧情况，便对焚烧者进行严厉处罚，并对其进行教育，以此来规范村民的行为。

在农村，无论婚丧嫁娶、过年过节，村民为图热闹，往往会燃放鞭炮，鞭炮燃放所产生的烟尘会对大气环境产生严重污染。2018年，景溪村开始全面禁止燃放鞭炮，一些村民通过放鱼苗来替代燃放鞭炮，倡导乡村生活新风尚。通过对农家乐改造升级，以及提出禁止秸秆焚烧、禁止燃放鞭炮等强制措施，杜绝了废气生成，从而提升了景溪村的空气质量。

2. 垃圾分类的习惯养成

景溪村环境卫生的日常管理承包给物业公司，环境基础设施建设是由村里负责的，另一项重要的工作就是环境卫生意识的宣传和培养，也是村里在做的。以垃圾分类为例，从2013年至今，村民的垃圾分类意识是有了，但具体细节还是经常做不到位，还需要提升精细化管理水平。当时刚开始推进这项工作的时候，连张委员自己都不敢相信这项工作会持续开展下去，觉得很可能半途而废。通过多年来的努力，村里带大家外出学习、培训、考察，充分发挥党员、村民代表、妇女组长的作用，景溪村的垃圾分类不但坚持下来了，并且做得越来越好。每家每户都要发宣传单，每个村民小组的妇女组长每年都要培训，农家乐业主也要培训，号召每家农家乐取消一次性用品，也就是"六小件"。

张委员说，刚开始垃圾分类的时候，有些大妈把村里发给她的垃圾桶用来装米，不舍得用，用自己家的废旧桶装垃圾。张委员特意留了个心眼，过几天再去看，反复多次做工作，这样大妈就把垃圾桶用了起来。每家每户都有"三桶一筐"，黄色的垃圾桶装不可回收垃圾，紫色的垃圾桶装可回收垃圾，绿色垃圾桶装厨余垃圾，然后是一个不锈钢的筐把三个垃圾桶装在一起。村里加大宣传，倡导村民正确进行垃圾分类，一开始的效果并不好，张委员隔三差五到各个自然村各个村民组去转，这样推了3年之后，不论是村民的环境意识，还是环境行为，都有了显著的提升。村民基本上都能够进行大致的垃圾分类，垃圾桶的使用率也大大提高了。当然，景溪村是一个试点村，也是一个先进村，来检查的多，来参观的多，这对景溪村的垃圾分类工作也是一个促进。

现在，垃圾分类、垃圾不落地、垃圾智慧化管理，这是景溪村的中心工作，也是景溪村的亮点工作，同时也是安吉县的中心工作。安吉县领导曾公开讲：一个县委书记、乡委书记、村支书，如果连垃圾分类都管不好,肯定不是称职的书记。通过多年的培训和宣传,村民的垃圾分类意识明显提升,养成了良好的垃圾分类习惯,提升了乡风文明程度。在景溪村,"垃圾分一分,环境美十分"的宣传已经深入人心,改变了村民的行为,通过村民行为的改变,从根本上促进了垃圾的减量化、资源化、无害化处理。

3. 垃圾分类的激励措施

垃圾治理和垃圾分类,村庄一级并没有强制权,只能采取激励的办法来推进这项工作。景溪村的垃圾治理先是从垃圾入池着手,景溪村共建了25个垃圾池,没有分类,所有垃圾堆放在一起,夏天垃圾池会发出难闻的臭味,群众有意见。2013年下半年,政府提出了垃圾分类,景溪村率先试点,是当时全县首批7个试点村之一。2014年,报福镇全镇铺开。景溪村建了两个玻璃钢的垃圾池,将垃圾自行发酵处理。2016年,景溪村的垃圾池全部敲掉,将垃圾分为可回收垃圾、不可回收垃圾、有毒垃圾、厨余垃圾,盖了小亭子,放上四个垃圾桶。

2016年下半年开始,景溪村开始实行垃圾不落地,将垃圾全部集中处理,花了5万元买了一辆垃圾运输车,每天清晨放着《好一朵美丽的茉莉花》歌曲,上门收取老百姓的生活垃圾。2019年又买了两辆垃圾车,这样,总共3辆垃圾运输车,两辆运输其他垃圾,一辆运输收集厨余垃圾。

同时,2016年还建立了智能化垃圾回收平台,最早试行垃圾收集智慧化管理,农户可以将一些可回收垃圾投放到专门的设施里,扫二维码,可以获得积分,用户可以凭积分兑换商品。这个智能化管理到了2019年进一步提升,主要是厨余垃圾,清运员收集、称重、扫码上传。有一辆车专门收集厨余垃圾,清运员每天清晨到各家各户收集,称重、扫码、拍照上传,在后台看得非常清楚。垃圾分类分得好,可以有10分,垃圾桶正确摆放可以得10分,分量足可以得10分,只要做得好,每天都有积分。500分可以换一袋黄酒,1000分可以换一袋盐,5000分可以换一瓶海天酱油,可以到村里的小超市来兑换商品。

2020年,报福镇搞了个"两山绿币银行",与农商银行合作,根据回收垃圾的分量计分,100分可以换1个绿币,全村每年能换5万元的商品。全村整体做好,在农商银行的贷款利率下降4个点,农家乐贷款可以下降1个点,贷款100万元一年能省1万元的利息,村民在银行的授信增加 50 万元。

近年来，报福镇坚持每年举办垃圾分类大奖赛，以此激励村民参与垃圾分类，提高垃圾分类质量。2020 年 1 月份，报福镇与安吉县农商银行合作设立"两山绿币银行"，村民存入绿色行为，就能兑换"两山绿币"，凭两山绿币享受增加授信额度，还可以降低贷款利率。2020 年 6 月 12 日，报福镇联合安吉县环境长效管理办、农商银行，在景溪村召开了第四届垃圾分类大奖赛。景溪村民翁志乾获得了垃圾分类二等奖，凭借积累的 360 个两山绿币，获得了 30 万元的增加授信，他非常高兴，垃圾分类不仅能够保护环境，还能够获得奖励。同时，景溪村民俞斌、王蓉琴、马静等人也因两山绿币获得了银行的增信。这大大增强了村民在垃圾分类工作中的参与感。

四、从美丽乡村建设到生态文明建设

自从浙江省实施"千万工程"以来，景溪村也开始了村庄环境整治之路。美丽乡村建设就是环境提升，可以说是"千万工程"的升级。环境整治是美丽乡村建设的核心，同时也契合了环境治理的要求。安吉县过去鼓励利用房前屋后发展家庭作坊，2013 年开始搞"三改一拆"和"五水共治"，这是生态文明建设的另一面，即对乡村产业发展起到了规范作用。美丽乡村建设为乡村经营提供了良好的生态环境，同时也对乡村产业的发展提出了规范，乡村产业不可能再走以量取胜的老路。这样，美丽乡村建设的重心就不再是简单地进行环境基础建设，而是进一步升级为生态文明建设，新时代的美丽乡村建设在生态文明建设的指引下取得了新的发展。

景溪村先是进行环境整治，通过环境整治改变村庄环境脏乱差的现象；然后进行环境保护，通过环境保护正确处理了经济发展与环境保护之间的关系，关停了拉丝厂；第三步是利用环境，发展生态经济，进行生态产业化经营，从而走上了生态振兴的道路。美丽乡村建设的实质是以环境建设为基础的乡村建设，这不仅会改善乡村环境，也会促进乡村产业的转型。

在黄大伟看来，他和景溪村都是"两山"理念的一个践行者。从 2005 年到现在，景溪村的发展就是按照习近平总书记的在安吉提出来的"两山"理念，逐步发展的，黄大伟也是在践行"两山"理念的过程中逐步走向了村庄舞台的中心，成为景溪村的当家人。黄大伟现在开始谋划村庄的"十四五"规划，他认为村庄要有梦想，路是走出来的。2020年3月30日，习近平总书记再次来到安吉余村，这给黄大伟莫大的鼓励，如果说余村是"两山"理念发源地，景溪村就是一个践行者。

黄大伟说，2020年，总书记再次来到余村，再次肯定了"两山"理念和生态经济的发展道路，总书记的话既是说给余村的，也是说给景溪村的，是说给全国人民的，我们也备受鼓舞，非常兴奋。在黄大伟有点迷茫的时候，对乡村前途有点不确定的时候，总书记的到来给黄大伟他们打了气，坚定了生态振兴的信念，坚定了景溪村的道路。总书记3月30日在余村视察的时候，景溪村正在召开村民代表会议，景溪村的干部群众都很激动，虽然总书记没有直接到景溪村来，但景溪村干部群众下决心认真践行"两山"理念，将生态振兴进行到底。

五、美丽乡村是公共品

美丽乡村对村民来讲，就是村庄环境整治，就是公共品和公共服务，是政府责任。

美是主观的，也是客观的，政府要提供美，美是公共品，这是浙江美丽乡村建设的贡献，就是把美变为公共品，由政府来提供，政府如何提供美，这里面就有很多问题需要研究。美主要体现为景观设计，景观设计一定要有利于生态保护，有利于乡村发展，提升农民的幸福感。生产和生活基础设施也主要是生态基础设施，而不是一个单独的基础设施，也不是一个单独的景观。湿地、广场、公园、草地、池塘，这些生态基础设施，一定是美的，不是单独的造物，也不是造景，而是重建人与自然、人与人、人与神之间的关系。我们考察美丽乡村的景观设计，一定要看到景观背后的真、善、美。

就乡村建设而言，乡村美化才是具体的操作方案，不是单纯的环保和环境治理，而是乡村美化运动，自从提出美丽乡村建设以来，中国乡村大地上在经历着一场乡村美化运动，村庄环境整治，"五水共治"，"三改一拆"，都是乡村美化运动。

乡村美化能够阻止乡村衰败吗？这是一个真问题。新农村建设提出"村容整洁"，乡村振兴战略提出"生态宜居"，这些都要通过乡村美化来实现。乡村美化并不是简单地刷墙栽树，乡村美化从浅入深，涉及利益关系的调整，关系到乡村产业发展，涉及乡村的未来，并不是所有的村庄都可以发展旅游，但所有的村庄都可以变得很美。乡村美化实际上是一场深刻的治理革命。有些村庄的美化是浅层的，有些村庄的美化则是深层次的，并且从公共品供给走向了私人产品供给，从乡村治理走到了乡村经营。美丽，让乡村有活力。打扫干净屋子再请客，乡村美化是乡村振兴的前提。

第五章
村民众筹　集体开发漂流

美丽乡村建设是乡村振兴的一个抓手，美丽乡村具有丰富的内涵，既包括生态宜居、设施完善这样的外在美，也包括产业兴旺、农民富裕、社会和谐这样的内在美，并且内在美和外在美是统一的，是可以相互转化的。美丽乡村建设大大改善了景溪村的生态环境，这也为开展生态产业化经营提供了条件，乡村产业发展便提上了议事日程。乡村产业发展是美丽乡村建设的核心内容，是乡村生态资源的价值显化，是乡村活力的经济基础。景溪村在成功创建美丽乡村之后，开始通过村民众筹集体开发漂流旅游，迈出了乡村经营第一步。

一、产业规划

景溪村，388户人家，1245口人。全村占地11.79平方千米，山林就占了10平方千米，森林覆盖率达92%，村民沿景溪河两岸居住，环境优美，生态资源丰富。2008年以前，景溪村的生态资源更好，但村民的环境保护意识差，溪里的鹅卵石更大，村民把石头拉出去卖到城里去了，村民都是把生活垃圾扔到河里。2008—2010年，景溪村进行了3年的美丽乡村建设。通过美丽乡村建设，全面梳理了村庄。用黄大伟书记的话来说就是：景溪村两边是青山，中间是一条小溪，很漂亮，像一个美女。

美丽乡村建设创建成功之后，村庄是变漂亮了，但不是好看就能够带来经济效益的。如果不能够带来经济效益，再漂亮也没有用，每年的维护成本都需要二三十万元，老百姓会有意见。如何在美丽乡村的基础上发展美丽经济,通过乡村经营来增强机体经济的实力,为村民带来实实在在的好处,这成为村两委干部开始考虑的问题。

美丽乡村建设刚开始是为了项目而项目,形成了200多万元的负债,乡村经营也是被逼的。美丽乡村建设就是砸钱,建好之后怎么办,当时村里还没有清晰的发展思路,也没有旅游业的概念,村里只有两三家农家乐。当时景溪村的主导产业还是竹加工,村里有三四家毛竹拉丝厂。政府当时也没有提出全域旅游的概念,只是提出了"美丽乡村、休闲报福"的口号,缺乏对乡村产业的整体规划,只是有一些零星的休闲项目和农家乐,也缺乏具体的扶持政策。

2010年左右的时候,毛竹收入还比较稳定,村里有4家个人办的毛竹拉丝厂,老百姓的毛竹很紧俏,销售没有问题,从山上砍下来毛竹就是钱。大部分群众的收入还是靠种植毛竹,一部分群众靠做毛竹加工和贩运的生意。村集体除了集体化时期的修建的两座小型水电站,每年可以为村集体带来10多万元的收入,为村民增加人均200元的收入,并没有其他产业。村庄发展可以说陷入了停滞不前的状态,村里不知道该怎么发展,村干部很纠结,当然也在积极想办法找出路。

美丽的景溪河

美丽乡村建设改善了景溪村的人居环境和交通条件，也为景溪村的发展打开了新的思路。景溪村在美丽乡村建设中除了进行环境提升规划，也对景溪村的产业发展重新进行了思考、讨论和定位。景溪村人均0.2亩耕地，土地资源有限，搞种植业不行，搞养殖业不行，搞工业也不行，均受到空间限制。搞工业也只能是家庭作坊的小工业，还会污染环境。村庄的出路何在？村干部一度很纠结。经过反复讨论，景溪村决定利用山水资源开发乡村旅游，发展第三产业，走共同富裕之路。

据黄大伟讲，当时村里只是一个朴素的想法，美丽乡村如何延续下来，当时也并没有提到全域旅游的高度。景溪村由于土地空间的限制，搞不了大规模的种植、养殖和工业，只能走发展乡村旅游的道路。每年七八月份的时候，正好是农闲时间，这段时间可以搞搞旅游，这就是当时朴素的想法。没有土地，怎么发展？只有利用绿水青山，发展生态产业。于是，景溪村在2010年编制完成了"十里景溪"旅游区总体规划，结合美丽乡村建设，激活本村丰富的生态资源，迎合休闲旅游市场的需求，突破农家乐的单一业态，以"山溪趣玩"为主题确定了乡村旅游开发的思路和格局，这就对景溪村未来的乡村产业发展进行了重新定位，试图把景溪村打造成为有市场吸引力和竞争力的"休闲山村"。在当时，这还只是一个规划，但景溪村后来的发展基本上是沿着这一定位展开的。

二、村民入股

在安吉旅游产业中，漂流是一个有吸引力的项目。在景溪村周边已有几家漂流开始运营，其中，天目山漂流开发的较早，也很成功。景溪村看到天目山漂流能赚钱，也想开发漂流。景溪村的水资源丰富，有一座罗家费水库和一条景溪河，有开发漂流的良好条件，即使天旱也不会受影响。所以，景溪村的乡村经营首先可以围绕着水资源做文章，那就是开发漂流。

那么，如何开发漂流呢？谁来出资开发呢？通过美丽乡村建设，景溪村丰富的生态资源已经成功吸引了开发商的关注，当时就有开发商提出要在景溪村的景溪河上开发漂流。景溪村对村庄发展进行了重新定位，决定发展旅游业。村里就谁来开发进行了大讨论，村两委讨论后认为，与其让工商资本来开发，不如村集体开发，这样才能把收益更多留在村集体，群

第五章 村民众筹 集体开发漂流

众才能更多受益，而不是让开发商独享优质生态资源。

景溪村两委达成一致意见之后，村干部先去外面考察，然后组织村民代表到外面参观，学习别人是如何开发漂流的。回来后多次开会研究，决定采取股份制的形式开发漂流，村集体成立旅游开发公司和董事会。然后再去各个村民小组去开群众会，告诉群众，村里准备成立公司开发漂流，看大家伙愿不愿意入股，每个村民可入股2000元。当时群众的疑虑很大，因为村里搞美丽乡村建设形成了200多万元的债务，村民担心集资是为了替村里还债，不信任村干部。

村干部便分头反复做群众的思想工作，利用晚上的时间多次到每个村民组开会，提出将公司的账与村集体的账分开，并且每一个村民组推选两名股民代表，对公司经营进行监督，在制度设计上把公司与集体分开。通过一个星期的群众工作，最终打消了大部分村民的疑虑。即便如此，仍然有一小部分村民没有入股，有100多股转让给别人了，也就是说有百把人没有入股。等到后来漂流开发成功之后，看到入股者都得到了实惠，这部分村民才要求重新入股。

景溪村2010年开始有开发漂流的想法，为了将这一想法落到实处，景溪村两委做了大量的准备工作，包括多次外出考察，多次到各个村民组召开群众会，最终取得了大部分群众的理解和支持。这样做的好处是充分动员广大村民的参与，既保证了村民的知情权和参与权，也能够保证村民都能够从产业开发中获益。风险共担，利益共享，这就是景溪村的集体主义精神。

2011年5月8日，景溪村召开了全村村民代表会议，与会的村民代表一致同意成立安吉景溪坞旅游开发有限公司，同意以股份制的形式成立公司开发漂流旅游，股份配额为投资商29%、农户41%、村集体30%，其中村集体以资源股的形式出资。

农户名单按2011年6月8日前的在册户口为准，每人每股2000元，以村民组为单位入户收取，其中，本村在读大中专生、现役军人等，按村毛竹利润分配人员政策可参加入股。村民入股时间为5月8日至5月22日，逾期按自动放弃处理。

漂流项目上码头设在景溪村马腰坦桥下，下码头设在下坑桥河滨公园处。基础设施建设，简易房按500元/米^{2}进行建设，包括屋顶和地砖。长廊按580元/米^{2}进行建设。埂按40元/米^{2}进行建设。新建水坝一座，以水利部门设计为准。

旅游公司在管理上与村集体分开，单独设立账户，聘请专业会计，出纳由当时的大学生村官林颖担任。旅游公司的管理人员由村干部和村民代表担任，包括黄大伟、陈中虎等5人。各生产组组长为股民代表，不领取工资待遇。这次村民代表会议还决定，待公司正式运营后再另外聘请专业经营管理人员。这次会议还形成了会议纪要，参会代表签字通过。最后，景溪坞旅游开发有限公司和村民签订了投股协议。

投股协议

立协人　安吉县景溪坞旅游开发有限公司　　　　　以下简称　甲方
　　　　报福镇景溪村村民　　　　　　　　　//以下简称　乙方

安吉县景溪坞旅游开发有限公司（以下简称旅游公司）经景溪村经济合作社同意，将其占有的主要股权分配给景溪村全体村民，由村民自愿投股，为了明确甲、乙双方的责、权、利关系，特签订本协议如下条款，以便双方遵照执行。

一、甲方将景溪村经济合作社在旅游公司占有的股份，按其本村在册的农村户籍人口，平均分配到户。

二、乙方自愿投资，投资金额以分配到户金额为限，乙方可以放弃投资权，但不得将股权转让他人，乙方放弃的股金由景溪村经济合作社统一安排。

三、乙方投资时甲方应为乙方办理出资证明书，乙方投资的金额以出资证明登记的金额为准。

四、乙方应当按照旅游公司章程的规定享受权利，承担义务。

五、乙方应在甲方规定的期限内进行投资，如果超过规定期限，视为乙方自动放弃股权。

六、如乙方中途退股，须经甲方或全体股东同意，否则不得退股。

七、按旅游公司章程规定，乙方享受股份利润分配和承担经营亏损风险。

八、本协议未尽事项，由甲、乙双方依据旅游公司章程规定协商解决。
本协议一式三份，甲、乙双方各执一份，景溪村经济合作社一份。
本协议经甲、乙双方签名或盖章即生效。

甲方：安吉县景溪坞旅游开发有限公司
乙方：（股民代表签字）

据黄大伟书记讲，景溪村一直坚持集体开发群众参与的乡村经营之路，这样才能保证群众得到实惠，也能够保证群众的充分参与。当美丽的景溪村吸引来工商资本的时候，村集体并没有简单地将景溪村交给开发商来开发，而是决定集体开发。那么，为了集体开发生态资源，就必须充分动员群众参与，从而做到共建共享。为了做到共建共享，村班子成员和村民代表先达成了一致，然后外出考察，再动员群众，做群众的思想工作，等大部分群众都同意了，觉得可行了，村集体才着手去做。也就是说，景溪村的乡村经营，一直坚持的是以农民为主体的经营模式。

我们注意到，村集体以资源股入股，资源股是什么意思呢？就是村集体以美丽乡村建设形成的基础设施入股，包括小公园、基础设施、文化设施等，这也是一个创新。村集体并没有多少钱，单靠村集体也是无法开发漂流的，必须要靠村民众筹。但是，很多建设用地是村集体的，并且经过美丽乡村建设，建成了很多基础设施，这些基础设施是村集体的。村集体以资源股撬动了村民和工商资本的投资，通过产业项目开发，把美丽乡村建设的成果转换成了集体资源和资产，并通过产业经营，把生态资源转换成了资金。这就打通了"两山"转化通道，把绿水青山转换成了金山银山，景溪村的漂流项目就是一个非常典型的"两山"转化的成功案例。

景溪村的漂流以村集体为主导进行开发，但村集体毕竟没有经验，为了更好地经营，也找开发商入了一点股。刚开始的股权结构是，村民股份占50%，村集体资源股占30%，外部投资占20%。过了三四年之后，又让开发商退出股份，让给那些当初没有入股的村民，最终形成了村民占股70%、村集体占股30%的格局。群众直接受益，3年就拿回了投资成本。现在，村民每股每年分红750元，收入不是特别多，但也是一笔非常稳定的收入。

三、艰苦创业

村民众筹是景溪村漂流开发的重要条件，但具体到漂流产业的开发，还需要主管部门的审批。在景溪村之前，安吉县已经有8家漂流，漂流是安吉旅游产业的一个主要业态，夏天到安吉漂流成为安吉旅游业的一个核心竞争优势。也正因为如此，漂流每年都会产生了大量老板与游客之间的纠纷，时任县领导听到漂流都头大，因而，县里对新上漂流的管控也是非常严格的，景溪村要想获得相关部门的批准实属不易。

为了获得相关部门的批准，黄大伟记得他们甚至往县里的各个部门跑了上百趟。黄大伟和景溪村干部们先是找到报福镇领导，取得了镇领导的支持，然后在镇领导的带领下，找到了安吉县的时任分管副县长，汇报了开发思路，强调景溪村的漂流项目是集体开发，是为了搞活乡村经营，增加农民收入，增强集体经济实力，而当时其他的漂流项目基本上都是开发商进行的开发。景溪村的开发思路让分管县领导眼前一亮，专门召集了各个部门来开会研究，最终同意景溪村开发漂流项目，并形成了会议纪要。

黄大伟他们这下就有了底气，拿着县里的会议纪要再去跑各个部门，有时候为了等一个部门的领导，在办公楼的走廊里站上半天。正是凭着这股精神，黄大伟们才把漂流项目申请下来。景溪村的老会计余诚曾经在旅游公司担任会计，他的话印证了这一点，老余会计讲：村里开发漂流的时候，审批手续很多，刚开始上面也不批，先做起来，老百姓能赚钱，政府也就认可了。现在140多万元承包出去，老百姓分钱就行了，漂流是一个开发成功的项目。

景溪漂流

正如黄大伟所言，景溪村之所以能够把漂流项目开发的审批跑下来，主要是因为景溪村的集体开发模式，让县领导眼前一亮，最终开了一个口子。当时安吉的漂流项目大都是由工商资本开发的，这种集体开发模式在当时还是比较新颖的，是乡村经营的新探索，所以得到了县领导的支持。另一方面，这也体现出了黄大伟的担当，在景溪村集体开发漂流项目的时候，黄大伟担任村主任，主要是黄大伟在负责漂流项目开发。

2011年，安吉景溪坞旅游开发有限公司正式成立，公司以村民入股和集体资源股的形式获得资金，公司投资500余万元，致力于打造一个集休闲、度假、体验于一体的新农村旅游景区，其中，漂流项目是主导，取名为浙北峡谷漂流。漂流产业是景溪村从美丽乡村建设成功转向乡村经营的第一步，也为景溪村的景区化建设奠定了基础。

2011年8月份，浙北峡谷漂流项目建成试营业，由于建成时间较晚，错过了一部分漂流的黄金时间，漂流只运营了一个多月，当年就有40多万元的利润，群众每股分红540元。村民变股民获得了收入，非常高兴。老百姓是股民，都非常关心漂流公司运营的好坏。浙北峡谷漂流试漂的时候，群众都站在景溪河两边看着，非常热闹。刚开始经验不足，经常翻船，看到有游客翻船，村民就自发地去救人，自己的手机都湿了。通过开发漂流产业，游客来了，老百姓有了收入，能够从中获益，也就认可了，干群关系也改善了。因为每人都有股份，村民主人翁的意识明显增强。在这样一个过程中，老百姓的素质也提高了。

2012年，景溪村漂流接待游客2万余人，营业额达100多万元，村民每人分红700多元，村集体增收30多万元。但漂流的运营也不是一帆风顺的，在2012年8月，漂流的黄金时间，遭受了"海葵"台风的袭击，使得原计划的山涧戏水节无法举行，一些基础设施被台风和洪水破坏，造成了一定的经济损失。村集体和旅游公司积极开展生产自救，对一些毁坏的工程及时进行了抢修，将损失降到了最低，仍然取得了较好的经营业绩。

为了搞好经营，景溪村的漂流项目请了两个经理，一个是负责市场营销的市场部经理，市场部经理主要对接旅行社，由入股的开发商推荐；另一个是负责内部管理的经理，由本村村民担任。另外，漂流的工人和服务人员都是本村村民，最多能解决50多个村民的就业问题。刚开始的时候，村集体的旅游公司并没有经营漂流的经验，村干部心里也没有底，加大与旅行社的合作，想尽办法开展营销，在短时间内吸引来了不少游客。

虽然景溪村的浙北峡谷漂流开业之后取得了不俗的经营业绩，但在经营上也存在一些问题。据黄大伟讲，村集体毕竟缺乏专业人才，经营起来太累，牵涉村干部太多的精力。集体经营还有一个不方便的地方，就是群众过于关切，群众只是关心经营的好坏，但又不懂经营，这就容易导致一些误会。比如，在漂流试漂的时候，要请外面旅行社的人试漂，但村民觉得自己是股东，自己先要试漂，结果还与外地游客发生了纠纷，村干部不得不给客人道歉。

由于过度关注漂流经营的效果，一些村民每天站在河边数漂流的人数,生怕村干部会贪污。还有就是漂流经营需要营销,需要接待旅行社和有关部门的人,这就需要一定的费用支出。但群众不理解,尤其是没有做过生意的人不理解,他们认为客人自己会来漂流。这样,总有一些群众在背地里说三道四,群众的过度关心给集体经营造成了干扰,也给村干部带来了困扰。经过村两委和村民代表的充分讨论,为了更好地经营漂流,做好集体资产的增值保值,景溪村决定将漂流承包经营,让专业的人做专业的事,把村干部从具体的经营事务中解放出来。

四、承包经营

漂流标志物

景溪村的漂流2011年开始试营业,2012年村集体经营了一年,2013年,村集体决定将漂流承包给私人经营。漂流承包也是一波三折,2013年,经过公开招投标,先是由本村一位经营毛竹拉丝厂的老板获得经营权,承包费为210万元/年。可这位老板毕竟不专业,在他获得承包权后听别人说景溪河经常发水,漂流很难赚到多少钱,于是又放弃了,结果押金也被村里没收了。此后,村里再进行公开招投标,由本村一位长期在外经商的包姓老板获得经营权,承包费为172.8万元/年。

包姓老板拥有丰富的经营经验,也有客户群,年漂流人次达到了4万,营业额达200万元,经营业绩翻了一番。虽然经营业绩不错,但2013年包姓老板并没有赚到钱,200万的收入,除去承包费172.8万元,以及工人工资和设施维护投入,基本上等于白干了一年。

虽然引入承包商可以将漂流业绩提升上去,但漂流经营也有难以突破的限制:首先,漂流是有时间限制的,七八月份是漂流的黄金时间,加上五六月份和九月份会有一些零星的客人,一年总共有5个月的时间,淡旺季是由季节决定的,这一点无法突破。其次,漂流在七八月份旺季的时候,还经常会遭遇洪水,每年的汛期多少都会给漂流带来影响,除了不能正常营业之外,还会破坏漂流设施,需要投入维修。所以,考虑到这些因素,承包商向村里打报告,要求村里考虑到汛期的不可抗力影响,减少承包费。村集体考虑到客观情况的存在,召开了股民代表会议讨论承包商的要求,开了几次会之后,决定将承包费调整为140万元/年,签了10年合同,每年4月15日之前交清承包款。除非漂流河道全部被冲毁,村里一概不对经营绩效负责,每年稳得140万元承包费,股民每人每年分红750元。

景溪村漂流由村民统筹,集体开发,开发成功之后实行承包经营,承包经营对村集体、承包商和村民都是有益的,可以说实现了三方共赢,目前来看,漂流是景溪村最为稳定的产业业态之一,也是最为成功的乡村经营项目之一。

承包商是本村人,据说是身价上亿的大老板,在安吉县城有多处实业和房产。那么,这样一位有实力的老板为什么愿意回村来承包漂流呢?这位包姓老板认为,景溪村的浙北峡谷漂流具有天时地利人和三大优势,所谓天时,是指安吉县旅游产业正处在大发展的时期,报福镇也将旅游产业作为主导产业;所谓地利,是指景溪村美丽乡村建设带来的村庄生态环境的改善,使景溪村的生态资源具有了开发的潜力;所谓人和,则是指村民入股、共建共享,村民能从产业开发中获益,不会引发产业经营和村民之间的矛盾。应该说,这位包姓老板看的还是很到位的,抓住了问题的要害,政府支持、村集体和村民共建共享,为承包商提供了一个非常好的经营环境。

那么,对村集体来说,这么好的一个产业,自己也成立了旅游公司,为什么非要承包给工商资本来经营呢?漂流属于短平快的旅游项目,景溪村漂流开漂之后,很快就吸引到了游客,第二年就有了2万多名游客,营业额达百万元,股民每人分红700多元,村集体增收明显,股民投资很快就可以回本。只要老天不为难,漂流可以说就是一个稳赚不赔的产业。虽然经营得不错,但经过两年的村集体经营,黄大伟还是有一些担忧,主要是因为村干部们并不专业,平时村务也比较忙,没有办法把产业进一步做大,为了更好地实现集体资源和资产的增值保值,还是引入专业团队来运营比较稳妥。另外，村干部直接经营漂流项目，还会引起一部分村民的猜疑，生怕村干部把钱贪污了。于是，在村集体经营了两年之后，经综合考虑，2012年底，村两委便决定将漂流承包经营。承包经营之后，村集体不用再操心经营，不用担心有没有游客，这些都交给了承包商，村集体和村民每年得到140万元的承包费。村干部也不用担心村民怀疑了，村民也不用每天操心游客的数量，也不用每天在河边数游客的人数了，也不用担心村干部贪污了，一切都是透明的。

村集体为什么要将漂流承包给私人老板经营呢？曾任漂流项目会计的余大爷从会计的角度给出了一个解释，他认为，漂流的税收比较重，占到营业额的25%，村集体经营要到外面请会计做账，村里的账要规范，很多开支报不了，交给私人经营账目处理起来会比较方便。这当然是从会计的角度来看的。

据余大爷讲，即使每年需要上交140万元的承包费，承包者仍然是有钱赚的，一年至少可以赚100万元。刚开始村集体经营的时候一年可以赚100万元，那时候游客还不够多，现在的游客越来越多，旺季七八月份的周末最多能有5000多人来漂流。

漂流的时间从5月1日开始，一直到10月7日。漂流也解决了一部分人的就业，平常至少需要二三十名工人，旺季的时候需要四五十名工人，这些工人都是年纪较大的村民，至少是50岁以上。漂流用工是季节性的，一年也就是5个月，工资是3000元/月，按月发放。漂流还有两个驾驶员，售票人员是老板的爱人。漂流经营很辛苦，周末尤其忙，下午漂流的客人多。

漂流的游客以外地游客为主，比如上海的游客，有散客，也有旅游团，当地人来玩的也有，尤其是以小朋友居多，他们到安吉来就是要玩水的。漂流定价158元/人，自己去售票处买是110元/人，从农家乐处购买是80元/人，网络订票是100元/人，旅行社的团队票更便宜，55元/人。

五、村民众筹与新型集体经济

绿水青山这样的生态资源成为生产要素，成为稀缺性资源，谁有权利和能力来开发。绿水青山是老百姓的金山银山，农民和村集体应该有优

第五章　村民众筹　集体开发漂流

先开发权。景溪村在开发旅游业的时候，村集体负债200多万元，并没有能力独自开发，但也不是引进外部工商资本来开发，而是让村民们参与进来，积极发动村民入股，这实际上是一种村民众筹模式。

景溪村是村集体主导的村民众筹，这样，村民的参与率就更高，村民的获得感也更强。村民众筹是乡村产业振兴的最好模式，是乡村旅游开发的最好模式。村民众筹要比外来工商资本开发要好，能够更好地保障村民的利益，也能够更好地体现村民的主体地位。

一些地方政府倾向于引进乡贤资本，乡贤资本的实质是工商资本。与工商资本相比，乡贤资本对资本的要求更好，还在道德上提出了要求，但其实质仍然是工商资本。相较于工商资本、乡贤资本、政府资本等，村民众筹能够较好地解决村民的利益问题，从而实现利益组织化，这是村民众筹资本的优势。现在，乡村振兴要么依赖工商资本，要么依赖乡贤资本，希望通过资本下乡来推动乡村振兴。这样做的难度很大，通常的做法是，政府和村集体组织资源，为资本下乡创造条件，这样就把群众与资本对立起来，这种资本下乡的确是不可取的。

我们反对的资本下乡，是排斥农民的资本下乡，还有另外一种资本下乡，就是我们在景溪村看到的资本下乡，就是村集体和村民进行资源开发，然后再引进工商资本来运营，工商资本发挥作用的方式是受限制的，就是只能经营，通过经营来确保集体资产的保值增值，经营范围和方式也是受到限制的。这样的资本下乡是可以的。我们不能笼统地讲资本下乡，什么时候下乡，以什么样的方式下乡，这是一个具体的问题。我们在景溪村看到了一个受到限制的有条件的资本下乡，这是景溪村的一个创造。

村民众筹的方式发展了一种新型集体经济，还有各种资源整合、开发都为集体经济铺就了道路，这里的集体经济不是社队企业的传统，与苏南模式不同，安吉农村的集体经济薄弱，集体经济是重新发展起来的，集体经济是在家庭经营基础上重新发展起来的，而不是来自社队企业。那么，如何在家庭经营的基础上重新发展集体经济呢？这是一种新型集体经济，这种集体经济不同于传统集体经济，也不同于苏南集体经济，不同于目前苏南的物业经济。安吉集体经济不存在产权不清晰的问题，安吉集体经济一开始就是股份化的，是村民众筹而成。

新型集体经济是在家庭经济的基础上发展起来的，集体经济为什么在景溪村成功？因为采取了众筹的形式，众筹恰恰正是家庭经济的扩展秩序。乡村振兴战略为集体经济发展提供了新的机会，集体经济是乡村产业发展的主体，没有集体经济，就没有产业兴旺。集体经济不仅有利于共同富裕，而且有利于生态资源的整体开发与运营，乡村旅游产业的发展离不开集体经济，这是很显然的。

集体重新组织资源并经营资源，在家庭经济的基础上重新发展集体经济，集体经济将开发权掌握在集体手里、掌握在村民手里，而不是外来工商资本手里，必须寻找有效的经济组织，包括合作社，实际上也是集体经济的实现形式，合作社一定是村集体主导的。因为土地、山林、河流、湖泊等资源掌握在村集体手里，村集体有发展权。在乡村资源资本化的过程中，村集体扮演着重要角色。在激活农村闲置资源的过程中，村集体也发挥着重要作用。

第六章

产业转型　村民二次创业

在景溪村，美丽乡村建设、环境治理、"两山"试验区建设等，是一个逐步推进的过程。生态文明建设对景溪人的影响就是在产业转型之下进行二次创业，村民从二产转向三产。景溪人的二次创业是生态创业，不同于过去的乡村工业化，在生态创业中，一些原来从事第二产业的村民成功转向了以农家乐为主的旅游业，他们的创业故事再一次体现了景溪人的市场意识。

一、招羊树：从毛竹拉丝厂到农家乐

招羊树农家乐是从竹产业转型到旅游业的一个典型，招羊树农家乐的主人是陈中虎，他原来从事过毛竹贩运和毛竹加工，现在是景溪村农家乐协会的副会长，同时担任村民组长。

（一）毛竹产业及其转型

陈中虎，1962年生人，16岁初中毕业，16—25岁都在生产队参加集体劳动，分田到户以后，开始做生意。老陈25岁开始做毛竹生意，在当地收购毛竹，卖到上海、江苏等地的建筑工地，用作建筑的脚手架。老陈的生意做得很好，为外地的多个建筑工地供应毛竹，他做生意讲诚信，得到外地客商的信任，在生意圈里有一定的知名度。

1999年，老陈荣获安吉县政府颁发的"农产品营销明星"，这是对他销售能力的认可，也体现了当时安吉农村的产业状况，以毛竹种植为主要产业，为城市提供农产品，第一产业还是很多乡镇农村的主导产业。老陈主要是做毛竹的销售，做的是流通环节，还能够从中获得较为可观的利润，那时候老陈一年能挣一两万元，在90年代，万元户在当地还是比较少的，是富裕户。我们在访谈俞斌时得知，俞斌的父亲当时也是做毛竹生意，只是生意做得不大，赚的钱不多。当时，黄大伟书记刚刚从镇上的工厂辞职回家，母亲还担心他干不了山上的毛竹活而无法养家。这些都表明，在90年代的景溪村，毛竹种植是村里的主导产业，是农民收入的主要来源。

陈中虎获得的县政府的奖励

2004年，老陈开始在村里办竹制品加工厂。据老陈讲，当时外地客商欠钱的多，外面的毛竹销售生意没法做了。政府这时候出台政策鼓励发展竹制品加工厂，村里便支持他办厂，这样也能够解决村里劳动力的就业问题。很快，景溪村便办起了3家拉丝厂，主要是做凉席。

从2004年至2014年，老陈在村里经营了10年的拉丝厂，效益好的时候一年能有七八十万元的收入，每年至少能稳赚五六十万元。工厂有30多名工人，基本上都是本村村民。应该说，竹制品加工也是一个富民产业，像老陈这样的部分村民通过办厂致富，同时也为其他村民提供就业机会，村民在工厂打工一年也能有几万元的工资收入。

但是，随着环保政策越来越严，竹产品加工厂的污染问题也越来越受到重视。拉丝厂虽然能够赚钱，但污染也严重，竹子要用开水煮，一方面会产生烟污染空气，另一方面也会产生废水，还有一些生产垃圾。工厂产生的环境污染对生态环境造成了破坏，与美丽乡村建设也是相悖的。这样，在环保压力之下，地方政府的产业政策又发生了变化，对竹产品加工业从过去的大力支持，逐步开始规范限制，对一些没有治污能力的小厂直接进行关闭。

老陈的拉丝厂也在关停名单中，从生产者的角度，他是不想关的。但是，政府让关，不关不行，工厂主只能配合。2014年上半年，老陈关了

第六章　产业转型　村民二次创业

自己的拉丝厂。工厂的效益好，关停等于断了工厂主的财路，另外，关停工厂还有直接损失，老陈的拉丝厂光设备就有30多万元，关停以后以几万块钱贱卖。最后，景溪村的3家拉丝厂先后全部关闭。现在，报福镇全镇还剩下三五家拉丝厂，都集中到了工业区。拉丝厂少了，山上的毛竹也就没人要了，不值钱了。二产的退出直接导致了一产的衰败，山上的毛竹现在没有人打理了，也没有人砍了，从海拔1000米的高山上把毛竹砍下来拖到山下来，毛竹的价值还没有人工费高，从经济上划不来，也就没有人做了。高处的毛竹没有人砍伐，竹笋也没有人挖，只有50至100米的低山上才有做，也大多是老年人。

改革开放以来，老陈围绕竹产业，先后进行两次创业，第一次是围绕一产做毛竹销售生意，将村民在山上种植的毛竹销售出去，当时毛竹有一定的市场，主要用作建筑材料，但是，后来建筑工地上用竹子的越来越少，这个生意也就萎缩了。老陈的第二次创业是竹产品加工，从一产转向了二产，引入新的竹产品加工技术，主要是制作凉席，凉席的市场曾经很大，城乡家庭几乎每个家庭都用凉席，高校、工厂的集体宿舍也都离不开凉席，但是，凉席市场现在也萎缩了。最主要的是，竹产品加工会产生污染，不利于环境保护。最终，老陈的工厂不得不关闭。老陈的两次创业，体现了他的市场观念和创业精神，同时也是地方政府产业政策引导的结果。

总之，老陈的前两次创业，体现了景溪人的创业历程，同时也是区域产业转型的微观体现。2015年以来，景溪村开始大力发展旅游产业，又从二产转向了三产。正是产业转型加速了乡村工业的退出，搞旅游产业就不能有工厂冒烟，就不能有污染。从二产向三产的转型，又为老陈的创业提供了新的机遇，为景溪人的创业提供了新的空间。从一产转向二产，从二产转向三产，最后实现三产融合，这是改革开放以来景溪村产业转型的一个历程，这也是浙江乡村产业转型的一个历程。在老陈的创业故事中，我们看到了景溪村产业转型的完整历程，从毛竹种植，到毛竹加工，再到乡村旅游产业，在每一次产业转型中，老陈都抓住了创业的机会。在某种意义上，老陈的创业故事，就是景溪村的创业故事。当然，老陈还是非常谦虚的，他说，现在年轻人上来了。景溪村的年轻人正在续写新时代的创业故事，正是一代代人的创业，促进了景溪村的乡村振兴。

（二）农家乐创业

2014年，陈中虎的招羊树农家乐开始营业，是景溪村的第6家农家乐。2014和2015年是景溪村产业转型的关键时期，正是在这两年，景溪村的拉丝厂相继关闭，农家乐开始发展。当时农家乐少，因为客源不稳定，开农家乐有失败的，影响了村民的信心。2015年之后，这一状况发生了变化，而陈中虎的招羊树则处在这一转折点上。

据陈中虎讲，他开农家乐是受到了江苏客人的启发，在决定开农家乐之前的一天，有4位来自江苏的游客找上门来，要求付钱住一个晚上。当时，老陈的房间还是原来的老房子，房间内没有卫生间。江苏客人住下后，在聊天时对老陈说，你们可以利用自己家的住房开农家乐啊，以后的市场需求会很大。江苏客人的话触动了老陈，当晚，老陈便和老婆商量要开农家乐。至今，老陈都非常怀念江苏的那4位客人，认为是客人的话启发了他。

老陈家的老房子修建于2009年，是一座两层的小洋房，建房时花了3万多元，2013年刚花了5万元重新装修，当年就决定拆了重新建房开农家乐，不能不说老陈是一位非常有魄力的创业者。2013年，老陈拆掉旧房在原址新建了一座三层楼房，共9个房间，7个标准间，2个大床房。建房加装修共花了180多万元。2014年4月27日，老陈的农家乐正式营业，生意相当火爆。当时农家乐还不是特别被看好，还有失败的风险，但老陈认准了就坚持做，他用行动证明，形势不同了，乡村旅游的时代到来了。这是他关闭工厂之后的又一次成功创业，也是他的第三次创业，得到了政府的表扬，他庆幸自己又一次找到了正确的致富路子。

招羊树的经营也有两种模式，一种是散客，三四个至七八个客人不等，平时淡季的时候300元每天，旺季生意好的时候每天480元，不包吃住，实行点餐，散客主要是年轻人，20至40岁的客人居多，散客的消费高；另一种是老年团，一般十个客人以上，淡季的时候每人100元，旺季的时候每人150元，包吃住。

招羊树的淡旺季明显，每年的5月份至9月份客人多一些，春节期间也有客人来过节，其他时间生意就比较淡。年轻的散客一般在6月份至9月份的旅游旺季来玩，住的时间较短，一般住一个晚上。老年团更多在淡季来玩，住的时间比较长，至少要住两个晚上，住上一周的也有。老年团的年龄偏大，在服务上要贴心一些。

招羊树与行趣的经营策略相似，都采取了混合经营的策略，同时接待散客和老年团。招羊树比行趣开得更早，更加依赖老年团，但是，在老陈的讲述中，他只是在淡季才接待老年团，在旺季的时候以散客为主。相较于传统农家乐，招羊树已经实现了升级。

招羊树一年的净利润有20多万元，老陈说："我开店人气旺就行，不为挣大钱，要是把钱放到第一位，生意就不好做了。"这是招羊树独特的经营理念。有一年的淡季，上海的三位客人来住宿，当客人从车上下来的时候，老陈发现车上有一位残疾人。本来订房的价格是280元/间，老陈当场决定以120元/间的价格给客人，客人非常感动。在后来的交流中得知，身体有残疾的是小女儿。虽然客人也不差这个钱，但老陈礼遇残疾人的做法还是让客人非常感动，客人回去后，给招羊树介绍了很多客人。

与过去做毛竹生意和开办工厂一脉相承的是，老陈的农家乐经营理念也是诚信经营，勤恳诚实，服务态度好，从而赢得了众多回头客，在招羊树的大门口，有这样一副对联：初心迎来三江客，笑颜奉送四海宾。老陈举了这么一个案例，上海一个20多人的团队订房，订房的人问要不要付订金，老陈说不要订金，多你500元钱，我也发不了财，少你500元也没有关系，相互信任，相互尊重，才是最重要的。客人说就凭你这句话，我们一定会来，一定要交你这个朋友。老陈凭诚信经营赢得了更多客人的认可，从而拥有了更多的回头客和稳定的客源。

老陈有两个女儿，一个在报福镇卫生院上班，一个在县城就业，都已成家。农家乐就是老陈和老伴两个在经营，忙的时候请帮工。旺季的时候在家经营农家乐，淡季的时候在家磨磨树根，遛遛外孙，这就是他的幸福生活。

（三）工厂管理与农家乐经营的不同

陈中虎此前开工厂，我们在调研时问他管理工人与服务客人有什么不同，他认为二者有很大的不同。老陈认为对工人的管理要严格，制度规定什么时候上班，就要按时上班，否则，就要扣奖金。对客人则要多体谅，有一定的灵活性。在老陈看来，大部分客人都挺好说话的，都好打交道，但也有少部分不好打交道的。

不好打交道的客人包括两种情况，一种是爱挑剔细节，比如吃饭的时候要求把餐巾纸送到餐桌上，这一类客人是可以理解的，也体现了农家乐服务的粗放化，尤其是接待团队客人，人多，很难做到精细化，客人的要求实际上对农家乐的服务提出了要求。另一种情况是客人提出无理要求，有一次一批40多岁的团队客人，在吃饭的时候给老陈说：你和大巴司机说一声，我们有两位客人要坐在前面的位置。老陈心想，同一辆大巴上肯定有70多岁的老人，肯定要让年纪大的坐在前面，怎么可能让40多岁的坐在前面。但是，老陈当场并没有答应，也没有否定。等客人吃过饭后唱歌的时候，老陈也唱了一首《父亲》，唱完后，老陈说：我没有给大巴司机打电话，如果大巴车上都是年轻人，我就是花高价也可以把前面的座位买下来，但是，车上有老年人，你们就不合适坐在前面，我也不会给大巴司机说。团队客人也就接受了老陈的说法，不再坚持自己的无理要求。

在老陈看来，开农家乐的一个重点，就是要和客人沟通。大部分客人都是非常好的，通俗的来讲就是好人多。但也有客人的要求高，有些客人爱挑剔，甚至会提无理要求。在这种情况下，不要与客人发生正面冲突，要有理由去说服客人，让他们心甘情愿地接受。

老陈从二产转向三产，从工厂的管理与经营转向农家乐的经营与服务，这是一个非常大的变化。老陈在经营中形成了自己的服务风格，核心就是对客人要多体谅，方法要有一定的灵活性，同时，老陈对客人并不是一味迎合，而是通过灵活的方法与客人交流沟通，最终得到客人的认同和理解。可以说，老陈是一个有文化自信的农家乐经营者。老陈的文化自信来自何处呢？来自他早年的创业经历，也来自他丰富的管理经验。老陈的经济条件比很多城里人都要好，老陈的人际交往经验也比很多城里人都丰富，这样一个农家乐经营者是有自己的主体性的，也不会一味追求利益最大化。

如何在为客人服务的时候，而不丧失自己的主体性，这是招羊树给我们的一个启发。招羊树的老陈看起来很任性，也很"佛系"，也是一个性情中人，也很容易被打动，当初就是因为江苏客人的一句话开了农家乐，也会为残疾人提供优惠，也会拒绝客人的不合理要求。看起来是任性，实际上是主体性，农家乐的本意就是利用自己的住房为客人提供服务，为客人提供原汁原味的农家生活，这种原汁原味的生活就是农民的主体性，就是经营者的主体性，而不是一味迎合客人，不是按照城市游客的品味来塑造乡村生活。招羊树的这一特征是值得农家乐和民宿业主学习的，尤其是年轻的民宿经营者，为了赚取更多的钱，在外来设计师和文旅专家的助推之下，可能会更多地迎合客人，更多地按照所谓的高大上来展开经营，从而在这种迎合城市游客的过程中失去了自己的主体性，失去了乡村生活的主体性。招羊树老陈启发我们，农家乐和民宿的本质是为了向游客分享自己的生活，分享乡村田园生活，只有坚持这一初心，农家乐和民宿才会可持续发展。

（四）农家乐升级

陈中虎担任景溪村农家乐协会的副会长，负责协会的文书工作，主要写一写合同之类的文稿。2019年11月初，景溪村农家乐协会组织全村的农家乐和民宿业主赴云南丽江考察民宿，共有20多人参加。老陈在丽江专心考察，认为别人搞得好，学习了很多经验。从丽江回来后，老陈就对自家的农家乐进行了改造提升。

老陈首先把客房的窗帘进行了改造，把传统的手动式窗帘改造成了自动化的智能窗帘，在我们调研时，老陈还亲自为我们演示了他的智能窗帘。农家乐的窗帘都智能化了，农民的学习和创新精神让人刮目相看，他们的行动力值得学习。整个改造共花了18万元，仅阳台和假山就花了9万多元。

陈中虎自己收集的奇石

招羊树最大的改造不是房间内部的改造，而是公共空间的改造提升。这种思路实际上是民宿设计的思路，可见，农家乐升级也是受到民宿的影响。老陈自己设计，请来木工，重新装修了大厅，我们看到，其整体风格是仿古。老陈认为城里人的住房是现代化的钢筋混凝土楼房，到农村里来就要住不一样的风格，仿古就会让人耳目一新，让客人有不一样的体验。除了仿古风格，还有安吉的竹元素的应用，比如竹灯。除了硬件的装修，还有文化因素的植入。大厅里悬挂着老陈自己做的画,那是老陈跟着电脑自己学的,学了一年多的时间就会画了,看起来颇有艺术气息。在农家乐二楼的大厅,摆满了老陈自己在山上收集的奇石,还有他从山里捡来的根雕。在农家乐的院子里,是老陈自己养的兰花,老陈还做了一座小假山。

从老陈对农家乐的提升来看,充满了他对生活的理解,体现了农民对美好生活的向往。整体改造的方向是进行艺术化改造,对农家乐进行品位提升。设计仿古化,装修艺术化,使用安吉竹元素,安装竹灯,有奇石,有兰花,有根雕,这都是农家乐主人老陈的爱好,老陈在农家乐的设计中,把自己的生活品位和爱好融入进去,与四面八方来的客人分享自己对生活的理解。农家乐并不是只为了赚钱,而是一种生活的分享,通过分享生活来赚钱。当然,农民的生活并不是愚昧落后的,而是艺术化的,既具有浓郁的农家生活气息,又具有生活的审美。农家乐体现了农民的智慧和审美,招羊树就是一个典型。黄大伟书记对招羊树也是高度认可的,认为主人通过摆弄那些花花草草和奇石根雕,真正提升了农家乐的品位和气质。正是通过经营农家乐,农民把自己的生活艺术化了,当然也借鉴了一些流行的民宿设计与装修,但总体上是有自己的态度,有自己的生活风格,虽然有时候看起来可能有点混搭风,但正是这种看起来并不高大上的混搭风,恰恰体现了农民的主体性,是难得珍贵的。

所以,招羊树的老陈一方面非常善于学习,同时又有自己的主体性,这就是一种实践智慧,正是这种智慧指引着招羊树的不断升级和健康发展。当我们问及农家乐和民宿有什么区别的时候,老陈很自信地说二者除了价格并没有什么区别,有些农家乐比民宿要好,关键是要诚信服务,把卫生搞好,把服务搞好,农家乐就能够经营好。老陈朴素的话语抓住了农家乐和民宿的一个共同点,就是服务,乡村旅游产业最本质的就是服务,把服务做好了,就有市场和竞争力,这也是从实践中得来的经营智慧。

二、行趣:从喷漆厂到农家乐

农家乐"行趣"的名字是女主人徐云起的,先是在网上查,想过几个名字,比如行去、银富等,在工商所办执照的时候,这些名字都被别人注册过,"行趣"这个名字没有被别人用过,就用了这个名字。这个非常有味道的农家乐名字,你完全想不到是一个农村家庭妇女想出来的,这也体现了农民的智慧。

（一）环保倒逼产业转型

胡银富 17 岁开始就到广东打工，学家具喷漆，当了两年学徒。学到技术之后，胡银富返回安吉县城，先是给别人打工，后来自己开了一个工厂。胡银富的油漆加工厂投资 20 多万元，雇了五六个工人，在县城做喷漆家具，自己揽活。油漆工的工资高，技术工的工资原来 200 元/天，现在 400 元/天。在环保风暴之前，油漆加工厂每年能有 20 多万元的收入。

2016 年，在环保压力之下，胡银富不得不开始考虑转型。当时，报福镇将乡村旅游作为主导产业，景溪村也在大力发展农家乐和乡村旅游。胡银富也想回到村里开农家乐，他爱人认为做油漆也不是长久之计，油漆对身体不好。这样，在环保压力和旅游产业的吸引力双重作用下，胡银富开始造房子投资农家乐。2016 年造房子，2017 年开始营业。为了规避经营风险，家具喷漆厂一直干到 2018 年，2018 年还聘请了一个厂长。随着农家乐的生意越来越好，胡银富关闭了喷漆厂。

在生态文明建设和环境治理的大背景下，安吉很多工厂都关掉了，报福镇要发展全域旅游，工业只占很小的部分。一些没有污染的工厂也关停了，做凉席的工厂也被关掉了很多。镇上的工厂已经很少了，并且集中到了工业区里。在产业转型的大形势下，乡村工业逐步消失，乡村旅游服务业开始成为主导产业。像胡银富这样的创业者，开始进行第二次创业，农家乐和民宿就是一个主要的方向，现在回村里建新房的，基本上都是要开民宿的。

（二）农家乐创业

2016 年，胡银富开始转型，他回到村里造房子，原来的老房子是二层小楼房，空间较小，为了开农家乐，就要重新造房子。他就用自家的宅基地换成了河边的一块大宅基地，原址上是过去的一个指挥部。新房子 4 层半，占地 200 平方米，建房加上装修共花了 200 多万元，其中一部分是向亲戚借的，向银行贷款 100 万元。200 万元的投资不算小，有一定的风险，但房子也是财产，比投资到外面有保障，这是景溪村返乡创业者的普遍心态。

胡银富投资农家乐的时候，他老婆当时还不是很支持，担心投资太大了，风险太大了。并且当时村里有一家农家乐开不下去了，经营不善的可能性还是很大的。老胡认定了乡村旅游产业肯定有前途，但也有一些担心，要是房子装修好了，没有客人来怎么办。可以说，在从工业转向旅游业的过程中，胡银富及其家人并不是一开始就非常自信，从大趋势来看，产业转型具有必然性，但从一个微观的家庭决策来看，体现了农民创业的生动性。在农家乐创业之初，虽然胡银富夫妇心怀忐忑，但仍然坚持了自己的选择，正如胡银富的爱人所讲："没办法，还是要支持他，这是家庭大事，没生意慢慢来。"

在胡银富造农家乐的时候，他的参照系就是邻村石岭村，石岭村是报福镇农家乐的发源地，也是农家乐集聚区，石岭农家乐已经形成了一个较为成熟的模式。石岭模式的特点是价格便宜，以接待老年团为主。当时，景溪村的农家乐还比较少。当时大部分农家乐的条件都比较差，房间里还没有卫生间，客人共用公共卫生间。胡银富在造房子的时候，就想把档次提高一些，比传统农家乐的条件好一些，房间都是标准间，每个房间都有卫生间。

行趣客栈

胡银富的农家乐共有客房15间，其中标准间9间，家庭房6间，家庭房可以住3人，除此之外，阁楼上还有3个房间，平时不住人，旺季的时候会有客人住。胡银富的家人也住在同一栋楼里，自家住了另外3个房间。胡银富的"行趣"农家乐是传统农家乐的升级版，用他自己的话来讲就是："我们比农家乐好一点，比民宿差一点，档次太高了，年纪大的人不舍得住。"这是一种市场智慧，档次太低了没有竞争力，档次太高了会丢掉一部分市场，农家乐升级就是为了更好地满足市场的需求。市场需要什么，就会有什么样的农家乐，这是胡银富创业的指导思想，也是景溪经验的核心。

2017年第一年运营不太好，一年的毛利收入20来万元。从2018年开始，生意开始好起来，从3月份开始就有客人了，5月份就有客人开始预订夏季的房间，从6月中旬开始，小朋友开始放暑假，景溪村的农家乐进入旺季，旺季主要是七八两个月。行趣一年的毛利有八九十万，纯利润40万元，就主要来自七八两个月的营业收入。刚开始营业的时候，胡银富夫妇还有点担心，随着客人越来越多，收入越来越高，他们越来越自信，经营策略也越来越成熟。

农家乐每年40万元的纯利润，老胡很快就能把借款和贷款还清。40万元中有20万元属于财产性收入，有20万元属于工资性收入，也就是老胡夫妇两个人的工资。财产性收入是农民在自家宅基地上投资所获得的收入，而工资性收入则是农民自雇劳动所获得的收入，这个收入比在外务工要高得多。实际上，农家乐的旺季也就是七八两个月份，加上淡季也就是三个月的劳动时间，三个月的工资性收入有10万元，也算是高收入了，当然，农家乐经营是非常辛苦的。辛苦但有钱赚，这是农家乐业主积极性高的原因所在，也是景溪农家乐快速发展的原因所在。

（三）性格内向的老板娘

行趣之所以经营得好，与老板娘有很大的关系。在调研中，我们发现老板娘的长相端庄，话不多，并不是我们想象中的老板娘的样子，性格有点内向，一点也不风风火火，也不善谈，在和我们聊天的时候，老板娘经常会低下头说话。她与"蕉下"民宿的老板娘王丽形成了鲜明的对比。可以说，一个性格内向的老板娘是行趣农家乐的核心特征，也是给我们留下的最为深刻的印象。但是，正是这样一个性格内向的老板娘打破了外界对民宿老板娘的刻板印象，为什么一个性格内向的老板娘还能够把农家乐经营得这么好呢？这是一个非常有意思的问题。

在外人的印象中，农家乐的老板娘就是性格外向善于交流的那种，要善于与客人聊天，要营造出"你有故事我有酒"的氛围。实际上，乡村旅游并非如此。行趣农家乐之所以经营得好，与老板娘徐云的气质有很大的关系。徐云的话不多，但并不是不懂经营，她结婚后不久曾经在星级酒店的客房部上过一年的班，可以说有一定服务业从业经历。

在徐云看来，农家乐经营最关键的是诚信经营，像对待家里人一样对待客人，让客人能有回到家里一样的感觉，与客人聊天并不是最重要的。农家乐客人最在乎的是什么？是房间干净一点，价钱优惠一点，菜好吃一点，能做到这三点，客人就会满意。徐云的经验虽然朴实，但却非常实用，也非常深刻，实际上回到了服务业的基本面，就是要用心做好服务，为客人提供满意的服务，客人满意了，一切都有了，这就是服务业的最高境界。

当然，光有一个贤惠能干的老板娘也不行，家庭经营还需要一个对外交流的男主人。在行趣的经营中，老婆主内，老公主外，相得益彰。胡银富主要负责接待客人，包括参加村农家乐协会组织的外出考察和培训，把最新的经营理念代入进来。

（四）亲戚式客人

上海浦东一对80多岁的夫妇，每年至少来两次，他们的职业是大学老师，也不缺钱，就是喜欢住农家乐。这对夫妇的素质很高，每次来都住上半个月，吃东西不讲究，以素食为主。在农家乐忙的时候，他们还会帮忙洗碗，房间里的垃圾都是自己收拾。这对上海夫妇除了自己来，还推荐自己的朋友来，有时候会带10多位客人一起来住，为行趣带来了客源。

这对上海夫妇人很好，很有同情心，每次来农家乐，都会给老胡的女儿带很多书，带老胡的女儿到集市上买衣服，给家人和老胡的母亲带东西，每次还会给老胡的母亲1000元钱。等他们返回上海的时候，老胡的母亲就送一些茶叶给他们。老胡的爱人说："他们素质高，觉得我们家人好，会带礼物来，还会带客人来，帮我们介绍生意。"这样，农家乐业主和游客之间的关系，就不是单纯的市场消费关系，而成了一种亲戚关系。

上海客人到农家乐里住上半个月，还会带礼物来，而农家乐也会有礼物回赠，这就为消费关系蒙上了一层温情关系，游客过来就是走亲戚。当然，这样的客人并不多见，老胡夫妇也就提到了这么一个案例。但是，老胡夫妇将之拿出来并津津乐道，说明他们喜欢这样的客人，他们愿意建构这样一种主客关系。客人也喜欢这样一种家的氛围，我们调研时了解到，上海客人在大年三十至初七，订了10个房间，烤着火打打麻将，唱唱歌，每人240元包吃住。在农家乐过年，年味浓，又轻松，是很多客人的选择。

（五）农家乐经营升级

2017年5月，行趣开始营业，面临的最大问题就是没有稳定客源，房子装修好了，但就是没有客人来，老胡就坐不住了。客人在哪里呢？到哪里去找客人？他首先借鉴了石岭模式的营销方案，就是到上海的报纸上登广告。上海的老年报，登一期广告要1500元，新闻晚报登一期广告要2000元，一个礼拜出两期广告，一个月的广告费要花七八千元。登一期广告没有效果，连续登了一个多月的广告，开始有客人来。2018年，行趣开始在携程和美团上营销，每成交一个房间，电商平台提取10%。

2018年，客人以团队为主，主要是上海老年人来避暑，自己组团，也就是所谓的老年团。有直通车负责接送，有人专门做这个生意，把上海老人接到农家乐。景溪村做老年团的农家乐并不多，因为行趣开得早，2017年就开始营业，当时缺乏客源，不得不做老年团。景溪村2018年以后营业的农家乐，一般都不做老年团。2017年的时候，景溪村农家乐只有10来家，行趣是按照石岭模式来搞的，从接待老年团起步开始做生意的。老年团实行包吃住，天数算一个虚天，即住1晚按2天算，2晚按3天算。

2018年的生意特别好，客人太多，卡拉OK室都有人住。后来有散客找上门来，老胡夫妇就把自己家人住的房间腾出来给客人住，自己家人睡客厅。因为一开始没有客源，行趣采取了以接待老年团为主的经营方式，但开业第二年生意就越来越好，旺季的周末和节假日房间都爆满，客源的问题解决了。老胡夫妇及时调整了经营策略，在老年团的基础上，增加了散客经营。

从2019年开始，行趣开始了两种经营模式，经营策略越来越成熟。周一至周五，以老年团为主，大多是七八十岁的城市退休老人，以上海客人为主，也有江苏的。周末以散客为主，散客多为亲子游，以自驾游为主，客人也多来自上海、江苏。老年团的特点是人多，住的时间长，但价格便宜，100~120元/（人·天），包吃住。散客接待的价格较贵，每个标准间每天380元，亲子房400多元每天，不包吃，实行点餐。接待团队省心一些，菜也好配，散客花的精力要多一些，客人的时间不统一，点餐也不固定。

很显然，对农家乐来说，接待散客的效益要高一些。为了获得更高的收入，尽量把周末的房源留给散客，老胡会建议团队最好周一至周五来，如果是周末，就会对订房的客人讲：这个周末没有房间了，你们最好下个周末再来。这实际上是对客人的一种婉拒，如果团队客人非要周末来，老客户的话还是要接待，但可能会要求团队客人挤一挤，以给散客流出足够的房间，以获得更高的收入。这样，行趣就会偏向散客，尽量把好的房间留给散客，主要是向阳的房间。

老年人的时间比较自由，不用上班，周一至周五可以来。这样，行趣在周一至周五接待老年团，就保证了自己的客源。而年轻人要上班，周一至周五是不可能来的，散客的时间较为集中，基本上就是周六周日。行趣在周一至周五接待老年团，在周末接待散客，就把农家乐房间的价值最大化了。对行趣这样的大型农家乐来讲，这种混合经营模式是最有效的，无意中进行了一次经营制度的创新。

安吉乡村旅游的淡旺季明显，旺季主要是七八月份，其他时间都是淡季。旺季散客多，价格贵，500元/天，美团上卖600元/天，淡季一天200元，农家乐主要赚旺季的钱。时间长了，一些老客户也了解了这一点，他们也知道农家乐全靠旺季两个月的收入，他们也理解。老年人会避开旺季，避开周末，在每年的5月份至6月初，以及9月份至10月份，来到农家乐住上一周半个月，也有住上一个月的。在我们调研的时候，行趣的一个老客户带着8个老年人刚在9月份住了一个月。其实，每年的三四月份，就开始有老人过来住了，一直到11月份还有人来，12月份就几乎没有人来了。

从行趣农家乐经营模式的变化来看，先是依赖老年团开拓市场，然后又逐步引入散客，将老年团限制到了非周末和淡季的时间段，这是经营策略的一种优化，即从老年团为主到以散客为主的经营策略。行趣为什么不干脆将老年团放弃呢，主要还是因为自家规模较大，散客客源没有那么多，缺乏保障，而老年团的客源则具有一定的稳定性。老年团以数量取胜，散客则以品质和价格取胜，前者是传统农家乐的经营模式，后者则是民宿的经营模式。

农家乐以老年团为主，民宿以年轻的散客为主。所谓团队，一般是10人以上。民宿的客人以年轻人为主，周一至周五基本上是空的。农家乐的房间多，离不开老年团，通过老年团来减少房间的空置率。有三四个客房的可以走精品路线，俞斌会长的俞宅一个房间要800多元。农家乐和民宿在实践中形成了各自的经营策略，行趣对两种典型经营模式进行了融合，形成了自己的最佳经营模式，这是以市场为基础的资源优化配置。

为了更好地融合两种经营模式,提高经济效益,行趣每年都会投入几万元进行升级,通过硬件升级来提升农家乐的品质,从而在传统经营模式的基础上,更好地适应消费升级带来的新市场,这再次体现了景溪农民的市场意识和实践智慧。农家乐经营是由旅游市场决定的,经营模式对应着相应的客源和市场,景溪人通过在自家宅基地上投资来发展农家乐,通过灵活的经营策略,从乡村旅游市场上分得了一杯羹。

胡银富在外出考察的过程中,了解到很多民宿都配备了游泳池,农家乐协会会长俞斌也支持他修游泳池。老胡也了解了一下客人的需求,随着亲子游的增多,很多小朋友都喜欢玩水,可以说,到安吉来的客人很多都是奔着水上项目来的,客人对游泳池也有需求。游泳池似乎已经成为当地民宿的标配,但是农家乐配泳池的还比较少。老胡在考察和调研的基础上,决定跟上新的形势,通过修游泳池再把行趣提升一个档次。2019年10月,他投资20多万元,在院子里修了一个游泳池。

我们在现场看到,这个游泳池并不大,看起来也一般。但是,就是这个看起来并不起眼的游泳池,体现了农家乐的创新精神。有了游泳池,就让行趣从一般的农家乐中区别出来,成为一个亮点,也是一个宣传点,同时也是一个盈利点。有了游泳池,农家乐就提升了一个档次,小朋友就可以在里面玩水,这就迎合了家庭亲子游的市场需求。相应地,农家乐的价格也会提高一点,就是从小孩子那里多赚了一点钱。在没有游泳池的时候,接团队包吃住120元/人,那么,有了游泳池,老胡就准备提高到150元/人。游泳池增强了农家乐的吸引力和竞争力,从而提高了效益,这是农家乐升级的动力所在,农民不会跟风为了升级而升级。

(六)家庭经营的价值

胡银富,1975年生人,爱人徐云,1976年生人,报福镇洪家村人。自家有6口人,有两个小孩,与父母一起住。胡银富全家6口人只有1亩多地,夫妇俩从来没有种过地,都是老人在种,地里的产出也不够吃,都是买着吃,米和菜都需要买。在返乡开农家乐之前,胡银富在县城开喷漆厂,他爱人徐云先后在县城的酒店、纺织厂和绑带厂上班,边上班边带小孩,平时在家里带小孩,有时间就出去打一下短工,一年也能挣个五六万。在2016年返乡创业之前,胡银富一家主要靠外出经商务工获得家庭收入。

2016年之后，胡银富夫妇返乡经营农家乐，主要是夫妻两人经营，典型的夫妻店，忙的时候老人过来帮一下忙，平时不参与经营。农家乐经营以老板娘徐云为主，负责厨房和客房，老胡主要负责招呼客人，烧饭和房间卫生都是老板娘亲自打理，在旺季的时候，要为40多位客人服务。实在忙不开的时候，会请两个小工帮忙，小工工资2018年的时候180元/天，2019年200元/天。胡银富的弟弟也在村里经营农家乐，也是家庭经营，他和弟弟两家的生意在村里都是算好的，都有稳定的客源。

农家乐经营忙的时候非常辛苦，但比较自由，能够自主决策，经济收入比外出打工高。胡银富说："现在干这个还有兴趣了，挺开心的干这个事，生意忙的时候没有觉睡的，来了客人，楼上楼下一天跑几十趟。"老胡夫妇早晨四五点钟就要起来去买菜，一般的菜在镇上可以买到，大的菜市场只能去20千米之外的孝丰镇。还有客人半夜来的，还要给客人准备夜宵。客人外出游玩路线，也要给客人安排好。景溪村附近就有四五家漂流，农家乐老板要给客人介绍漂流，并与漂流和景区合作，直接为客人提供优惠门票，原价128元，在农家乐可以拿到100元的优惠价。

农家乐是服务业，难免会遇到难缠的客人，也有客人挑毛病，说菜不好吃。也有团队客人加菜后不认账，不想出钱，以"想不想做下一次生意"为要挟，实际上就是想让农家乐少收一点钱。因为对农家乐来讲，回头客很重要，农家乐一般都会满足客人的需求，希望客人下次还能再来，最好能帮忙介绍客人。行趣的老客至少占一半，老客比较好相处，同时也保障了客源的稳定性。

三、春安客栈：从纸浆厂到农家乐

（一）返乡二次创业

储春安，1966年生人。他原来在外面做生意，2015年回到村里。储春安说：我们这儿自然环境好，山山水水都是财富，有漂流。当时只有几户人家开农家乐，村里正在规划建设美丽乡村精品村，环境搞好了，能吸引更多的客人。

外面生意不做了，在家造房子开农家乐是一个不错的选择。宅基地上原来有老房子，拆了重建，投资200多万元造了一栋三层半的楼房，共

14间客房,包括大床房和标准间。2016年开始营业,客人越来越多,生意越来越好。

这是中年人的返乡创业,原来在外面做生意,环保风暴之下产业转型,原来的生意做不下去了,带着资本返乡,恰逢村里发展旅游产业,便投资农家乐。返乡创业有三个条件,一是产业转型倒逼,污染产业做不下去了;二是美丽乡村建设创造了优美的环境,为发展农家乐提供了基础条件,这是公共品供给的逻辑;三是农民通过在外务工经商积累了财富和经验,为返乡创业提供了直接条件,这是资源配置的逻辑。

这就是返乡创业的条件,有产业转型,有公共品供给,也有资源配置。从根本上来讲是资源配置的逻辑,产业转型促使资源向生态产业转型,公共品供给向农村倾斜,农民工返乡创业则是人力资源和资本积累向农村产业转移。资源从工业转向服务业,从城市流向农村,这势必会促进乡村产业的发展。

农民进城务工意味着资源从农业向工业、从农村向

春安客栈

城市的配置,这就导致了农村的空心化,而农民返乡创业则意味着资源从城市向农村的配置,这就改变了资源的流向,对乡村振兴意义重大。这个返乡创业,并不是单个人的返乡创业,而是以家庭为单位的返乡创业,家庭成为资源优化配置的主体,家庭成为有效的经济组织。

安吉的原始资本积累并不是通过农家乐获得的,而是通过工业化获得的,通过外出务工经商获得的,只有极少数人通过经营农家乐获得了资本积累,比如野趣农庄。

为什么浙江的生态化产业经营走在前面,因为有工业化的积累,工业化提供了人才和资本积累。这也为农家乐家庭经营提供了基础,这是一种内生的发展模式。农家乐是资本和劳动的双重密集产业,正是通过工业化,农民完成了资本的自我积累,完成了人力资源的自我开发,从而为生

态振兴提供了非常坚实基础。

所以，从工业化转向生态化，并没有什么障碍，要比从农业向生态化的转型顺利得多。从工业文明转向生态文明，反而更容易，工业文明与生态文明反而更有亲和性，这就突破了工业文明与生态文明的简单对立思维，这是我们在生态产业经营实践中发现的一个规律。

（二）家庭经营的价值

储春安的女儿负责经营，女婿做厨师，他们懂经营。储春安和老伴两个帮忙，自己家有五六口人，旺季忙的时候还请人。女儿女婿原来在厂里上班，开农家乐比在厂里上班收入高得多。客栈一年纯利润30多万元，一年比一年好。

农家乐是家庭经营，有的是夫妻档，春安客栈则是以年轻夫妻经营为主，代际合作为辅，全家都来经营农家乐。年轻夫妻经营农家乐，父母帮忙，年轻人更能跟得上时代，能够把农家乐经营好。农家乐发挥了代际合作的优势，家庭经营的好处是可以实现一个家庭内部的劳动力优化配置，家庭内部进行分工合作，从而实现家庭劳动力配置的最优，这同时带来了家庭生活的完整，改变了家庭留守现象，更能促进乡村实现全面振兴。

家庭经营带来了家庭生活的完整，一家人能够在一起生活，避免了留守现象。这是家庭经营的价值，家庭经营能够把一家人凝聚在一起。这是工商资本下乡和专业经营所不能比拟的，工商资本不能解决一个家庭所有人口的就业，只能解决部分人口的就业，往往解决的是妇女和老人的就业，还是无法改变家庭人口留守现象，只是利用留守劳动力，而无法改变留守现象，通常无法解决青壮年劳动力的就业。资本下乡虽然能够解决一部分人口的就业，但并不能从根本上扭转村庄人力资源的外流，留守现象还是存在。

所以，家庭经营的优越性，并不只是从产业上来讲的，还应该从乡村生活的角度来看，家庭经营的合理性不只是经济上的，相较于企业经营，家庭经营的合理性在于确保了家庭生活的完整性，解决了留守现象，不只解决了产业空心化难题，还解决了家庭和人口空心化难题，农村家庭的人口再生产可以在农村完成。

很显然，家庭经营不仅在经济增长上有价值，而且在社会建设上有优越性，更能够促进乡村善治。家庭经营的价值在于，真正改变了人力资源和资本的单向度流动，使得资源以家庭为单位进行优化配置，从工业流向乡村服务业，从城市流向乡村，不仅实现了乡村产业兴旺，还带来了家庭生活的完整性和乡村治理的善治。家庭不仅是有效的经济组织，而且是积极的治理主体，返乡的家庭经济组织成员还可以在乡村治理中发挥积极作用，他们有些人会成为村组干部，有些人则会成为志愿者。家庭经营的最大价值在于其在社会建设和乡村善治上的优越性，这就是乡村振兴的进路。

（三）农家乐的中档化

景溪村农家乐已形成规模，进入规范发展阶段。与石岭村和董岭村不同，景溪村里的农家乐以散客为主，价格较高。春安山庄是中档农家乐，200~300元每天。包吃住的话，淡季120元/人，旺季150元/人。高档的民宿的价格都是每天五六百、七八百元，吃饭另算。

景溪村的农家乐已经有40多家，形成了规模，与传统的低端农家乐不同，景溪村的农家乐以中高端农家乐为主。春安山庄是一家中档农家乐，我们看了一下房间，装修也是中档。这种中档农家乐有自己的市场，有稳定的消费人群，收入也较为可观，经营模式也较为稳定。中档农家乐虽然有所升级，是农家乐升级的结果，但农家乐的经营模式并没有变，还是采取回头客的经营模式，积累了较为稳定的客源。

农家乐升级是一个基本的事实，如何升级呢，现在看来，中档农家乐是农家乐升级的主要方向，中档农家乐既有升级，同时又保留了农家乐的经营模式。虽然春安客栈也有进一步升级的冲动，想把农家乐改造为高端民宿，但他的老客户并不赞成，这是一个很有意思的现象。游客的态度表明了游客的需求，游客对中档农家乐有需求，中档农家乐有稳定的市场，如果升级为民宿，就必然会失去原来的客人，消费群体就会发生变化。从乡村旅游市场的角度来看，中档农家乐将是乡村旅游市场的主体，农家乐升级不必迷信高端化。

四、平贵竹木制品厂：正在进行的转型

（一）红火的毛竹拉丝厂

汪秋生，1976年生人，景溪村二组人，读书时的成绩蛮好，当时读

的是职业高中，看到父母开厂蛮辛苦，高中未毕业就不上学了。由于木材厂的局限性，汪秋生19岁就自己开了家纺织厂，有6台织布机，昼夜不停地生产，这是汪秋生个人的创业项目，第一年亏了6000元。

汪秋生的父亲汪平贵，在分田到户以后就开始在村里办厂，先是给外面的工厂加工啤酒箱，后来村集体的木材加工厂经营不好了，汪秋生的父亲接手经营，成了全村最早的万元户，有点积蓄。后来办了一家玻璃拉丝厂，但合伙人没有选好，这次亏了10万元。同时办的有木材加工厂、玻璃拉丝厂和纺织厂。后来汪家从木材加工转到毛竹加工，木材加工需要砍伐证，毛竹不需要，毛竹长得快，生长周期短。

从1995年至2015年，汪秋生家开了20年的毛竹拉丝厂。拉丝厂把毛竹加工成半成品，家里共有3个加工厂，每个厂有三四十人，共100多人。据汪秋生讲，景溪村最多时有5个拉丝厂。都是家庭作坊式工厂，能够充分带动就业。当时，毛竹不愁销路，老百姓只要吃苦耐劳肯定有钱赚。毛竹的价格每百斤40多元，毛竹的种植管理比较省力。一个拉丝厂一天能吃掉五六万斤毛竹，当地毛竹都不够吃的，还要从安徽、江西等地调运毛竹过来。现在反过来了，安吉当地的毛竹拉丝厂少了，当地的毛竹还要运到安徽广德去销售。

毛竹拉丝厂的机器设备当时都是从台湾购买的。毛竹加工在1992年之前是供销社搞的，此后私人加工厂开始多了起来。其实也就是从1994年之后，市场经济才彻底放开。地方政府当时也很支持毛竹加工厂，支持家庭作坊式的小工厂，以搞活经济。全县最早的拉丝厂大概有20多家。此前，汪秋生曾担任报福镇竹产业协会会长。

汪家在80年代就造了3层楼，80年代的时候，一年就能有七八千元的收入，到了90年代一年能有10来万元的收入。汪总说他们家是勤劳致富，不赌博，白天干，晚上干，他母亲的两个手指都在工作中被锯掉了。办厂辛苦，但心不累，每天5点起床，除了过年，在开厂的20多年里，汪总从来没有睡过一个懒觉。工人5：30上班，老板和工人都是勤劳致富。

汪平贵2013年过世，生前在生产队很有威望，是红白喜事的总管，为人处世受到邻里尊重，颇有威望。在办厂的时候，每年过春节的时候，都有村民提着烟酒到家里来说：明年工厂里的活给我安排一下。汪家都会在用工上给予妥善安排，尤其是聋哑人，都会给予照顾。汪家还积极从事公益事业，村里修第一条路时家里捐了 5000 元。受其父亲的影响，汪秋生的每年都会给村老年人协会捐款 1000 元。

（二）关闭毛竹拉丝工厂

安吉县最多时有毛竹厂 220 多家，经过关停整治，目前大概还有 80 余家。过去全镇有 20 多家毛竹拉丝厂，现在只剩下 4 家，2020 年搞国土综合整治又要拆掉 2 家。规模小又没有环保设施的拉丝厂全部拆掉，上规模的全部留着。汪总说，在进行环境整治时，他的工厂已经进行了环保升级，上了一些环保设备，对拉丝厂的噪声、废气、废水等进行了治理，但最终还是被关停了。汪总家的 3 家拉丝厂在关停之后，一个厂的土地退还给了农户做了宅基地，另一家在路边被拆掉了，还有一家的厂房还闲置在那里。目前正准备规划建设景溪村的旅游集散中心，包括农副产品集散地。

毛竹拉丝厂让普通村民也能够得到实惠，一天能有 200 多元的收入，非常稳定。在关闭工厂的时候，由于毛竹加工是村里的主导产业，村民的抵触情绪很大。据黄大伟书记讲，当时有一个村民，一家三口人都在毛竹加工厂上班，他一气之下把大伟的水杯都扔掉了，指责说，我们把你选上来是为老百姓服务的，你们现在把拉丝厂关了，我们喝西北风啊。大伟说：大伯你不要着急，我们以后发展旅游业，只要有劳动力，一定能够赚到更多的钱，大家伙一定能够在家门口就能有饭吃。大伟书记暗下决心：一定要把乡村旅游发展起来，让大家都能吃上旅游饭。

（三）未完成的转型

汪秋生做了 20 年的拉丝厂，对拉丝厂有一个情结，过去开办工厂的时候没有觉睡，现在拉丝厂关了睡不着觉。他看到自家的工厂厂房闲置在那里，心里也很难受。

汪秋生也能理解目前的产业转型，他们家两代人从事毛竹加工，他父亲开厂，他开厂，他的儿子不可能再开厂了，不可能三代人都干毛竹加工厂。传统的资源经济和初加工要转型，从第二产业向第三产业转型，这也是一个大的趋势。

中国乡村振兴示范村　景溪村　JING XI CUN

毛竹拉丝厂

工厂关停之后,汪总和他的朋友们开始转型,但转型成功的不多,有的做淘宝,有的做转椅,有的做旅游。汪总现在做竹工艺品,与苏州、上海等地的老板进行合作,利用自己家的厂房,请了当地的4个非遗工匠,给上海一家公司代加工,竹工艺品与竹加工不同,属于纯手工,那些原来在拉丝厂上班的工人还不习惯做这个。工艺品不同于工业品,量不大,收益不高,吃不饱饿不死。

从毛竹加工业退出之后,汪总也参与了景溪村的旅游开发和乡村经营。2018年,景溪村开发山民文化街,然后将之承包给专业团队来运营,小吃街的管理交给汪总来负责。小吃街一年也有10万元的租金收入。2020年的新冠疫情发生后,汪总退出了小吃街的管理。在他看来,农家乐和民宿也在转型升级中,投资的回报率并不高,且竞争激烈。尤其是新冠疫情发生之后,来的客人少了,农家乐和民宿遇到了危机。

虽然景溪村的主导产业已经从毛竹产业转向了旅游业,但汪总一直没有下决心从事旅游产业,目前还在转型中。工厂关停的时候,汪总也到邻近的安徽、江西去考察过,一直到现在都有外地人邀请其去投资,他觉得外地的营商环境不好,也没有去。另外,加上年龄大了,也不想外出创业了。用他自己的话来讲,工厂关了之后就没有收入来源了,二次转型还在探索中,东搞搞西搞搞,还没有定型。

可能是从长期从事毛竹产业的缘故,在汪总看来,还是毛竹拉丝最实在,干活就有钱赚,有时候听到下雨声他都觉得是拉丝的声音。而当下流行的旅游产业和服务业,他总觉得有点虚。尤其是新冠疫情发生后,乡村

第六章　产业转型　村民二次创业

旅游产业受到冲击，村民的收入受到影响，而山上的毛竹资源则没有得到充分的利用开发。汪总想着有一天还能够办拉丝厂，这当然是一种情怀。现在，景溪村正在以生态文明建设展示馆和开竹节为契机，准备开发研学项目，并建设景溪村旅游集散中心，把景溪村的各个旅游业态串起来，把AAA景区做实，进一步提升景溪村的乡村经营。汪总认为这个蓝图还是很值得期待的，他也准备积极参与其中，继续他未完成的产业转型和二次创业之路。

五、景溪产业转型的启示

在景溪村，绿色发展的理念已经深入人心，原来从事工业创业和就业的村民纷纷转向乡村旅游业，产业转型已经成为景溪村村民创业的自觉实践，其中农家乐是一个主要的选择。除了前面介绍的几家农家乐，还有战友农家、过山名楼、美奇客等农家乐，这些农家乐的主人原来都是从事其他产业，在美丽乡村建设和生态文明建设的大环境之下，自觉进行了产业转型。

安吉工业化程度不高，处在工业化初级阶段，深受工业化之苦，属于工业化的边缘地区，环境污染严重。湖州生态产业化经营一开始也没有得到鼓励，地方政府面临着较大的工业化和经济增长压力，当然，后来，生态产业化得到了政策鼓励。从工业化到生态化，这也是一个非常大的转型。

在GDP导向之下，每个地方都要大力发展经济，带来了所谓的地方竞争，带来了所谓的经济增长奇迹。地方GDP竞争带来的后果，除了经济奇迹，就是生态退化和环境污染。现在，一些区域的考核方式发生了变化，淡化甚至取消了GDP考核。取消GDP考核，生态经济会加快发展。湖州、丽水等地取消GDP考核之后，并不是不要发展，而是要实现产业转型，生态产业化和产业生态化。安吉提出来的经营乡村，其实质是什么？是生态产业化经营。

从景溪经验来看，去工业化并不是去产业化，而是生态产业化经营，是产业转型。去工业化之后，村民开始了生态产业化经营的探索，也是新一轮农民创业。从工业化到生态产业化，这是景溪乡村振兴的路径选择。

去工业化只是一个过渡环节,景溪经历了这么一个明显的转型。在生态产业化经营的过程中,产业界和学界对去工业化和生态文明有误解,一是将生态文明与工业文明对立起来,二是认为去工业化不要发展经济,三是认为生态文明只能喝东北风,不能富民。这些认识都是误区。生态产业化将是乡村产业发展的一个主要方向。

第七章

青年返乡　农家乐升级

在产业转型的过程中，景溪村的年轻人开始返乡创业，他们带着在城市里积累下来的资本、经验和人脉回到家乡，为乡村产业和乡村振兴注入了新的活力，促进了农家乐的升级，他们是景溪乡村振兴的希望。本章所要呈现的就是年轻人的返乡创业故事。

一、俞宅民宿：从杭州出租车司机到民宿协会会长

（一）年少离乡创业

1. 成长

俞斌，1979年生人，初中毕业，年轻时到杭州开出租车，在杭州打拼了20年后返乡创业，经营一家民宿俞宅，同时担任景溪村农家乐协会会长。

据俞斌会长讲，小时候家里的经济条件很差，当时一家8口人，总共才有1.5亩地，生产出的粮食根本不够吃，生活来源主要靠山上的竹子，两年砍伐一次，收入就够买米的。那时候靠山吃山，能吃饱饭就不错了。俞斌还记得小时候穿的老棉袄，袖口都油亮亮的。那时候的大环境，家长不怎么重视教育，放学回来就在家门口的石阶上写作业。

初中毕业后，俞斌先是在家里干农活，父亲做小生意，收小竹子，卖给别人做工艺品。在家里实在太苦了，1000元都拿不出来，当时，村里

很多人开始外出务工，俞斌父母也在为他谋划新的出路。

1998年，俞斌到湖北潜江找事做，有阿姨家在那里，在潜江待了大半年，学会了开车，考取了驾驶证。从湖北回来后，自己家买了一辆拖拉机，从山上拖毛竹。一辆拖拉机一天能装几百斤竹子，人很累，一天下来能挣个50元，还要请一个人，付了工钱之后，剩下的就没有多少钱了。在山里做小生意，也挣不到什么钱，日子过得还是非常艰苦。

从俞斌的讲述来看，90年代的景溪村，生活还是非常艰苦的，产业上并没有什么起色，山上的竹子也没有让农民致富。毛竹产业和其他地区的农业产业化一样，农民的获益并不高。年轻人大都开始外出务工谋生，只有少数村民留下来做毛竹生意。黄大伟书记在这一时期正在家里搞养殖，家里的生活也是过得很苦。

2. 奋斗

在家里帮父亲做毛竹生意的这一段时间，俞斌开始意识到，待在家里是没有发展的。1999年，俞斌用麻袋装上被子、枕头等行李，到杭州找老表学习修车。在杭州的住处就在公厕边上，晚上蚊子非常多，很难熬，现在想起来，幸亏当时年轻，要是现在肯定撑不住。就是在这样艰苦的条件下，俞斌开始学习修车。他所在的修车行主要是修出租车，一个偶然的机会，一个前来修车的老板看上了俞斌，要俞斌给他开出租车，这样，学习修车的时间不长，俞斌便靠自己的人品获得了开出租车的机会。

开出租车也是蛮辛苦的，俞斌至今还清楚地记得，第一天开出租车，开夜班的时候由于紧张，找错了钱，第一天就赔了50元钱，年轻的他很难过。不过，第二天就好了，很快适应了这份出租车司机的工作。有了固定的工作，便有了稳定的收入，生活条件也开始好了起来。俞斌开始租房子住，租金100元/月，在外面吃面的时候也会给自己加个荷包蛋，就相当于加餐了。

1999—2006年这段时间，杭州的出租车生意好做，一个晚上能挣二三百元，一个月做好了能有万把块的收入。在这一时期，俞斌靠开出租车在老家村里造了楼房，还谈了恋爱结了婚，他还给自己买了一辆桑塔纳轿车，他自己也是村里一起长大的小伙伴中第一个拥有手机的。当然，俞斌也是非常辛苦，在杭州开出租车辛苦就能赚钱，他靠自己在城里的辛苦工作，改善了家庭的生活条件。

俞斌现在总结了一句话：借钱要忍，还钱要狠。在杭州的第二年，他想借 300 元钱都借不到,从此下定决心不轻易向别人借钱。别人向他借钱则一定满足,因为他理解借钱的痛苦。俞斌说:一定要靠自己,我们学历不高,志气高,肯干,在杭州开出租车的时候每天至少工作 12 个小时,很辛苦,城里人根本做不了。刚去杭州那几年,春节回老家最多住一个晚上,然后马上返回杭州,过年都在杭州开出租车,好多年都是在杭州过年。在杭州工作六七年之后,经济基础好点了,才回老家来过年,休息个五六天。

3. 建房

2000 年,经朋友介绍,俞斌有了女朋友,当时两人都在杭州打工。女朋友当时在餐厅做服务员,老家是浙江丽水的,用俞斌的话来讲,两人谈了一场马拉松式的恋爱,谈恋爱的时候,女朋友说:你要造房子,我就嫁给你。2003 年,俞斌在村里建了两层钢筋混凝土的楼房,这是村里的第二套楼房,这样来看,村里的楼房大都是在 2000 年之后修建的。

实际上,俞斌为什么要回村里造房子呢,也不只是因为成家要新房子,建了新房老人也可以住。俞斌小时候住的是草房,后来家里修了泥瓦房,也就是那种半泥半砖的房子,父母的住房条件一直很差,通过建新房可以让父母享受一下好的生活条件。当时想得很简单,就要在老家建房子,当然,现在看来,在老家建房为后来返乡创业做好了准备。

造房子的压力大,当时一共花了 20 多万元,都可以在县城买一套房子了。为了修房子,俞斌在杭州加大了工作量,在每天工作 12 个小时的基础上,又加了两三个小时,一起搭班的杭州司机比较懒,也愿意让他多开一会,早早就把班换了。不幸的是,造房子的时候,俞斌的父亲开拖拉机的时候翻了车,死了一个人,赔了对方 13 万多元。当时借了不少债,一方面要造房子,一方面还要赚钱还债。俞斌现在回忆起来觉得造房子那一年是最辛苦的。2006 年,俞斌和女友在老家结婚,造房子、彩礼都是他自己出的钱。俞斌这一代人基本上都是靠自己,他们外出做厨师、做小生意的多,在工厂里做工的少,安吉的工业相对不发达,也没有什么大的工厂。

当笔者问及俞斌为什么当时不在杭州买房时,他说:当时想得很简单,还没有投资的概念,就是要回老家建房,没有想到在杭州买房,要是当时在杭州买一套房子,现在就发财了。当时想着回老家建房,父母可以一起住,哥哥也可以一起住。

4. 多元化经营

2006年开始，经过多年积累，俞斌手上开始有点钱了，开始着手多元化投资经营。相较于农村的闭塞，大城市的好处是信息来源广，机会多。俞斌先是投资20多万元与别人合作开了一家丝绸店，算是入股，并不直接参与经营，每年都有分红。除了投资丝绸店，他还做过小商品的外贸生意。他还是以开出租车为主，一直开到2017年底返乡创业。2018年，他还通过招标承包了村委会大楼的建筑工程，负责施工。虽然没有公司，他通过买标段的方式获得了工程，还做了一些市政工程、景观绿化等项目，将项目承包过来，带领本地的工匠师傅施工，他能看得懂图纸，按图纸施工就行，很简单。

可见，从2006年之后，俞斌不再满足于单一的开出租车，而是积极尝试多元化经营，开出租车是靠技术和劳动吃饭，但他通过辛苦劳动获得了一定的资本积累之后，就开始尝试通过投资、经商和承包工程来获得收入。应该说，俞斌从一个农村的孩子成长为一个富有经营头脑的小老板，体现了浙江农民肯吃苦又善于经营的特点，抓住了市场经济的机会，应该说是一个成功者。这为他返乡创业奠定了基础，积累了资本，也积累了丰富的经营经验。

5. 富有正义感的出租车司机

俞斌会长是一个实干的人。俞斌说，老婆之所以看上他，就是看重他的实干，还有正义感。俞斌返乡创业后受大家推举担任农家乐协会会长，也与他的实干和正义这两个品质有关。在杭州开出租车期间，俞斌见识了社会的各个面相，其中不乏社会的一些阴暗面，但他都以一身正气来面对。

2002年的一天，俞斌在开出租的时候，在路上遇到一个车祸现场，他停下车，把受伤的人送到了医院。但是，肇事者走掉了，伤者将事故责任赖到了俞斌身上。报警后，派出所民警和交警都到了，交警一看他的车，就让他走了，根本不是他撞的。俞斌遭遇了传说中的做好事被讹事件，但这并没有影响他的正义感。

有一次在开出租车的时候，俞斌在路上看到两个小青年在抢一个女孩的东西，他便开车上前阻止，两个小青年说不关他的事不让他管，俞斌理直气壮地坚持正义，两个小青年便走开了。

这样的故事听起来就很传奇，出租车司机总能遇到一些稀奇事。还有一次，俞斌拉了一个客人，是被人贩子强迫卖淫的女孩，俞斌要把出租车直接开到派出所，女孩子不让。俞斌便把她拉到了西湖，那里人多，坏人不敢胡来。女孩没有钱付车费，俞斌还给了她50元钱。

当然，杭州毕竟是大城市，开出租车也遇到了一些好玩的事情，接触到了在封闭的小山村无法接触到的事情。据俞斌讲，很多明星都坐过他的出租车，甚至还有中央领导人坐过他的车，这些故事听起来很精彩，在山村里是不敢想象的。正是走出村庄，走向城市，才接触到了外面的精彩世界。

6. 子女教育

俞斌夫妇的儿子2008年出生，在杭州读了两年的幼儿园，在老家镇上的幼儿园读了大班。为了孩子读书，俞斌于2014年在安吉县城买了房子。儿子今年12岁，现在读五年级，自从一年级开始就在县城读书，由俞斌的爱人在城里照顾儿子读书。俞斌认为他们这一代人没有读很多书，吃过没有文化的亏，因而他们非常重视子女的教育。由于经济条件限制，俞斌他们的父母对子女教育并不是很重视，读书的孩子并不是很多，到了他们这一代，思想观念完全变了，尽最大努力为子女接受良好的教育创造条件。为什么在县城买房？就是为了孩子能在县城接受教育，俞斌夫妇两个并不愿意住在城里，他们更愿意住在村里。

（二）返乡创业

2017年底，俞斌开始考虑返乡创业，当时也想了很长的时间，回，还是不回？2018年春节过后，在从丽水丈母娘家回来的路上，一边开车一边想，5个多小时的路程，终于想明白，下定了返乡创业的决心。2018年2月，俞斌开始改造老房子开民宿，2018年10月就开始有客人入住，2019年5月1日，俞斌的民宿俞宅开始试营业。

从1998年开始外出务工，到2018年返乡创业，从19岁外出打拼到39岁回归故土，俞斌在杭州整整奋斗了20年，这20年正是一个人的美好青春。在把自己的青春献给杭州的同时，俞斌自己也获得了成长，用阅历、经验和资本武装了自己，这就为返乡创业奠定了基础。乡村发展需要年轻人，需要新鲜血液的注入，但这些返乡创业者是有一定事业基础的年轻人，通过在外面打拼具备了返乡创业的条件，成为最合适的乡村创业者，成为乡村产业振兴的主体。

为什么要返乡创业呢？这是我们在访谈俞斌时问的最多的一个问题。在俞斌看来，他在39岁的时候选择返乡创业，并不是在杭州混不下去了，不是无奈返乡，而是一种充满了理性和感性的主动选择。

首先，自己的年龄大了，睡眠不好，再开出租车身体吃不消了。这一个原因是生理原因，很多农民到城里打拼，从事务工经商，大都是体力劳动为主，对劳动力的要求高，到了一定年龄，就不能胜任相关工作了。

其次，家乡的产业发展势头好，返乡创业有平台。景溪村2008年进行美丽乡村建设，2011年开发漂流，2016年创建美丽乡村精品示范村，并成功创建国家AAA景区。村庄环境发生了翻天覆地的变化，以前是脏乱差，现在是美丽乡村，无废村庄，垃圾不落地。最重要的是乡村旅游发展为返乡创业提供了条件，以前根本没有景区，现在已经建成了AAA景区，有了游客，就有了发展乡村产业的机会。过去，村民外出务工经商，是因为村庄的就业机会少，要想发展就必须要出去，要到城市里去，在家里怎么辛苦也赚不到钱。现在，乡村的条件好了，有了乡村产业，就可以在家里创业获得收入。

乡村产业的发展是吸引俞斌返乡创业的关键因素，如果没有乡村产业的发展，这些中青年也不可能留在农村，最简单地来讲，返乡以后要有谋生的手段。所以，只有产业才能够真正留住人，才能够为返乡农民提供创业舞台和就业机会。俞斌之所以下定决心返乡创业，就是因为他看中了家乡的乡村旅游产业，认为发展民宿有前途。乡村产业发展得越好，就越能吸引农民工返乡创业。返乡之后，俞斌便将民宿作为自己的主导产业，从杭州那边的投资中退出来，专心打理俞宅民宿。

再次，返乡创业具有多功能。家乡建设得很漂亮，民宿产业发展得很不错，这是俞斌选择返乡创业的理性考虑，同时，这种理性选择并不只是经济意义上的。政府之所以大力提倡返乡创业，还因为返乡创业具有多重价值。既然家乡有创业机会，在外面赚钱不如在家里赚钱，在家里赚钱还可以照顾父母，可以一家人在一起。返乡创业的另一个功能就是可以呼吸新鲜的空气，俞斌说，他在杭州开夜班出租车的时候，看到路灯之下的空气都是青色的，为什么呢，因为都是尾气，不是干净的空气。景溪村是美丽乡村，森林覆盖率90%以上，新鲜空气是大自然的馈赠。在景溪，不仅可以呼吸新鲜空气，还可以吃到绿色生态的美食，比如竹笋、土鸡等，幸福感非常高。对个体来讲，这些都是返乡创业的多功能，也是返乡创业

第七章 青年返乡 农家乐升级

的理由。

在以上几个方面的返乡理由中，产业因素是最关键的，身体因素是生理原因，而返乡后的和谐健康生活则是返乡创业的衍生价值。如果乡村只有好的环境而没有产业，俞斌们也是不会返乡创业的。当然，如果只是年龄大了，可能会返乡居住，但不会返乡创业。因为返乡创业是需要条件的，不是所有人都能返乡创业的。如果没有一定的经济基础，没有在城市闯出来一定的名堂，也是不可能返乡创业的。返乡创业的村民一定是成功者，他们拥有了经验、人脉和资本，才有可能返乡创业。所以，正如俞斌所言，他之所以选择返乡创业，并不是在城市里混不下去了，并不是无奈返乡，而是一种为了更好地发展和生活的理性选择，是继续留在城市创业，还是返乡创业，他们是有主动性的。况且俞斌2014年就在县城买了房子，已经实现了城市化，已经没有后顾之忧，才能够返乡创业。

那么，在返乡创业中，大家最熟悉的乡愁起到了什么作用呢？起码在俞斌的讲述中，并没有提到乡愁的力量。如上所述，农民之所以选择返乡创业，起决定作用的不是情感因素，而是乡村产业的发展机会。当然，这并不是说俞斌们没有乡愁，实际上，俞斌们即使常年在外务工经商，并没有割断与乡村的联系，他们逢年过节还是会回老家过年。也就是说，满足乡愁的方式有很多种，不一定非要返乡创业。当然，如果只有乡愁，而没有经营能力和资本积累，也是不可能返乡创业的。

当然，俞斌返乡也不只是理性选择，返乡创业的选择也充满了感性选择，比如照顾父母，比如呼吸新鲜空气，这都是一种感性选择，这种感性选择也是俞斌们返乡创业的重要动因。俞斌在杭州奋斗了20年，把自己的青春献给了杭州，学会了说杭州话，在杭州谈恋爱，在杭州创业，也有很多朋友在杭州。当他放弃在杭州的一切返回乡村时，就意味着与曾经的杭州创业和生活一刀两断，这里面也有一种情感上的割舍。用俞斌自己的话来讲就是五味杂陈，心里很不好受。俞斌们返乡创业，除了事业上的理性考虑，也伴随着一种情感上的割舍与选择。青年离乡时还懵懵懂懂，返乡时已是成熟的中年，而中年返乡恰恰为乡村产业振兴注入了新的力量。

返乡创业离不开政府的支持，假如乡村没有良好的基础设施，没有良好的产业环境，俞斌也是不会回来的。不仅景溪村，整个报福镇都在重点打造乡村旅游产业，旅游产业是主导产业，景溪村乡村旅游产业的发展只是报福镇乃至安吉县的一个缩影。安吉县和报福镇都在建设全域旅游示范区，领导重视旅游产业的发展，返乡创业也会受到政策激励。在报福镇，对开办民宿和农家乐给予金融扶持，贷款比较容易，贷款 30 万元，政府补贴一半的利息。报福镇的工厂很少，连镇上的老笋厂都转型为"笋厂里"民宿，全镇现在就有将近 500 家民宿。在政府产业政策支持下，农民由过去的开工厂转向了开民宿，乡村产业也从过去的工业化转向了乡村旅游服务业的发展。而返乡的俞斌们则正好抓住了这一机会，他们的返乡创业与乡村产业转型实现了无缝隙结合。

在政府产业政策的支持之下，不仅俞斌从杭州返乡创业投身民宿产业，他的哥哥也投资民宿产业。俞斌的哥哥今年 44 岁，是人民教师，嫂子是农村户口，兄弟两家的宅基地相邻。2018 年，俞斌的哥哥也在自家宅基地上投资建房，并按民宿客房的要求设计户型，准备经营民宿。新建房屋为 3 层半的楼房，共有 12 间客房，所有房间均为中央空调，并不是典型的民宿装修，类似于档次较高的乡村酒店。建房加装修共花了 160 多万元。

俞宅民宿

为什么一个教师还要返乡投资创业呢？据俞斌讲，当地人的观念就是要在农村有房子，本来就是要建房的，既然农村有民宿创业的机会，就不如按民宿的样子来建房，这不失为一个两全其美的选择。这种情形非常普遍，现在景溪村民建新房基本上都是按照农家乐或民宿的造法，都有这样的意识，有生意就做，即使不做生意还可以自己住。俞斌的哥哥有稳定的工作，无法直接从事民宿经营，他将经营交给了俞斌，作为俞宅民宿的一个组成部分，两座楼房在一个院子里，外部环境统一打造。俞斌的那栋两层楼房作为高端民宿，俞斌哥哥的那栋楼房作为中端民宿，也可说是精品农家乐，由俞斌统一按照民宿模式来运营。俞斌哥哥的那栋民宿的客房收入归他哥哥所有，客人的餐饮收入归俞斌所有，通过这样一种合作模式，有效整合了两家的资源，实现资源价值的最大化。

（三）返乡创业推动农家乐升级

2018年农历正月，俞斌的民宿改造正式动工，将2003年建造的老房子改造为民宿，老房子是一座二层小楼，如何改造呢？当时有两种改造方案，一种改造方案是改成8个房间，那就是典型的农家乐模式，追求数量；另一种改造方案是改成4个房间，就是当下流行的民宿模式，追求品质。对老房子进行改造装修的时候，俞斌的家人之间围绕着做农家乐还是做民宿，产生了争论，尤其是母亲特别不理解民宿的做法，看到房屋改造时敲掉了那么多墙体，很心疼，都不忍心进去看。

俞斌坚持将老房子改造成了高端民宿，共有4间客房，房间内部装修很考究，客房空间和公共空间较大，装修使用了老木料、竹子等元素，房间设计艺术化，客人消费体验奢侈化。为了提升民宿的格调，俞斌还请了专门的设计师，也是他的堂弟，具有丰富的民宿设计经验。民宿内部的改造装修共花了50多万元，再加上外部的环境绿化提升、厨房间改造、餐厅建设等，共投资100多万元。

俞斌作为乡村旅游产业的新一代创业者，他选择的是民宿，而非传统的农家乐，从而推动了农家乐的升级。那么，民宿与农家乐有哪些不同呢？在俞斌看来，农家乐和民宿具有以下几个方面的不同。

首先，农家乐和民宿的装修风格不同。农家乐的房间有床有卫生间，每个房间有小空调，类似于宾馆的标准间，能够满足基本需求。民宿的房间少，空间大，配有中央空调，其装修有艺术元素，要使用老木料、竹子等，装修艺术化，有自己的特色，追求所谓的风格和调调。俞斌认为，真正的民宿要有情怀，说得好听点，情怀主要体现在装修上，一是做成亮点，二是要有自己的元素，不能像农家乐的装修追求宾馆化和标准化。

其次，农家乐和民宿的价格不同。农家乐180元/天，还包吃住。俞斌的俞宅民宿在淡季一个房间至少400元/天，若完全改造好以后，还要贵一些，旺季的话则至少要700元/天。这样的话，俞宅民宿4个房间的收入至少顶得上农家乐10个房间。2019年，俞宅民宿还只是试经营，一年的毛利就有30多万元。从投资者的角度来看，农家乐和民宿的差别就是收益的差别，民宿的品质提高了，价格自然要提高，这一点，越来越多的经营者都意识到了。黄大伟书记也是这样认为的，民宿的效益远远高于农家乐。从投资的角度来看，价格和收益正是农家乐升级的动力所在。

俞宅民宿

再次，农家乐和民宿的经营方式不同。农家乐一般做老年团，180元包吃住是最常规的经营模式。俞宅民宿不做100多块包吃住的老年团，只接比较高端的团，并且基本上都是包栋，散客很少。旺季的时候包栋价格是2800元，淡季的时候包栋是2000元。并且不包吃住，吃饭实行点餐，餐标80~100元/人，自己做饭的话，收取200元的厨房使用费。

俞宅民宿的客源以年轻人为主，大部分都是"80后"和"90后"，甚至还有部分"00后"。客人不带孩子的多，也有带孩子的，若有带小孩的，俞斌会陪孩子们到河里玩水。在俞斌看来，"60后"不舍得花钱，消费力没有年轻人强。农家乐的老年团住的时间长，来的次数多，但没有什么消费。民宿是消费升级的产物。俞斌从自己的经验印证了这一看法，他的父母这一代人就很节俭，出门游玩消费很少，到了俞斌这一代观念就发生了很大的变化，带家人出去旅游至少要住三星以上的酒店。城里人更是如此，生活条件好了，年轻人出行更倾向于选择民宿。

俞宅民宿的私密性好，全部是客房，自己家人不住里面，客人包栋的话就可以自己当主人，可以自己做饭。俞宅一直没有装卡拉OK，客人住到这里可以享受安静的环境，可以呼吸新鲜的空气。农家乐一般都有卡拉OK，有麻将室，比较吵。春节的时候，很多客人过来过年，生上一盆火，围着火盆吃着瓜子，比在城市里有年味。

民宿的关键并不只是硬件上的投入，而是作为软件的服务和运营，不是单纯地追求装修上的高大上，更要看服务品质，服务要走心。在俞斌看来，民宿的房间少，客人少，在服务的走心程度上能做到80%，农家乐的房间多，客人多，在服务的走心程度上能做到20%就不错了。农家乐主要走量，民宿主要走情怀路线，除了高品质和高价格，民宿主人与客人之间的交流也是情怀。客人来了，给客人房间休息，烧饭给客人吃，这是农家乐提供的基本服务，就不能说有情怀。这是俞斌对情怀的一个新解释，还是非常有道理的，他认为情怀就是走心的服务，就是高品质的服务。民宿除了为客人提供基本的食宿服务，还要为客人安排游玩的路线，提供更为细致的服务，相较于农家乐，民宿经营在精神上更辛苦，农家乐在体力上更累。从这一点来看，农家乐和民宿的区别，更多是走量与走心之间的区别。对服务业来讲，客人的回头率很重要，不管是农家乐和民宿，都要处理好走量与走心之间的平衡。

总之，景溪村是以农家乐起家，在以俞斌为代表的返乡创业的年轻人带动下，民宿已成为主要业态。在俞斌会长看来，农家乐和民宿是两种不同的经营模式，除了投资、装修等硬件的不同，更主要的是经营和消费人群的不同。传统农家乐模式是一种低端模式，虽然还有一定的市场，但180元包吃住的老年团市场已经在萎缩，并且竞争激烈，在成本提高的背景下，效益越来越低。随着城市市民消费升级，民宿的市场需求越来越大。在这种背景下，农家乐被视为一种落后的经营模式，经营农家乐的农民也被视为安于现状，缺乏发展眼光，而民宿则被认为是一种有市场潜力和前景的新型产业业态，符合乡村旅游市场升级的趋势，将成为未来农民返乡创业的主要选择。用俞斌会长的话来讲就是，民宿是一种前卫的方向。

景溪乡村旅游起源于农家乐，民宿是一种新的业态。当然，在俞斌会长和很多从业者看来，景溪村的民宿并不符合概念上的民宿，就是"半吊子"民宿，也可以说是高档农家乐，而这种所谓的"半吊子"民宿，恰恰体现了景溪农民的创造性，是基层群众的变通智慧在乡村旅游产业中的运用和体现。

农家乐和民宿之间的区别也并不是泾渭分明。在民宿的带动下，一些农家乐也进行了升级。比如，俞斌会长就让村里的行趣农家乐做了一个游泳池，从而做成了农家乐一个小亮点，也是在服务上的一个小提升，其实也是增加了一个卖点，从而提高了农家乐的竞争力和效益。游泳池本来是高档酒店和高端民宿的标配，但是，农家乐业主发挥创造性，给农家乐配上了游泳池，夏天客人带的小朋友可以在里面玩水，增加了农家乐的服务价值。虽然是一口看起来并不起眼的小小游泳池，却体现了景溪农民的市场敏感和经营智慧。

正是在民宿的引领示范之下，景溪农家乐也在积极升级，这种升级并不是文旅专家眼里的民宿升级，而是农民按照自己的思路和市场需求进行的升级，农家乐通过升级继续稳定并扩大了自己的市场。景溪村农家乐的升级，体现了农民的主体性，正是发挥了农民主体性，景溪村的农家乐并没有锁定在低端状态，而是根据市场变化不断升级。

（四）老板娘：农家乐和民宿的灵魂

俞斌会长的夫人是丽水人，据说丽水那边的人不喜欢造房子，安吉这边的人喜欢造房子，丽水人追求生活的安逸，不过，也可能正因为如此，丽水一些乡村保留了大量的老房子，国家级的传统遗产很多，而安吉农村的老房子很少，古建保留得很少。据俞斌讲，他老婆在家里管钱，非常勤俭节约，两人经过马拉松式的恋爱而结婚，对他也非常支持。俞斌回乡开民宿，老婆也是支持的，"她会给我勇气开民宿，她不支持的话，我就放弃了。"

俞斌认为，农家乐和民宿的灵魂是软件，最重要的软件就是老板娘，没有老板娘，农家乐和民宿是开不下去的。因为农家乐和民宿的农家菜一定是自己做的，农家菜要做出特色，比家常菜精致，但又不是酒店饭菜的味道，而是家的味道，是乡愁的味道。这样的农家菜不是专业厨师做出来的，而是老板娘做出来的。老板娘的重要性就是农家菜的重要性，农家菜是农家乐和民宿的重要服务产品，是吸引客人的主要卖点，民以食为天，一定要让客人吃到有特色的农家菜。

老板娘在某种意义上就是厨娘,老板娘的厨艺是农家乐和民宿的核心竞争力。这就对老板娘提出了很高的要求,不光厨艺精湛,还要勤劳,能吃苦,因为旺季的时候,农家乐和民宿的客人爆满,比如俞宅民宿,在夏天旺季的时候,最多有200多名游客同时用餐,除了老板娘,还要请人帮忙。俞斌的一个朋友是开农家乐的,共有18个房间,客房卫生和烧菜都是老板娘一个人做的,这家的老板娘非常能干。当然,农家乐和民宿的老板娘们也愿意做厨娘,因为这是为自己打工,付出就有较高的收入回报,主动性和责任心都非常高。

农家乐和民宿,老板娘至关重要,能干,管很多事,男主人主要干一些重活,端菜,端碗,接待客人,安排客人行程。女主人主内,男主人主外。老板娘的作用不是去和客人聊天,而是做好服务业,农家乐和民宿能否吸引客人,服务是关键,而不是靠宣传。宣传和外联的工作一般是男人在做,女主人还是做服务的工作,包括房间卫生和餐饮。

老板娘并不是甩手掌柜,而要负责客人的买菜、餐饮、客房等工作,可以说是一个全面的服务员,同时又比服务员有责任心。可以说,一家农家乐能否经营成功,最核心的因素就是老板娘。老板娘意味着什么呢?就意味着农家乐的服务品质,老板娘重要,实际上就是说服务重要。农家乐的服务是主要由老板娘提供的,老板娘是一家农家乐的灵魂。

(五)农家乐协会会长

俞斌在杭州开出租车期间就表现出了他的正义感,笔者估计这是他被推选为景溪村农家乐协会会长的一个重要原因,当然,这与俞宅民宿的引领性也有关。年轻人返乡创业,不只是自己创业,而且担任农家乐协会会长,为景溪村旅游产业的发展承担公益性职能。

俞斌2018年初才返乡创业,从事民宿经营的时间并不算长,并且此前常年在外,对于他能当选为景溪村农家乐协会会长,我们也是充满了好奇,笔者在访谈时就向他提出了这个问题。俞斌并没有直接回答他为什么会当选农家乐协会会长的问题,他向我们讲述了他当选为会长的过程。

2018年,有一次村里召集农家乐经营者开会,有人提出为什么没有农家乐协会,有个组织可以抱团取暖。这一提议得到了村两委的支持,黄大伟书记也表示大力支持。当天晚上,几个发起人打电话约了10多户农家乐业主，在"行趣"农家乐讨论，商量怎么成立农家乐协会，谁来当会长，等等问题。当时，大家伙推荐俞斌担任会长，俞斌认为自己没有经验，恐怕不能胜任会长。他认为会长应该由那些经营经验丰富、有阅历、有地位的人来担任，参加这次讨论会的以年轻人居多，平时玩得也好，还是一致推荐俞斌来担任这个会长。俞斌在现场并没有答应，提出要所有农家乐业主都同意了他才能答应。

第二天晚上6点多钟，几个发起人共联系了16家农家乐业主在村委会会议室开会商讨，商议成立农家乐协会并推选出会长，一开始在小纸片上写候选人名字，写来写去不行，最后采取了举手表决的方式，到场的16位农家乐业主一致同意推选俞斌担任农家乐协会会长。

景溪农家乐协会设会长1名，副会长3名，会长主持全局，一名副会长分管接待和财务，一名副会长负责文书，一名副会长分管卫生和安全工作，协会还聘请了一位退休村干部，负责和各大景区对接门票工作。农家乐协会在村里的游客中心有一张办公桌，农家乐协会的工作人员没有工资，收入来源主要是各个景区门票的返点收入，向各个景点的老板拉点赞助，动员他们支持下农家乐协会的公益事业，当然，双方也有一些合作，农家乐协会向农家乐的客人推荐景点，为景点提供客源。农家乐协会具有如下功能。

首先，承接政府政策，方便管理。农家乐协会积极配合政府国土、消防、治安等部门落实相关政策，组织农家乐业主积极参加政府文旅、农业等部门组织的培训。农家乐协会的这一职能主要是在政府部门与农家乐业主之间扮演中介角色，方便了政府部门对农家乐的管理，也有助于产业政策的实施取得较好的效果。在政府举办大型活动的时候，农家乐协会成员还是这些大型活动的志愿者，提供志愿服务，比如报福镇政府主办的开竹节，农家乐协会就积极参与志愿服务。

其次，服务农家乐升级，组织外出考察。在村两委的支持下，农家乐协会自主组织农家乐业主到外地考察先进经验和做法，外出考察很多。2019年11月份，农家乐协会就组织了20多户农家乐业主去丽江考察民宿产业，看别人如何设计，怎么经营，学习别人的经验，弥补自己的不足。这次考察都是自费考察，本地的天目山漂流支持了2000元。考察回来后，有两家农家乐老板立即对自家的农家乐进行了升级，考察的效果还是非常明显的。除了外出考察，农家乐协会还会主办其他活动，一年至少举办五六次活动。

再次，调解矛盾，维护旅游景观和秩序。农家乐协会负责调解游客和农家乐业主之间的纠纷，但这样的纠纷很少，农家乐协会基本上没有遇到这方面的纠纷，可以说零投诉。农家乐协会的一个主要功能是管笋管鱼，所谓管笋，就是毛竹林出笋的时候，农家乐协会要组织人员去巡山，防止游客乱挖笋。在我们于2020年1月14日上午访谈俞斌会长的时候，就得知农家乐协会当天下午要配合派出所去巡山，组织了4个人。所谓管鱼，就是保护村中河道里的鱼，防止游客和村民捕鱼。景溪村是国家AAA景区，十里景溪是其主要旅游资源，河里的鱼是用来观赏的，而不是用来捕的。有一些游客不自觉，会在河里钓鱼，有一些村民会在河里用渔网捕鱼，甚至有人去炸鱼。村两委在河边做了禁止捕鱼的标识牌，但还是有人不自觉。农家乐协会成员同时也加入了村里的志愿服务组织"家园卫士"，成为志愿者。他们经常在深夜12点以后去河边巡逻，近两年共没收了30多副渔网，保护了景溪的河道生态。

最后，抱团取暖，对接景区。景溪农家乐协会最重要的功能就是抱团取暖，对接周边各大景区，最主要的就是农家乐协会从各大景区统一拿票，然后各家农家乐可以从协会拿票，实际上扮演了农家乐与周边景区之间中介者的角色，也可以说是扮演了农家乐与旅游市场之间的中介角色，增强了农家乐的市场竞争力。农家乐的客人可以拿到一定折扣的景区门票，农家乐协会通过这种中介服务，也获得了一定的返点收入，而周边各大景区也获得了较为稳定的客源，三方之间是一种相辅相成互利共赢的合作关系。农家乐协会的这种市场中介角色，促进了资源的优化配置，在乡村旅游市场中发挥了重要作用。这种功能类似于旅行社或者旅游公司的功能，把分散的以家庭经营为主要经营方式的农家乐组织起来，更好地对接区域旅游市场。比如，景溪村周边的天目山漂流，就非常重视与景溪村农家乐协会的对接，在我们调研的2020年1月14日晚上，天目山漂流经营者在县城饭店请客，感谢农家乐老板给漂流介绍游客。当然，也不是所有景区老板都有这个意识，有意思的是，本村的漂流经营者就没有与农家乐协会进行这方面的合作。农家乐协会作为农家乐业主的一个自组织，遵循市场规律，在乡村旅游产业开发中发挥了积极作用。

二、蕉下民宿：从销售能手到民宿老板娘

这是年轻人返乡创业的又一个案例，这是景溪创业故事中一个难得的女性创业者的故事。蕉下民宿业主王丽是最具老板娘气质的一位民宿业主，思想较为前卫，接受新思维较快。

（一）从胆小的小姑娘到销售能手

王丽，女，1985年生人，蕉下民宿的业主，担任景溪农家乐协会副会长，负责接待和财务工作。王丽还记得她的第一份工作，是在杭州一家商场帮忙，做了两个月，感觉没有空间。后来在工厂里也工作过，做扇子、皮鞋，也是感觉没有太大的价值，能够学到一些技术，但天天在车间里埋头做工，眼界很低。2003年，王丽还做过半年时间的导游，带着客人一天爬三次山，一次两个小时，当导游很锻炼人，不能紧张，要有亲和力，要会和游客交流。

从2004年开始，王丽开始做营销，一直做到2017年，她记得自己看了一本书，大意是销售可以改变人的一生。她曾经的销售主管说：永远不要介意再尝试一次。王丽给人的感觉就是天生做营销的，开朗热情，完全看不出来她小时候是一个胆子小的姑娘。

王丽主要在安吉县城做营销，做了五六年的销售后自己出来开店，当时就想试一下，给别人打工赚不了多少钱。实践证明，她的运气不错，靠着她的勤奋吃苦，实现了自己的原始资本积累。2007—2009年，王丽还读了电大，获得了汉语言文学的大专文凭。这次疫情发生后，报福镇成立青年民宿联盟，王丽还被推选为副会长。

王丽的女儿胆子小，王丽说这一点很像她小时候。王丽小时候胆子小，很容易怯场，人多的地方喜欢躲在爸妈后边，爸爸有时候话说得重了一点她就会哭。长大后，王丽的性格发生了变化，也是通过在外打拼锻炼了自己的性格和能力。现在的王丽，在人群中就想做焦点，小时候喜欢躲在角落里，现在有机会就去表现，给人留下印象。在王丽看来，人脉比金钱更重要，有了人脉，以后的发展无法估量，诚信经营很重要，要有大格局和心胸，不能斤斤计较眼前的得失。王丽身边的人也说她有一个男孩子的性格，很大方。王丽从一个胆小的小姑娘成长为一个优秀的民宿老板娘，这就是一个非常有意思的变化。王丽是一个善于学习的人，她前期做

工人、做导游、做销售的经历都造就了她的成长和蜕变，也才有了后来的返乡创业和华丽转身。

长期做销售和服务业，王丽也颇有心得，这些经验让她在经营民宿时如鱼得水。在民宿经营中，要学会察言观色，要善于同客人交流，讲讲他的故事，讲讲我的故事，在交流中拉近距离成为朋友，客人对蕉下民宿的评价主要是：老板娘人很热情，老板娘很会唱歌。在王丽看来，安吉的旅游业前景是好的。王丽特别乐观，特别爱笑，她相信爱笑的女孩运气不会差。即使在疫情期间，自从4月份可以接待客人之后，王丽的蕉下民宿一直生意很好，都是本地的客源。在调研期间，我们每次去蕉下民宿，都有客人。

（二）返乡创业

1. 返乡创业的条件

王丽自称性格外向，喜欢和人打交道，初中毕业后，王丽就外出打工，先后在上海、杭州等地务工，主要是做销售和导购工作。此后便回到安吉县城经商，在安吉待得时间较长，开了自己的店，主要经营净水器、保健食品等，已有七八年的时间。在返乡进行民宿创业之前，她还做过两年导游。目前，除了经营民宿，仍然在城里开店，坚持多元经营策略，这也是对旅游淡季的一种自我突破。

为什么要返乡创业呢？在王丽看来，现在生意不大好做，在外面投资几百万有风险，投资到老家的住房起码是个财产，并且做民宿也能赚钱。这是这些成功的外出务工经商者返乡创业的一个现实考虑。当然，王丽的选择也得到了家人的支持，父母是支持的，并且也有部分投资，妹妹也是支持的，亲自设计，且也有投资到住房里。返乡创业之后，民宿便成为王丽的主业，她一年中有三分之二的时间都住在乡下，这样就可以与父母在一起，有更多的时间陪伴家人。

经过多年的美丽乡村建设，景溪村的环境优美，生活条件与城里相比也没有什么差别，在村里生活也很方便。景溪村离报福镇区很近，镇区有菜市场、超市等。景溪村到县城也不远，大概半个小时的车程。当然，乡村的限制就是信息比较闭塞，王丽在县城也有住房，她会经常带孩子到县城住一下，与城里的朋友们喝喝茶、聊聊天。王丽的生活状态实际上是一种城乡两栖状态，她靠自己的努力突破了城乡二元结构的限制，相对是比较自由的。她在乡村创业，在城市里生活，这种生活方式是一种全新的生活方式。

乡村的生活很安逸，但王丽返乡并不是养老的，景溪村的美丽乡村建设投入这么大，也不只是为了村民养老，实际上也为乡村产业振兴创造了条件。正是通过王丽这些人的返乡创业，景溪村美丽乡村建设从过去的"输血式"转向了"造血式"，美丽乡村转化为美丽经济。王丽投入300万元经营民宿也是有压力的，当然，压力转化为动力，她的小目标就是把民宿经营好，把蕉下民宿建设成名宿，具体而言就是按照浙江省的民宿评价体系，将民宿不断升级，从普通民宿升级为银宿、金宿，同时让更多的人喜欢上这里。

王丽19岁外出打工，30岁返乡创业，经过十多年的打拼，她拥有了返乡创业的资本和能力。当初离开家乡是带着梦想出去的，增长见识，积累经验，同时也拥有了人脉，收获了看得见的财富，也收获了无形的财富。返乡时也是带着梦想回来的，带着创业梦返乡。在离乡—返乡的过程中，一个山村年轻人成长为成功的创业者，成为乡村振兴的主体力量。王丽们在城市化的过程中获得了成长，她们返乡创业，实际上也是城市力量对乡村的反哺，带动了城市要素向乡村的流动，从而为乡村振兴带来了人才、资本。王丽认为自己30岁之前都在打基础，学经验，长本领，积累人脉，30岁之后返回家乡创业，过去的人生阅历会沉淀下来，做事会变得成熟一点，创业经验会得到一个新的发挥。

在旁人看来，王丽是前卫的，是能干的，是典型的女强人。一个人带5岁的女儿，女儿现在镇上的幼儿园中班，还有一年的时间就要读小学了，现在比较纠结小孩的读书问题，为了孩子接受更好的教育，以后肯定要到县城去读书。

年轻人返乡创业，子女教育是一个问题，年轻的父母一般选择让小孩子到县城里读书。返乡是有条件的，就是教育，现在乡村生活还是比较方便，就是子女教育是一个问题，农村教育还没有得到相应的改善。所以，返乡的青年人基本上都在城里有房，城市与乡村两头住，创业在乡村，生活在城市，子女在城市接受教育。这是返乡创业中一个值得重视的问题，乡村振兴不光要有产业振兴，更要加强公共服务的均等化，让农村居民能够享受和城里人一样的教育、医疗等公共服务。

2. 农家乐升级

在返乡创业之前，王丽在县城生活，也经常回老家看望父母，对家乡的变化看在眼里，了解家乡美丽乡村建设的成果。王丽父母本来就打算在村里造房子，村里的领导说不如多造几间，村里正在大力发展乡村旅游，可以开民宿。王丽自己也有旅游业的从业经验，对民宿也有一定的了解，家人也觉得开民宿比较安逸，家里变美了，还可以做生意赚钱。

王丽家就把造房子与开民宿结合起来，按照民宿的标准来造新房。不止王丽家，现在景溪村造新房的村民基本上都是这种想法，造房子就是建产业，住房不只是生活资料，而且是生产资料，农民利用自家的宅基地发展民宿，成为一个新选择。过去，景溪村的农民利用房前屋后发展家庭工业，现在，景溪村农民利用自家宅基地发展农家乐和民宿，从造工厂到造民宿，不变的是景溪人积极进取的创业精神。

蕉下民宿

2016年，王丽家开始建房，从造房子到装修好，用了3年时间，2018年7月1日开始营业，并取名为蕉下民宿。蕉下民宿是一座3层半的楼房，建筑面积2000平方米，共12个房间，自己家人住了3间，共有客房9间，包括标准间和亲子房。蕉下民宿还配有游泳池、烧烤区、棋牌室、卡拉OK等。整栋民宿共投资了300多万元，其中造房子花了50多万元，更多的钱花在了装修和环境提升上。

蕉下民宿的设计没有请外面的设计师，是由王丽妹妹设计的。王丽妹妹大学毕业，在安吉县农业农村局上班，善于思考，很有想法，是个完美主义者。在民宿的设计上，在王丽姐妹俩与他们父母之间存在争议，老爸对民宿的定位是每天两三百元的价格，而王丽姐妹俩对民宿的定位至少是七八百元每天。老人认为七八百元每天是不可能做起来的，觉得差不多就行了，没有必要投入太多。在造房子的时候，老爸说不要阳台，姐妹俩说要阳台，在装修的时候，不满意就推倒重新设计。王丽的爸爸是一位老木匠，手艺很好且勤劳，为了改变父亲的观念，姐妹俩带父亲出去考察成熟的民宿，老人也逐步接受了姐妹俩的意见。虽然两代人在理念上有矛盾，最后还是年轻一代的意见占了上风，姐妹俩推翻了父亲的思路，按照民宿的标准做起来了。最终，蕉下民宿的总体风格是温馨，给客人家一样的感觉，客人的反映挺好。

据王丽讲，她对自己家民宿的定义就是高档农家乐，而不是文旅专家所谓有情怀的民宿。在王丽看来，都在说情怀，哪有那么多的情怀，当地的民宿实际上是农家乐的升级，骨子里是农家乐的精神气质。而这种所谓的高档农家乐就是民宿，是传统农家乐升级之后的产物，像王丽这样返乡创业的年轻人一般都是选择民宿，从而推动了当地农家乐的升级，这种由农家乐升级而来的民宿是景溪村乡村旅游住宿产品的主体。现在旅游产业都是以民宿为主，不会再做传统农家乐，造房子的时候就是按民宿来设计的。

蕉下民宿的客房价格为500~1280元/天，属于中高端民宿的价格，9个房间包栋8800元，不包吃，实行点餐。每年有4个月的旺季，从7月份到10月份，国庆节期间

蕉下民宿的客房

客人还比较多，客人还可以来玩漂流。蕉下民宿的经营很不错，一年有八九十万元的收入。

蕉下民宿的客人以30岁以下的年轻人为主，客人以自驾游为主，主要来自上海、江苏等长三角地区。2019年嘉兴的客人多了起来，据说这与安吉在嘉兴的推广有关，嘉兴电视台经常说：到安吉来看星空。由于房间较贵，客人一般选择住一两个晚上。客人订房有线上和线下两种方式，线上主要通过携程网的平台，线下则主要是朋友介绍，通过口碑吸引回头客，通过客人带客人扩大客源。

传统农家乐和民宿是两种经营模式，也是两种消费模式。农家乐有自己的消费群体，以老年团为主，住的时间长，但消费低；民宿的消费者以年轻人为主，住的时间短，消费高，对住宿品质的要求也高。有消费者就有市场，有市场就有存在的合理性。所以，农家乐的升级不只是改变装修风格，更是经营和服务理念的升级。传统农家乐的经营者很难突破自己，包括投资和理念上都会受到束缚，农家乐升级一定是年轻人主导的升级。

王丽认为，农家乐和民宿都有各自的市场，不能简单强调升级，应该做一个分类，农家乐也要提升，主要是在服务和卫生上的提升，主要是软件提升，而不是硬件提升，不能都做成高端民宿。在王丽看来，低价不等于低档，不等于服务和卫生差，农家乐和民宿应该在两个赛道上发展，互相借鉴，共同发展。农家乐业主也要有文化自信。

3. 家庭经营

蕉下民宿的经营属于典型的家庭经营，王丽主要负责接待与外联，父母也帮忙打理，父亲负责采购，妈妈则负责做菜。在民宿开始营业的第一年，王丽自己也干活，但她发现这样做会让自己陷入到具体事务中，没有时间与客人交流。此后她就调整了经营策略，不再打扫卫生，请了一个阿姨帮忙。这样，她就专门负责与客人的交流和联系，这样做有两个好处，一是可以把更多的精力和心思聚焦在客人身上，她基本上能够做到客人一下车，就叫出客人的名字，这就让客人倍感亲切，从而赢得更好的口碑；二是可以有更多的时间与客人交流，通过与客人聊天，还能获得其他相关信息，挖掘客人更多的潜在的消费需求，从而能够发现新的商机，比如王丽家自己有茶叶和笋干，就可以推荐给客人，这实际上是一种多元经营，在客房和餐饮之外获得了更多的收入，而这些收入足够用来支付阿姨的工资。在旅游旺季，王丽会请两个阿姨做卫生工作。

蕉下民宿的经营模式类似于专业经营，王丽从卫生和厨房事务中解放出来，她的角色类似于店长，也就职业的民宿管家，她性格外向，擅长与客人交流聊天；王丽的妈妈负责做饭，做出了妈妈的味道，客人会提到她家的农家菜很好吃；民宿的卫生则请了阿姨来帮忙；王丽的爸爸负责采购。这样，蕉下民宿的经营就形成了一个团队，看起来还是家庭经营，实际上摆脱了一般的老板娘模式，而是走向了管家模式。从经营效果来看，客人的评价较高，主要是老板娘人很热情，家人都热情好客，老板娘的妈妈做菜很好吃，这些都是服务的范畴。当然，蕉下民宿门前就是景溪河，游客可以带小朋友在河里玩水，周边环境较好，这也是客人比较满意的。

王丽的确擅长经营，她通过交流加了很多客人的微信，经常在朋友圈发一些民宿的美食和美景，有专业化经营的味道。为什么王丽会在家庭经营孵化出了专业经营呢？这与她以往的职业生涯有关，她长期做市场营销，擅长与客人打交道，擅长营销，就是俗话所讲的会做生意。尤其是她在开民宿之前还做过两年时间的导游，有旅游业的从业经验，一度到各地景点带队旅游，去过莫干山，也有不少做民宿和旅游产业的朋友。我们在对王丽做访谈的时候，王丽讲到她打算过完2020年春节后加盟一家旅行社，旺季的时候就在家经营民宿，淡季的时候可以带团外出旅游。这实际上是一种多元经营，是在旅游产业里的拓展，甚至可以说是一种全产业链思维，既做民宿，又做旅行社，也有利于民宿获得更多的客源。用王丽的话来讲就是，她本人就很喜欢旅游，加盟旅行社既可以玩又可以赚钱。

王丽认为，民宿一定要有温度，要给客人家一样的感觉，这是与酒店不同的地方。他对民宿服务的理解就是：客人怎么方便怎么来，尽量满足客人要求。她会为客人安排行程，夏天旅游旺季的时候会为客人联系漂流，冬季客人来过春节的时候，她会为客人安排体验过大年活动，可以去村里的山民文化街打糍粑，可以到山上的毛竹林挖笋，让客人有更多的体验。她觉得蕉下民宿还可以进一步提升，就是现在客人包栋的多，家人最好不要与客人住在同一栋楼里。

4. 农家乐协会的功能

在王丽看来，景溪村农家乐协会的一个主要功能是组织考察培训。农家乐的经营者年龄偏大，经营理念跟不上形势，需要通过考察培训学习新观念，提升经营水平。农家乐协会经常组织农家乐业主到县内县外考察，学些别人的先进经验，2019年就去了本县的中张村、鲁家村参观考察。协会也要参加政府文旅部门组织的各类培训,王丽自己是各类培训的积极参加者,她 2019 年就到宁波象山参加了四五天的培训和考察,此前还到桐庐县参加过有关民宿的学习考察。王丽通过参加培训,对旅游和民宿有了更多的了解,增强了对以民宿为主业的信心,一头钻进了民宿和旅游行业,发现了里面很有内容,对绿水青山就是金山银山有了更具体化的理解。同时,通过参加培训学习,王丽还认识了更多的朋友,认识了全县乡村旅游和民宿圈的朋友,对乡村旅游的大方向有了更多的了解。

农家乐协会的第二个功能是抱团取暖,对接景区。农家乐协会为农家乐业主提供方便,将所有农家乐打包后从景区统一拿票,从而享受门票优惠。

农家乐协会的第三个功能是规范管理,调解矛盾,维护景区秩序。农家乐协会统一了价格,并制定了标志牌挂在每家农家乐的前台,杜绝了乱要价的行为,使客人能够明明白白消费。

(三)集体经济与家庭经济的相得益彰

在王丽看来,民宿是适合发呆的地方,吃吃农家菜,呼吸下新鲜空气,享受一下安静的环境。但是,客人也不能一天到晚发呆,需要一些配套的旅游项目。并且安吉旅游有一个很大的问题,就是淡旺季的问题,旅游旺季一床难求,非常忙,淡季的时候几乎看不到游客,淡旺季明显是安吉乡村旅游的一个特点。如何破解淡季难题,也是经营者和政府部门一直在探索的课题。

王丽建议政府可以引进一些大的旅游产品项目,投资几十亿的项目引来后,就可以把流量导入进来,从而解决淡季人气不旺的难题。当然,除了政府主导的大项目,景溪村作为国家 AAA 景区,也在探索开发一些旅游项目,为游客提供更多的选择,为农家乐和民宿提供更多的配套。比如,景溪村开发的山民文化街项目,在旅游旺季的时候有烧烤,有各类美食小吃,客人可以坐在溪边喝喝啤酒,小朋友们可以再玩玩水上项目,从而解决了客人晚上没有地方可去的问题,发展了乡村夜游经济。在旅游淡季的时候,山民文化街上有过大年活动,举办年货节,游客可以买到安吉当地的年货,买到村里的土货,还可以体验打糍粑、做豆腐等活动,还能体验到爆米花、皮影等民俗文化。

景溪村还在积极探索更多的类似于山民文化街的小项目,村两委的干部门也一直在探索新的项目,对于这一点,王丽这样的民宿经营者是深有体会的。正是景溪村在景区创建和项目开发上了做了大量的工作,为农民返乡创业者搭建了平台,这是返乡创业不可缺少的条件。从创业者的角度来看,有了村庄景区的大环境,有了乡村经营打造的村庄IP形象,有了更丰富的旅游业态和配套项目,农家乐和民宿做起来就会非常轻松和顺畅。

景溪村的乡村旅游目前在两个方向上都实现了突破,一个是景区创建成功,成功开发了漂流、山民文化街等休闲产业项目;另一个是实现了民宿的集聚发展,全村已经有了42家民宿,并且实现了传统农家乐的升级,以中高端民宿为主,吸引了更多的年轻人返乡创业,使更多的村民参与到乡村旅游产业发展中来,从乡村产业发展中获益,实现了产业富民。景区经营以村集体开发为主,民宿以家庭投资经营为主,景溪村乡村旅游实现了集体经济与家庭经济的相得益彰。不管是集体经济,还是家庭经济,都是小项目的开发,在乡村旅游中,这种小项目的开发运营是有效的,小项目是乡村旅游的主要载体,这种小项目的集聚式发展,是景溪村乡村旅游产业开发的主要经验。通过调动各类市场主体的积极性,实现了小项目的集聚式发展,这种小项目的集聚又会在另一个层面与政府主导的大项目开发相匹配,从而实现县域全域旅游的蓬勃发展。这实际上是县域全域旅游的三个层次,第一个层次是家庭经营的民宿,第二个层次是村集体主导的旅游产业,第三个层次是政府通过招商引资由专业公司开发的大项目,主要是AAAA级以上的景区,以及一些大型的文旅项目。

三、那厢民宿:老板返乡创业的故事

(一)老板返乡创业

那厢民宿占地13亩左右,属于景溪村阴山下自然村,原来是河边的沙坡地,到处都是荒地和石头,有村民在上面种了一些竹子。阴山下自然村的村民要求搞美丽乡村建设,黄大伟书记说,只要你们把这块沙坡地整出来,我们就搞美丽乡村建设。通过美丽乡村建设,阴山下的环境得到了改善,村里把那块沙坡地整理出来,刚开始准备搞一个房车营地,后来几个老板将该地块租过去,就有了那厢民宿,每年给村里交10多万元的租金，20年后归还给村里。

那厢民宿共有3位老板，累计投资了1000多万元。大股东竺叶是景溪村人，和她的老公经营房地产和酒店生意。那厢民宿一开始是本村另一位老板投资，后来退出了，竺叶被引进来。据竺叶讲，她和老公在安吉县报福镇有不少投资，在景溪村投资，也算有了自己的一个落脚点，自己的客人也多，再加上村里的邀请，就回来村里投资了。竺总的家乡观念很强，她返乡投资也是家乡情怀使然。

那厢投资人一开始的想法是用旧集装箱造酒店，后来请上海的设计师定制的集装箱，集装箱有特色，但也不好看，有点硬，与环境的融入度不够，幸好有几棵老树，总体上还比较和谐。在建造的过程中发现和原来想象的完全不同，比建房子还难，光建设都搞了一年半的时间，投资也从原来预算的600万元增加到了1000万元。光集装箱就花了200多万元，还有装修投入，集装箱房间的维护成本高，有热胀冷缩问题。2019年8月份的台风，酒店就损失10多万元。房间装修和环境改造至少500万元，随着投资的增加，投资商也只能硬着头皮搞下去。

那厢民宿

竺总对酒店外部环境要求较高，酒店的占地面积14亩，体量较大，主题打造花园民宿。但她感觉还是有点生硬，还在逐步完善，逐步做出更多的亮点和特色。竺总每次去杭州的花木市场都要购买一些花草，让那厢民宿四季有花。

那厢民宿的另一位投资人是做商务酒店的，对房间的要求很高。那厢的整体风格很简洁，在管家看来，那厢更多是一个主题酒店，经典的民宿概念是农民利用自己家的住房为游客提供住宿服务。在电商平台上，客人对那厢的评分较高，最满意的还是环境，那厢背山面水，有游泳池，半封闭的环境。

那厢民宿共有24间客房。民宿的房价一般七八百元每天，最低488元，最高1588元。用餐实行配餐，有餐标，100或120元/人。刚开始一年的营业额有190万元，后来每年的营业额都在二三百万元以上。那厢民宿每年都要发放40多万元的工资，解决了不少村民的就业。

在管家看来，那厢还不是真正的民宿，只能说是集装箱主题酒店，按照民宿的定义，民宿老板和经营者应该是同一个人。那厢周边的民宿慢慢往上走，进步很明显，民宿眼界上需要再开阔一些，与客人的沟通是最好的服务。

那厢民宿的投资较大，超出一般农户的投资，房间的装修，客房的价格，包括餐饮价格，都远远超过了农家乐。那厢民宿就是农家乐升级的产物，但也不是严格意义上的民宿，就是集装箱主题酒店，我们对农家乐升级和民宿发展不能理想化，我们在景溪村看到的是农家乐升级的实践。

最重要的是，那厢的升级是由工商资本主导的，而不是由家庭资本主导的。那么，工商资本缘何下乡发展民宿，进而推动农家乐升级，工商资本下乡推动农家乐升级的机制与农户进行农家乐升级的机制有何不同，这需要从投资者的角度给予揭示。

较之于石岭村，景溪村的农家乐整体上都是中高端的，可以说是农家乐升级的结果。景溪村为什么中高端农家乐多，因为景溪村民宿产业一开始站在了农家乐升级的起点上。除了农户自己的升级，还引进外部工商资本和专业力量，这就塑造了景溪村的中高端农家乐集中村定位。景溪村除了那厢民宿，还有2015年营业的田水遥民宿部落，就是景溪村和杭州布雷克品牌策划设计有限公司合作的项目，并以此带动了枫林山自然村农家乐的升级发展。

近年来，乡村旅游中出现了民宿热，一些工商资本以情怀的名义下乡投资民宿，情怀是好的，但成功落地并不容易。资本下乡仅有情怀是不够的，要对民宿发展有清醒的认识。从这一点来看，工商资本经营的效果还不如家庭经营。据那厢的管家讲，民宿经营的效益总体上不乐观，不只是那厢，整个安吉的民宿效益都不乐观。在他看来，主要有两个原因，一是缺乏休闲娱乐项目，二是淡季时间太长，从10月份到来年3月份都是淡季。旺季一房难求,淡季冷冷清清。安吉所有民宿都面临着淡旺季的困境,尤其是工商资本投资的民宿,受淡旺季的影响更大。

(二)人才下乡

那厢民宿2018年6月开始营业,一开始是从竺总家的星级酒店里带来的专业管理团队,大概有六七个人。管理了两个月后,民宿就请了管家和工作人员,管家都是外地人,服务人员都是本村村民。

民宿平时的管理都是交给管家,我们曾多次访谈那厢的管家明铭,但我们2020年5月份去的时候才得知明铭管家已经离职。在竺总看来,明铭原来是做外贸的,人很好,但管理能力有欠缺。虽然离职了,明铭管家五一长假的时候还过来帮忙。明铭管家离职之后,那厢又请了一个新的管家小邓,小邓原来在安徽宏村做过民宿店长,有一定的专业度。但到了2020年8月份,那厢民宿托管给杭州一家运营公司,明管家又回来担任内务主管,小邓离职。

1. 资本下乡带动人才下乡

那厢民宿的管家,明铭,1976年生人,山东经济学院市场营销专业本科毕业,自己做过外贸和餐饮生意,开过包子铺。此前一直在山东工作,没有想过做民宿管家。2019年换工作,向杭州一家大型民宿投简历,因为没有从业经验,没被录取,但被杭州那家民宿推荐给了那厢的老板,2019年3月应聘为管家。

资本下乡必然带来人才下乡,工商资本投资了那厢民宿,就需要专业人才来运营。那厢民宿的管家虽然缺乏民宿的从业经验,但他是市场营销专业本科毕业,并且有服务行业的创业经历。最有意思的是,明铭是山东人,一个浙江山区村庄的民宿,竟然吸引来了山东的人才,这就是人才下乡。景溪村凭什么吸引人才下乡呢?就是凭产业,专业人才是跟着资本和产业走的。当然,资本下乡和产业兴旺吸引的不一定是本村村民,而是全国的人才,尤其是城市人才,这类人才可以称之为新村民。本村的村民反而会继续外出务工经商。乡村产业对人才的吸引力,并不是要改变农村人口的流向,农民还会继续流向城市,而城市里的人才则会流向乡村,这就把过去的单向流动改为双向流动,促进了城乡融合发展。人才下乡与人口外流并不是矛盾的,并且形成了一种对冲,这必然会遏制住乡村的衰败。

在那厢民宿这一案例中,通过资本下乡和产业发展,我们看到了人才下乡，看到了人才在城乡之间的双向流动，资本下乡带着人才下乡。这种人才下乡不是政府主导的，而是市场主导的，乡村吸引的是全国人才市场上的人才，同时市场实现了人力资源的优化配置。

那厢民宿管家这个案例很有代表性，农家乐和民宿的发展，吸引了相当一部分年轻人，比如报福镇的简爱民宿、汀溪山居等民宿，比如松阳一些民宿，都是在城市里打拼过的年轻人在经营。这是人才下乡的一篇大文章，通过人力资源配置，促进了乡村振兴。让我们对人才下乡的理解不再局限于政府主导，引入了市场化机制，市场机制是人才振兴的核心机制，也是最有效的。行政配置资源是将人才作为公共品，容易导致资源配置的低效。

2. 民宿管家与民宿专业化经营

据明铭管家讲，民宿管家比单独做餐饮简单，这个工作门槛低，没有什么要求，但是赖汉子也做不了，做得好的也不多。管家统筹民宿的日常管理和运营，管全面工作，包括民宿的日常维护、工作调度安排、订房、客人联系、敲定菜单等工作。

民宿管家实际上是民宿的专业管理者，受民宿所有者的委托，负责民宿的日常运营，不同于家庭经营。民宿的投资者与经营者是分离的，投资者并不从事日常经营。

农家乐是家庭经营，投资者同时也是劳动者，并且会付出辛苦的劳动，只有通过辛勤的劳动来获得收益。民宿投资者获得的是资本收益，农家乐的投资者获得的更多是劳动收益，也可以说是高工资，同时也有投资收益和资产收益，但劳动收益是主要的，农家乐的家庭经营是非常辛苦的，这种辛苦劳动是高收入的主要来源。农民只需要投资住房，并不需要租赁土地，这对农民来讲是有利的。

也就是说，农家乐的收入来源较为复杂，包括投资收益、资产收益和劳动收益，这些收益都由农家乐业主获得，农家乐业主获得的是一种综合收入。这对农家乐业主的激励非常大，会激励农家乐业主辛勤劳动，并且不断升级，这种激励相容也是农家乐升级的动力所在。

民宿的收益同样分为投资收益、资产收益和劳动收益，收益分配却更加多元，投资者主要获得资本收益，资产收益则要作为资金交给村集体，劳动收益则分配给雇佣劳动者，包括管家和服务员。由此看来，工商资本投资民宿，主要获得的是资本收益，这就对民宿的盈利要求更高，必须要获得足够多的收入才能保证盈利。民宿的价格就会更高,必然会促进消费升级,并且对旅游市场更敏感,对淡旺季更敏感。

民宿的好处是什么呢?能够满足一部分游客的高消费需求,促进农家乐升级,但这与农家乐的经营方式并不相同,并不是所有的农家乐都会升级为这种高端民宿。农家乐升级的典范是什么呢?应该是中档农家乐,为什么会是中档农家乐,这与收益分配和激励相关。这是从经济组织的角度来讲的,工商资本投资的民宿和农民投资的农家乐,这是两种类型的经济组织。

3. 一个非典型管家

那厢2018年开始营业,现在的管家明铭是2019年来的。在明铭之前,还曾有两位管家,第一位管家是女士,在那厢做了4个月,后来又换了一位来自东北的管家。管家之所以换得快,主要是因为山里很寂寞,尤其是淡季的时候,几乎没有客人,很闷,很无聊,年轻人可能适应不了。村里不送外卖和快递,镇区也很小,没有什么娱乐项目。

由于明铭此前做过餐饮,在那厢做管家还算顺利。当然,餐饮比较单一,民宿是整体运营,比餐饮更全面。明铭很满意这里的工作,经常在朋友圈发一些民宿的照片,并写一些文字,连村里的黄大伟书记都认为他很有文采。朋友们觉得他捡了个大便宜,这里环境好,工作看上去很悠闲,很有情调。

据明铭管家讲,刚来的时候感觉那厢民宿很惊艳,后来也没有觉得有什么特别的,就是一份工作。就是淡季的时候有点无聊,调整好心态很重要,心态好了,民宿管家就是一份好工作,要想呆下来就要耐得住寂寞。七八月份是旺季,从早忙到晚,一天工作17个小时,很累。从9月份开始就进入淡季,客人就少了,民宿也就不忙了,用管家的话来讲就是,客人一走,整个世界就安静了。

不忙的时候,明铭管家就在房间里打游戏,看看虫子看看鸟赏赏花,感觉挺好。那厢民宿的8名员工,最年轻的39岁,除了管家,都是本地村民。明铭没有人交流,只是自己和自己交流,自己看电影。可见,对于一个外地人来讲,在民宿里做事内心要安静,要能够欣赏大自然的美。那厢的周边环境非常美,人与自然也非常和谐。2019年12月5日那天,那厢民宿的一个房间飞进来一只猫头鹰,在墙上撞晕了,民宿的服务员阿姨把它抓了起来。正好有几个来考察生态文明的专家,知道它的学名。明铭管家就给镇政府打了电话,一名副镇长带着林业部门的人来看,发现猫头鹰睡着了,踢了它一脚就飞走了。明铭管家在讲述这件事的时候非常开心,这就是他在民宿的日常生活,最有趣的就是人与自然的故事。

夏天的时候这里虫子比较多,下午客房要及时关上门,否则会有虫子进来。7月份的一天,有几个家长带孩子来玩,几个小朋友的房间门晚关了10来分钟,就有一只大蜈蚣爬进了房间,小朋友围起来一阵乱踩,有惊无险。

除了这些鸟和虫子,那厢民宿每个季节都有各种各样的花,明铭管家会拍一些花花草草的图片,配上一些文字在朋友圈发布,同时也是自己在当下的一些感受和乡村体验。还有民宿前的那条河流,经常会有游客去河里玩水。当然也有游客在河里抓鱼,而村里为了保护生态,则是禁止抓鱼的。有一次,一个上海客人在河里钓鱼,村干部过来说不能钓鱼,上海客人则坚持可以钓鱼,村里制作的标志牌上只是禁止网鱼、炸鱼,没有写不能钓鱼。后来派出所民警也来了,向客人说明了情况。此后,村里重新制做了标志牌,明确提示不能钓鱼。

明铭管家说,景溪村非常重视环保,旺季的时候,每天都有志愿者在河边巡逻,发现有钓鱼、捕鱼的,一律制止并没收渔具,情节严重的予以罚款。村民对环保的认识也很高,认识到环境保护有好处,有利于身体健康,也有利于经济发展,绿水青山就是金山银山的理念已经深入到老百姓的心里。过去的拉丝厂也都关闭了,拉丝厂主要用来加工毛竹,把毛竹剖开,然后拉丝,需要用化学药水浸泡并漂白,产生废水污染。明铭管家从一个外来人的角度,讲述了景溪村的生态文明与绿色发展。

明铭从山东来到浙江农村,在一个乡村民宿里做管家,他喜欢民宿的环境,能够从自然环境中得到乐趣,也能够静下心来与自然相处,这是非常难得的,一般的年轻人很难做到。从山东来浙江之后,除了刚开始在杭州待过3天,他再也没去过任何一个城市。他一个月休息4天,全都攒着,城市的繁华喧嚣对他没有吸引力,连县城都没有去过。

明铭管家与周边村民相处很融洽,他自认为自己是一个好人,不喜欢给别人添麻烦,没有敌人和仇人。天气好的时候,村民喜欢来民宿这边走上一圈,见了面明铭都会打个招呼,慢慢就都认识了。旺季民宿房间紧张的时候,明铭会把给客人推荐给周边的农家乐,有时候找农家乐老板开开发票,还会互通有无,民宿有时候借农家乐的木炭,农家乐有时候借民宿的烧烤架子。

在我们调研的时候，明铭管家的朋友从山东过来看他，还找了几个农家乐的老板来陪酒。由此可见，明铭管家虽然喜欢大自然与独处，但他与周边的村民相处得也很好，融入度较高。他对周边的环境也很满意，不只是自然环境好，民风也好，治安好。作为一个外来人，他在这里工作得很舒服。人才下乡，一定要能够融入当地的环境，这样才能够在乡村振兴中发挥作用。

（三）民宿员工管理的半标准化

那厢民宿共8名工作人员，餐饮部2个人，保卫部2个人，客房部2个人，前台2个人。餐饮部的两个人，一个50岁，一个61岁，都是当地村民，能做农家菜，要是客人的餐标高了，民宿会从酒店请带班厨师。保卫部2个人，是夫妇俩，一个66岁，一个62岁，主要负责看门、换灯泡、修剪花草，以及打扫室外卫生，室外卫生主要是扫树叶，工作量也很大，有时候一天需要扫3遍，从上午11点干到下午4点。客房部也是2个人，一个50岁，一个60岁，主要负责客房卫生，忙的时候他们也会到厨房帮忙。前台有2人，一个是1976年出生的明铭管家，另一个是40岁的本村村民，主要负责客人登记和前台的卫生，明铭管家是常住的，除了客人登记，还统管全面，另一位前台在淡季则上一天休一天。

民宿的投资者和劳动者是分离的，与农家乐不同，农家乐只需要少量的雇佣员工，民宿的经营则完全依赖雇佣员工，包括专业管理人才和服务员。民宿的管家和厨师需要专业人才，从外面招聘，而服务员则大多是本村和邻村的村民，这样就解决了当地农民的就业。一个民宿就解决了当地7个村民的就业，可见，民宿能够解决更多的就业，当然，雇佣员工所获得的主要是劳动收益。

民宿管家的待遇刚开始定的是4000元/月，2019年5月份涨了工资，大概6000多元/月，明铭对这个工资很满意。其他员工的工资大概一个月3000多元，这个工资水平在当地还算可以，旺季也就是3个月，淡季客人很少，工作很舒服，还可以照顾家里。淡季上班时间为上午8点至下午5点。没有客人也要来上班，民宿也要开门，每个月都发工资，都要过来守着。淡旺季太明显，年轻人根本待不住，所以民宿员工以中老年人为主。这也是企业化运营与家庭经营不同的地方，家庭经营在淡季的时候，就可以去干其他的事情，可以出去务工，从而合理分配劳动力，规避淡季。但工商资本投资的民宿不同，就是淡季也要开门，工人的工资也要照发，这就增加了经营成本，淡旺季对工商资本的影响更大。

明铭管家认为景溪村的民风好，员工工作认真，不用过多的管理，作为管家，他选择了无为而治的管理方式，实行亲情化管理。他尊重并体谅这些村民员工，注意调动员工的积极性，变要我干为我要干。因而，管家和员工的关系处理得较为融洽，大家都能相互帮助。2019年11月24日的一天晚上，门卫大爷突发心梗住院，明铭管家及时把老人送到镇上的卫生院。晚上院子里黑漆漆的，要有胆子，更要相互支持。旺季客人多的时候，也有客人生病的，也要送到镇上的卫生院。

由于员工大部分是本村人，竺总的管理就是家庭式的管理，大家处得像一家人，管理人性化。但竺总的要求也是非常高的，环境卫生必须要干净，来不得半点马虎，因为客人的层次较高。同时，在服务上，竺总要求融合礼仪与服务，与客人交流，让客人有家一样的感觉，同时又要有酒店的礼仪。在竺总看来，虽然大部分员工都是本村村民，都不是专业的服务人员，但他们在干中学，经过一段时间的运营，他们也变得越来越专业了。同时，与专业人员相比，这些村民更稳定，虽然管家换了几个，服务人员基本上没有变化。并且这些村民并不是拿多少钱就干多少活，他们的责任心更强。那厢的门卫姚建明大爷，原来在外面给人看工地，经竺总多次做工作才来民宿负责安保，老伴在那厢做卫生。姚建明同时还是枫林山村民组的组长，非常有公益心，他除了做好安保的本职工作，还会帮助客人生火做烧烤，他还利用空闲时间把民宿的一块空地开荒种菜，种的菜给民宿员工自己吃。他可以说是一个万能的保卫。

那厢民宿平时的运营就由管家带着员工维系，老板一般不会来，旺季忙的时候会过来看一下。刚开始的时候，管家还要给老板们写工作汇报，现在都不写了，老板也不管那么细了，只要一个整体结果。平时就通过微信交流，那厢民宿有两个微信群，一个群里只有3位老板和管家，另一个群里包括所有员工。一开始有员工老把工作状态发到群里，管家认为那样不好，也不利于团队的团结，后来就不再随时随地发工作状态了。平时群里也死气沉沉的，只有老板发红包的时候才有人气。

总之，相比较于农家乐的家庭经营，那厢的经营还是比较正规的，是按照企业化的管理方式来运营的，管理比较规范，有一定的制度，而农家乐经营的主观性则比较强。当然，受淡旺季和员工来源的影响，那厢民宿的经营也不是完全按照企业化标准来进行的，明铭管家在管理服务团队的时候,就采取了人性化的管理方式,主要靠员工的积极性在运营,并没有刻意强调制度的作用,这实际上也照顾到了员工就是村民的现状。从这一点来看,在经营上,那厢民宿充其量是一种半标准化的企业化运营,兼顾了家庭经营与专业经营两个方面的特点。

(四)民宿经营

1. 客房消费高端化

那厢民宿共有24个房间,包括标准间、家庭房、大床房等。客房的淡季价格为588至688元,周末加200元。客房的旺季价格为788至888元,周末为1000多元。那厢的客人以亲子游为主,以30—35岁的客人为主,他们往往带着老人和小孩组团来旅游,消费能力强,对价格不敏感。那厢的客人整体上以散客为主,以自驾游为主。客人主要通过网络订房,也有回头客和客人介绍,在明铭管家看来,线上平台太多,价格比较乱,网上营销需要改进。

民宿的淡旺季明显,一年中有4个月客人较多,七八月份是旺季,再就是黄金周和小长假。每年三四月份的时候开始有客人,那时候新茶刚上市,老板多一些,也有一些公务人员,客人比较少,都是零星的,一般就是两三个人。七八月份的时候,旅游进入旺季,小朋友也都放假了,以家庭亲子游为主,有老人有小孩,四五家人自己组团,住两三天的居多,第一天到民宿,第二天出去玩漂流,周边的景点转一转,大多数游客第三天就返程了。进入9月份,民宿员工还没有从旺季的劳累中恢复过来,还是会有一些客人来玩漂流,"十一"期间也是一个小旺季,但10月份以后,散客就很少了,基本上以公司团建、年会为主。在我们调研的前几天,就有一家上海的公司来开年会,订了十几个房间。年底的年会多,尤其是11月份居多。

2. 餐饮服务的特色化

民宿的菜品以当地土菜为主,客人也喜欢吃农家菜,也不讲究摆盘。自己的厨师做的农家菜就很好吃,完全能够胜任,如果客人有更高的需求,民宿就找代班厨师,也就是流动厨师,有厨师专门做这个生意,工作灵活,机会多,收入高。

也有一些客人提出要喝英式下午茶,要点精致的小点心,在明铭管家看来，乡村民宿的消费本来就是以土味为主，你要是需要有品位的消费，可以到城市里去啊。可见，虽然民宿的装修是高端的，是艺术化的，是有品位的，但民宿的服务还是跟不上，因为民宿的服务员包括厨师在内都是当地的村民，只有一个管家是城市的专业人才。这样一个服务团队与农家乐相比，并没有实质性的不同，也无法提供专业化的服务。民宿的服务，主要是菜品，只能是以农家菜为主，不可能提供高大上的城市化的餐饮服务。

明铭管家还讲了一个案例，一个公司在那厢民宿举办一个红酒会，共有24人参加。红酒当然要配西餐，主办方要求提供30份牛排，民宿根本做不了，没有人会煎牛排，也没有专业的锅。一份牛排做好要3分钟，一个个地煎，30份就需要一个半小时，根本没有办法提供。幸亏主办方有一个人会煎牛排，才勉强应付过去。由此可见，乡村民宿看起来很高大上，但服务的确是一个短板，缺乏这样的专业人才。明铭他们自己也学做了一些小糕点，有时候也可以应付一下，民宿连专业的厨师都养不住，更不可能有专业的茶点师了。

这样来看，工商资本投资的民宿也很难实现完全的专业化，硬件装修艺术化，软件服务乡土化，这是民宿的一个特征。民宿的服务定位还是要突出乡土性，虽然民宿装修很有特色，非常艺术化，但是，民宿的骨子里还是乡土的，服务团队以农民为主，提供的服务也是带有乡土味的，尤其是餐饮服务，就是土味的农家菜为主。把农家菜做出特色，同时又要满足客人的需求，可以通过聘请专业人才的方式来实现，从而弥补乡村民宿的短板。

3. 游客来源的区域化

那厢民宿的客人以江浙沪地区为主，老板、自由职业者、教师等职业的客人较多。客人多网上订房，携程网和美团都有，房价包含15%的佣金。也有直接打电话的，大概占20%，可以谈价钱。老客户会推荐，积累客源。客人自愿发朋友圈，朋友圈宣传，在周边农家乐住的客人也会来那厢拍照发朋友圈。

民宿的回头客并不多，管家并没有提到回头客现象，因为他们的客源主要来自网络，而不是来自回头客。网络营销与回头客营销，这是两种经营方式，家庭经营容易做回头客，而专业经营通过互联网吸引客人，是另外一种方式。

民宿的客人主要来自江浙沪地区，与农家乐的客源并没有什么差别，虽然民宿的消费高，档次高，专业化运营，但是，这些因素并没有让民宿吸引到更远更多的客人。虽然民宿的客源主要来自互联网，但客源并没有变，互联网并没有帮助民宿吸引到更远区域的客人，这是一个有意思的现象，这一点不同于工业品。工业品可以通过互联网获得更多更远的市场，甚至是全球市场。但对民宿和农家乐而言，互联网并没有吸引更多其他区域的客人。农家乐和民宿的消费具有地域性，互联网和专业经营并没有改变这一地域性。

这就是乡村旅游市场的特殊性，乡村旅游市场不同于其他旅游市场，乡村旅游市场具有地域性，这种地域性很难改变，乡村旅游市场的竞争也具有区域性。民宿只是满足了区域旅游市场升级的需求。这个市场并不会因为互联网而无限扩大，并不能吸引到外地及外国的游客。安吉的乡村旅游市场主要是上海和苏南，再扩大一点就是长三角市场，并没有吸引到更远距离的客源。城乡距离并没有变，乡村旅游市场是在特定城乡距离之下发展起来的。农家乐和民宿都要明白这一点。

乡村旅游市场具有地域性，受城乡关系和城乡距离的制约，从这一点来看，乡村旅游市场受经济的影响反而更小，而其他旅游市场受经济的影响更大。当经济形势不好的时候，人们削减外出旅游，尤其是远距离的旅游，包括出国游，而乡村旅游市场的远距客源并不多，客源以近距和中距为主，当城里的消费者减少远距旅游的时候，反而会增加近距和中距的旅游，乡村旅游市场反而会更好。乡村旅游的稳定性高，受经济形势的影响较小。因而，乡村旅游市场的空间很大，具有稳定性。

4. 消费升级

那厢民宿的家庭游客人占60%以上，一般是两三个家庭组团，4个家庭的也有。家庭房在美团网上卖得非常好，家庭游多，带小孩的都会出去玩，对室内要求不高。

传统农家乐的客人以老年团体游为主，现在，家庭组团游的客人增多，这是游客的变化。家庭游与老年游对旅游服务的要求不同，消费能力不同，组织方式也不同。家庭游的消费能力更高，要求也更高，这必然会促进消费升级，也会给乡村旅游市场带来更大的收益。

乡村旅游的客人从老年团转向了家庭亲子团，正是游客群体的转型，促进了乡村旅游市场的消费升级，这是农家乐升级的根本动力，没有消费升级，农家乐升级是不可持续的。

　　安吉农家乐的发展主要是老年团刺激的，没有老年团，就不可能有安吉农家乐的发展，老年团培育的乡村旅游市场，现在正在转型，从老年游市场向家庭亲子游市场转型，这是两个最为稳妥的消费人群。正是乡村旅游市场的这一转型，促进了农家乐的升级。当然，二者并不是替代的关系，而是共存的关系，为乡村旅游从业者提供了更多的收益。

　　正是乡村旅游市场的这一转型，带来了一系列的变化。比如，老年团的出行方式主要靠大巴，甚至要靠旅行社来组织，农家乐要对接好老年消费者，甚至要通过在报纸上打广告，熟客更重要，老年人的时间多，住的时间也长，但消费较低。

　　亲子游的出行方式主要是自驾游，并且一般通过互联网来订房，不需要旅行社，但也通过网络平台，需要经营者进行网络营销，亲子游对农家乐的配套设施有需求，比如漂流，比如游泳池，比如烧烤，这些配套是为亲子游提供的。70%的游客都是自驾游，自驾游多是家庭组团游，自驾游会绕过旅行社，实现游客与乡村的无缝隙对接。同时，自驾游也意味着消费的升级。家庭亲子游一般选择自驾游，老年团还是会选择大巴。

　　今后的乡村旅游，自驾游将成为主流。自驾游的条件现在具备了，一是经过基础设施建设，农村的交通条件大大改善了，这是多年来政府进行美丽乡村建设的成果；二是私家车开始普及，城里人普遍选择私家车作为代步工具，这样，城里人的活动半径大大增大，私家车的普及为家庭自驾游创造了条件。这样一来，我们就把消费升级这个问题说清楚了，消费升级是农家乐升级的动力所在，但这并不意味着城市游客的消费分层，只是城市游客的消费分化，分化为老年团队游与家庭亲子游。

四、农家乐升级

　　农家乐升级已经成为景溪村农家乐的一种常态，景溪村的农家乐基本上都已升级为中高端民宿，以中端产品为主。年轻人返乡创业开民宿，基本上都是中端以上的，除了俞宅、蕉下、那厢等民宿，还有御庭山庄、和畅、君玥居等民宿。那么，农家乐升级的动力何在，其路径具有什么特点，农家乐升级能否带来经营制度的升级，这些问题都需要进一步的分析。

（一）农家乐升级的双重动力

报福镇是安吉民宿发展起步较早的乡镇之一，从农家乐到民宿，经历了20多年的演变。当然也是政府培育的结果，与政府的鼓励、规范和提升有关，这也是制度变迁的动力，可以说是诱致性制度变迁与强制性制度变迁相结合，共同促进了农家乐的升级。

城市游客的消费升级，对高品质消费的需求增大。大型农家乐的价格低，以量取胜，七八十元每天，还住不满，2019年比2018年同比下浮30%。民宿的价格高，报福镇简爱民宿最贵的房间卖到5288元/天，在旺季七八月份和"十一"期间，民宿的客房爆满。民宿作为后起之秀，占的比例还比较低，还不到10%。

政府导向是控制农家乐的总量，不能突破环境承载量，不能破坏生态环境。政府要求农家乐的宅基地要合法，生活污水要纳管，这就从过去对农家乐的鼓励转向了规范。规范发展并不是要取缔农家乐，而是通过让经营绩效数据说话，引导农家乐业主进行改造提升。年龄大的农家乐业主对农家乐改造有心无力，农家乐改造提升要么由农家乐二代进行，要么由外面进来的工商资本和专业团队进行。在政府的推动倡导之下，农家乐升级已成为一个普遍趋势，第一代农家乐经营者逐步退出。

政府淘汰低端，鼓励高端，在规范农家乐的同时，引进工商资本，发展一批精品民宿。工商资本和专业团队的进入推动了民宿产业的发展，这一点上，安吉已经和德清差不多了。简爱民宿租给专业团队运营，承包费达200万元/年。同时，报福镇还引进了一家裸心谷民宿。有些农家乐经营者把农家乐出租出去，自己在镇上租房子住。在乡镇分管领导看来，任何一个产品都有一个生命周期，农家乐必须要升级，现在农家乐已经升级到了五六百元每间。

（二）农家乐升级的两种路径

今天农家乐的升级发展，不是要不要的问题，而是如何升级发展的问题。产业升级的两个路径，一个是在传统产业内升级，一个是产业转型。农家乐升级也有两个进路，一个是从劳动密集型产业向资本技术密集型产业转型，这是一个升级路径，这相当于放弃了家庭经营；另一个升级路径是家庭经营内部升级，这是一种内生模式，一直在升级，这是农家乐内部的升级。换言之，农家乐升级有两种路径，一种是政府和专家眼里的升级，即高端民宿；一种是农家乐的自我升级，即精品农家乐。

地方政府选择的是第一种升级模式，引进外来资本和人才，将产业升级，村集体选择的也是第一种模式，通过引进来外来资本和人才实现产业升级。而农家乐经营者选择的则是另一种升级模式，在原来的产业内进行升级。

这种产业升级意味着什么？产业升级并不是要驱逐低端产业，而是推动传统产业的自我升级。农家乐实际上一直在升级，只是政府和专家并没有看到农家乐的自我升级。

这两种升级路径，一种是农家乐自我升级，也就是笔者说的适度升级，仍然是劳动密集；另一种升级则是豪华升级，是一种全新升级，即民宿，这个就需要资本投入了，并且需要专业经营。

现在农家乐的升级是有其合理性的，自我升级是可行的，包括向养老产业的转型。民宿是另外一种升级，政府推动的是后一种升级，而我们发现的则是前一种升级，农家乐升级看起来则是投资和装修的硬件升级，实则是经营制度和经营方式的升级。二者的区别则是家庭经营和专业经营的区别，资本经营一定是专业经营。

农家乐是不是都要升级为民宿呢？也不一定。现在大家所担心的农家乐饱和是有道理的，的确是农家乐经营面临的问题。但农家乐是以家庭经营为主，家庭经营则是多元化经营策略，农家乐并不是农民唯一的产业，其收入只是家庭收入的一个组成部分。农民可以一边务工经商，一边开农家乐。农民利用自己家的房子开农家乐，是可以有多元化经营选择的。但一旦投资过大，比如民宿，就对回报有了更高的要求，这就陷入了不断升级的逻辑里面去了。

对地方政府来讲，农家乐升级是供给侧改革，但对农家乐经营者来讲，农家乐升级就是一种利益驱动，这种利益驱动一旦放大，农家乐经营模式就会变化。农家乐是家庭经营，并不追求利益最大化，一旦追求利益最大化，农家乐的经营策略就会发生变化，就要从家庭经营转向专业化的经营。农家乐升级就是利益最大化的经营策略，就要进行更为精准的成本/收益核算。过去的家庭经营是不进行成本/收益核算的，一旦投资过大，就必须进行更为精准的核算。

这样来看，农家乐升级并不是非此即彼，农家乐和民宿之间并不是一种替代关系，在农家乐和民宿之间，农家乐升级有更多的选择。总体上来看，农家乐升级有两种方向，一个是农家乐的自我完善，另一个是升级为高端民宿。农家乐升级是有限度的，或者说是适度的，而民宿则是没有限度的，可以说是一种豪华升级。我们看到了农家乐的两种升级路径。那厢民宿可以说是一种豪华升级。每家农家乐都处在不断升级的过程中，升级是农家乐的内在和外在要求，农家乐升级不是非此即彼，而是呈现出多元化的路径。

报福镇有10个村，每个村都有自己的特色，比如十里景溪、石岭人家等。全镇共有280家民宿。从政府的角度来看，很显然，是鼓励民宿的，用民宿替代农家乐，这好像是大势所趋。但是，具有丰富从业经验的简爱民宿店长认为，民宿并没有那么好。这个问题还要继续深挖，为什么民宿要替代农家乐，民宿能够替代农家乐吗？笔者的判断是很难，最终可能是一个综合，农家乐升级，民宿降级，中间产品才是市场的选择。从景溪村来看，的确是中间产品占主导。从消费者的角度来看，中档农家乐才是最合适的住宿产品。

（三）家庭经营的合理性

农家乐升级为民宿之后，经营模式还会维系原来的家庭经营模式吗？农家乐升级并不是制度升级，不是经济组织的升级，而是硬件的升级，这是农家乐升级的特点。硬件升级意味着什么呢？硬件升级会促进制度升级吗？会改变经营方式，硬件升级会促进经营方式的专业化，硬件升级会引起农家乐的效仿，但在经营制度上却没有变化，并没有升级。从这个意义上来看，农家乐并没有升级，经济组织还是家庭经营为主，产业结构上也没有突破，这实际上也是一种锁定。

农家乐不会变成联合体，农家乐之间的合作仅限于公共品方面，农家乐不可能通过合作变成旅游公司。一个重要的原因是每个家庭经营者，都想成为企业家，而不是雇佣劳动者，这导致家庭经营的规模很难扩大。农家乐之间为什么难以联合，就像淘宝村的业主都想做企业家，而不是雇佣劳动者，这是熟人社会产业集聚区的一个问题，在淘宝村或者农家乐集聚区，产业集聚区和熟人社会是重合的。

农家乐升级目前只是装修的升级，而不是经营制度的升级，农家乐基本上没有升级为公司的，农家乐为什么没有升级为公司呢？农家乐的产权结构复杂，不同于家庭工业，最重要的不是厂房和机器，而是宅基地之上的住宅，宅基地是集体所有制，而非产权私有。但住房又是个人投资建设，这样一种复杂的产权结构阻碍了规模化发展。

农家乐升级的局限性，就是缺乏经营制度上的升级，这是两类经济组织。农家乐升级只是硬件升级。农家乐无法升级为公司，公司只能从外部植入，比如那厢，同时，公司也只能由村集体来创办。那厢就是典型的企业化经营，但那厢是引进的工商资本，并不是在农家乐基础上升级的企业化经营。

农家乐家庭经营的活力，实际上是小农生产的价值，小农在生态振兴中的主体性。小农是新产业的主体，是三产融合的主体，家庭经营的价值不只是一种主张，而是基本事实。在工业化中，家庭是有效的经营主体，在电商、旅游等产业中，家庭经营业也是有效的。农家乐升级要尊重家庭经营的主体性，发挥家庭经营的价值。

第八章
乡村经营　旅游兴村

乡村经营是以村集体为主体，对乡村生态资源进行整体开发，增强集体经济实力，走的是一条乡村产业振兴之路。景溪村一直保留着集体经济，在今天乡村经营中，以股份公司和合作社的形式体现出来，集体经济在生态振兴中迎来了新的机会。在成功创建美丽乡村建设之后，景溪村就进行了乡村经营的探索，以漂流项目为代表。2016年，景溪村开始创建美丽乡村精品示范村，乡村经营进入了快速发展的新时期。目前，景溪村已经形成了"一竹一溪一民宿"的乡村经营产业格局，一竹即竹产业，一溪即围绕景溪河发展的产业，一民宿即民宿产业。这一产业格局是依托景溪村的生态资源形成的，具有相对稳定性，同时，景溪村还在积极探索新产业新业态。

一、乡村经营示范村建设

景溪村自从2008年启动美丽乡村建设以来，就试图对村庄发展进行重新定位，逐步从第一产业和第二产业为主转型为第三产业为主。只是在2016年之前，景溪村的主要任务还是以美丽乡村创建为主，重心在基础设施建设上。2016年之后，景溪村的基础设施建设得到了极大的改善，乡村建设的重点便逐步转移到了乡村经营上，通过乡村经营示范村建设，推动乡村旅游产业业态多元化，实现村强民富。

（一）打造乡村经营品牌

在美丽乡村建设启动之后，景溪村便引入了村庄规划的概念，美丽乡村建设必须要有规划，村里找规划单位做规划。早期主要是环境规划，缺乏产业提升意识，后来环境基础设施做好了，才有了产业规划的意识。通过村庄总体规划、环境规划和产业提升规划，景溪村逐步明确了自身的定位，即以乡村旅游为主导产业走乡村经营之路。

景溪村一张蓝图绘到底，围绕美丽乡村建设和乡村经营，先后做了美丽乡村产业提升规划、AAA景区规划，2019年又完成浙江安吉十里景溪全国康养基地总体规划。景溪乡村康养、山民文化体验、快乐水上运动等已经成为景溪村乡村经营名片。

在村庄规划的过程中，黄大伟书记也接触了大量的规划单位和规划师，有些规划师不了解农村，就是从网上复制下来的图片，根本不切合农村实际。通过村庄规划实践，黄大伟也明白了什么是好的规划，好的村庄规划一定要切合村庄实际，好的规划师会尊重村庄自身的肌理，而不是大拆大建。

景溪村一开始是没有品牌概念的，也正是与规划专家合作的过程中，在外出考察义乌何斯路村的过程中，黄大伟书记有了品牌的概念，开始认识到如果没有品牌，乡村经营很难做大。景溪村与上海交通大学的专家合作打造景溪村的品牌，经过专家考察，发现了村里有五口水井，并且这五口水井在美丽乡村建设已经被梳理出来了，名曰五福井。五福井还有一个美丽的传说，据说过去景溪村所在地荒僻偏远，常年缺水，民众食不果腹，苦不堪言。后来一位灵隐高僧云游至此，也有人说是济公和尚到了这里，见百姓疾苦，即历尽千辛万苦遍访水源，为百姓寻得此处泉眼，泉水甘甜清冽，能驱百病，饮用此水者能五福齐全。后人为了颂其功德，便筑五井一池为五福井。此地由井得名"井溪村"，后更名为"景溪村"。

景溪村作为一个移民村庄，村庄历史并不长，传统文化遗存也比较少，这个五福井的传说实属难得，且寓意美好，"五福"表达了景溪人民群众对美好生活的向往。上海交通大学的专家便建议打造"五福"品牌，景溪村接受了这一策划，注册了"景溪五福"品牌，"景溪五福娃"为IP形象。为了搞好乡村品牌经营，景溪村股份经济合作社下设成立了安吉绿岑文化创意有限公司，目前已经开发了景溪五福饼、五福茶、五福鸭等特色农旅产品，在山民文化街、开竹节，以及"来安吉过大年"活动中受到游客的喜爱。

（二）打造山民文化街

山民文化街的夜经济

全镇民宿农家乐有1万多个床位，景溪村有1000多个床位，晚上没有地方去，尤其是年轻人，没有夜生活，没有办法释放一下压力。山民文化街原来是一个小型的玩水项目，经营不起来，2017年收回，2018年改造后，利用当地建筑材料和竹元素，建设了30多间门面房，设想把山民生活转化为旅游产品。一辈子记忆的小吃、美味散落分布在农户家里，对老百姓来讲是生活，对城里人来讲是乡愁产品。村里把这些民间美味挖掘出来，举办了两届PK赛，有些是文化传承的，有些则是美味的。找出来后，固定摊位，让农户展示他的产品。

山民文化街2018年试营业，效果是非常好的，但乡村经营有难度。生意好，农户就开心，生意不好的话，就会坚持不住。有一次来了一个200人的团，到小吃街，结果小吃街没有吃的。黄书记认为自己的理想是很好的，但现实很残酷，农户的零散经营很难，农户不会为了一个客户坚守，如果客人不稳定的话，经营户会失去信心。

2019年6月，黄书记找到了一个专业的美食经营团队，讲述了自己在乡村开小吃街的梦想，这个团队在安吉做旅游产品，在南京夫子庙做小吃，还做酒的营销。这个团队听了黄书记的梦想后被打动。2019年6月18日，双方签订协议，景溪村将小吃街30间门店中的17间打包承包给该团队，每年租金11万元。小吃街在2019年7月6日重新开业，推出了音乐节活动，一天接待300多桌客人，运营非常棒。团队专业合作，标准规范，将山民生活转化为旅游产品。夏天旅游旺季的时候生意火暴，冬天搞过大年活动，购年货，有腊肉、年糕、糍粑，这些年货统一冠名为五福，解决了淡季人气不旺的问题。2019年是第八届过大年活动，12月份接待了1万多人次的游客，凝聚了人气，成为冬季淡季旅游的新业态。

（三）打造文化旅游活动节庆

作为一个浙北移民村，景溪村的传统文化资源并不丰厚，但景溪村深挖文化资源，结合乡村经营，积极打造了一系列特色鲜明的文化旅游活动，做到了每个月都有活动，四季皆可游。这些文化旅游节庆活动为景溪村带来了人气，促进了美丽经济的发展，同时也提升了景溪村的乡风文明程度和村民的幸福感。

一月、二月，景溪村以乡村年味唱大戏喜迎来此过春节的游客。每年春节，都会有上海、苏州等地的游客来这里的民宿农家乐过年，这些民俗活动为游客们增添了年味。

三月、四月，景溪村迎来了来自全县各单位的人们来此植树，因此有了一片"人才林"。还有一帮来自各地的女神特意来此过一个不一样的三八妇女节日。

五月、六月，山民文化街以音乐节为主题的开业方式吸引了来自各地的游客们，通过五四青春跑展现青春纪念五四运动，共接待游客近2万人次。"5·18"国际博物馆日，景溪村小水电博物馆举办活动，让来此游玩的小朋友们体验水力发电，感受传统文化与美丽乡村的变化。

七月、八月，景溪村举办玩水节。七八月份是景溪村旅游的旺季，除了白天玩水、漂流，夜晚的山民文化街热闹非凡，啤酒狂欢节也举办得热火朝天，每届啤酒节能接待游客5万余人，有效拉动游客的二次消费。

九月、十月，景溪村举办长寿重阳节庆祝活动，秋高气爽，气候宜人，举办重阳节趣味老年活动，以长寿文化康养吸引游客来此度假。景溪村老年人协会还组织全村老年人在文化大礼堂举办庆祝活动，为老年人提供聚餐，倡导敬老养老新风。

十一月、十二月，景溪村举办过大年活动。为了推动景溪村冬季淡季旅游业的发展，通过农业文化旅游相结合，把传统乡土风俗转化为旅游产品进行推广，特举办长寿报福十里景溪幸福过大年系列活动，活动持续一个月，吃八大锅年猪宴，购正宗年货街，看非遗文化大餐，体验小时候味道，带动了旅游淡季乡村经营的发展。

（四）2019年乡村经营示范村建设的成果

2019年，景溪村完成了乡村经营示范村、文旅融合示范村等乡村经营项目，乡村经营一方面巩固了原有的产业项目，同时也有了一些新的拓展，受到了社会各界的广泛关注，群众也从中得到了实惠。乡村经营就是乡村生态资源的经营，主要包括"一竹一溪一民宿"的产业体系。

（1）竹产业。随着毛竹加工业的转型，毛竹价格的下降，村民的毛竹几乎没有了收入，很多农户的毛竹都荒废在了山上。为了激活闲置资源，增加农民收入，景溪村以毛竹入股，成立湖州安吉景溪福林毛竹专业合作社，流转毛竹6000亩，统一管理，统一经营，统一发展林下种植经济。2019年，合作社的毛竹林收入达60万元，村民分红累计43万元。

（2）水产业。景溪村浙北峡谷漂流继续保持稳中有进的发展态势，第七届玩水节顺利举办，景溪村继续打造浙北水上娱乐第一村，游客们与大自然同呼吸，共命运，快乐玩水在景溪。景溪村股份经济合作社下设的安吉景溪坞旅游开发有限公司主要经营景溪峡谷漂流，通过承包经营，村集体收入140万元/年，村民分红98万元/年。景溪村的水经济还包括小水电站2座，2019年收入35万元。

（3）民宿产业。2019年景溪村通过乡村经营创建，新增民宿16家，个体工商资本投入资金6000万元。目前景溪村已经形成下阴山、枫林山、中心村、马腰坦四大区块民宿集聚区。其中，下阴山民宿村落通过外部环境提升和内部环境服务素质提高，13家民宿平均房间价格为580元，形成报福镇民宿村落名片效应。2019年，全村有开业经营民宿农家乐43家，在建民宿10家，共有床位1000张，可同时接待用餐1500余人，民宿产值年2000余万元，村民增收600万元，真正让村民住在家里就可以赚钱。景溪村的民宿形成了以下三个档次。

第一档是客房单价500元以上的民宿，大概占到20%左右。民宿的功能区分合理，房间少，公共空间大，有会议室、烧烤区、咖啡屋等，有的还配有游泳池。这类民宿包括田水谣、景舍、蕉下、水云轩、那厢、栗树湾、俞宅等，这些民宿要么是外部工商资本投资，要么是年轻人返乡创业。

第二档是客房单价380元的客栈,大概占到70%左右。客栈的房间大一点,装修好一点,配有卡拉OK,这类所谓的客栈是农家乐的升级产品,介于传统农家乐和高档民宿之间,属于中间产品,这类中间产品在数量上占多数。最典型的是招羊树,业主对房间进行了提升,采取了竹元素的装修,房间配上了自动窗帘,还在公共空间陈列了自己收集的奇石和自己的绘画作品,展示了主人的情怀和生活品位。

第三档是客房单价200元以下的农家乐,大概占到10%左右。景溪村的农家乐与邻村石岭村不同,走的是中高端路线,传统农家乐最多还有三四家,并且都有改造的意愿,包括野趣农庄、听风等。

总之,景溪村农家乐一直在升级过程中,并且形成了集聚发展的态势。景溪村的农家乐可以分为三类,一类是传统农家乐,一类是客栈,一类是民宿。其中,民宿起到了引领作用,是较为奢华的享受;传统农家乐会被逐步淘汰,主要是受宅基地政策的限制和消费升级的驱动,必须要升级;客栈的需求量最大,消费标准达到,有一定的舒适度,价格适合,是景溪农家乐中的主体类型。所谓客栈是农民自己在农家乐基础上升级的民宿,也是乡村旅游市场的选择。

(4)乡村经营基础设施建设。景溪村境内新报石公路开通,完成了新报石公路两边环境整治,新建AAA厕所一座,村里还对原有标示标牌、导览图、节点环境等提升改造,村庄入口景观标识和公共驿站进一步提升。2019年,景溪村高质量开展百日攻坚环境提升工程,打造安吉县首个"无废村庄",把无废村庄智慧垃圾分类做成旅游环线,目前接待游客近80余批,新增经营模式,带动旅游人次,促进了乡村经营发展。

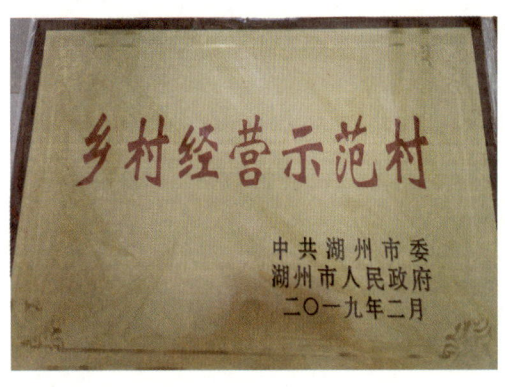

乡村经营示范村

总之,在乡村经营示范村创建带动之下,2019年,景溪村经营产值6000万元,村集体经营收入302万元,比2018年270万元增长10%,村民人均收入4万元,带动就业200余人,以乡村经营的实践探索践行了"两山"理论转化之路。2019年,景溪村以乡村经营示范村建设为平台,先后获得全国森林康养建设试点单位、湖州市乡村经营示范村、湖州市村歌大赛银奖、安吉县科普教育基地等称号。

景溪村的乡村经营模式先后被中新网、新蓝网、浙江在线、浙江卫视、湖州在线等多家媒体报道，中央电视台社火节目对景溪村的过大年活动进行了专题拍摄，并在春节期间播放。景溪乡村旅游和乡村经营得到了广泛传播，进一步擦亮了"十里景溪"乡村旅游品牌。

2019年是景溪村乡村经营快速发展的一年，进行了一些新的探索，进一步打开了乡村经营的空间。景溪村对未来发展还有进一步的设想和规划：首先，引导民宿经营升级，发展精品民宿，打造景溪民宿康养福地；其次，进一步发展林下经济，加快修建林道，创新发展林下旅游；再次，通过村民土地入股，打造景溪地景公园，在2020年发展研学项目；最后，乡村经营离不开乡村人才，乡村人才振兴是乡村振兴的关键，景溪村准备进一步加大后备干部培养，加大与相关高校和科研院所的合作，引进"外脑"，加强设计人才和经营人才培养和引进，加强乡村文创旅游产品开发，提升乡村经营绩效。

在下文中，我们将结合竹产业转型和全域旅游的发展，对景溪村的乡村经营给出进一步的描述和分析。

二、竹林合作社与竹产业转型

毛竹产业转型是景溪村乡村经营的重头戏，也是整个安吉产业转型的重点。安吉是中国第一竹乡，竹产业一直是主导产业。但是，随着产业转型和绿色发展，毛竹加工业逐步退出，传统的毛竹产业模式无法维系。景溪村在毛竹产业发展上较早进行了新的探索，成立了毛竹合作社，大力发展林下经济和林下旅游。毛竹合作社理事长王为年，过去一直从事毛竹产业，毛竹产业衰败后王为年外出上海创业，毛竹合作社成立后，王为年又在村里的邀请下返乡创业，负责毛竹合作社的管理工作。我们以王为年理事长的创业故事为主线，来呈现景溪村毛竹合作社和竹产业转型的历程和经营。

（一）毛竹创业

王为年，1963年生人。老王的父母一共有9个孩子，5个女孩，4个男孩，是个大家庭，家庭条件不好，为了赚钱养家，老王高一没读完就出去打工了。1979年左右，老王到当地的林场打工，1981年到煤矿干了3年，然后回到家里做了1年农活。那时候老王20岁左右，农村太落后，在农村挣不到钱，必须要出去打工，老王又到工厂里干了1年多。

在经历了多次打工之后，毛竹市场逐步放开，老王开始做毛竹生意，开着拖拉机跑运输，往外运当地的毛竹和农副产品，一干就是7年。90年代，老王又在镇上开钟表店，兼营装电风扇，装了几百台电风扇，这次老王做了3年。此后，便一直做毛竹生意，2008年之前，主要将毛竹往外运，运到上海、江苏等地做建筑工地上的脚手架材料，一天能装个四五车，量很大，景溪村及周边石岭村、深溪村一带60%的毛竹都从老王的手上往外运。毛竹生意不好做，有些建筑公司倒闭了，很多货款没有收回。

2010年上海世博会结束后，建筑工地就不再使用毛竹了，用钢管替代了毛竹做脚手架，毛竹的安全系数低，毛竹在建材市场上被淘汰。老王毛竹生意的重心便回到了村里，把农户砍伐好的毛竹收过来，运到拉丝厂，主要是为当地的拉丝厂提供原材料。据老王讲，他做生意靠信用，从不欠钱，亏本也做，对毛竹种植户一视同仁，不上门收货，不拉关系，送来的毛竹都收。老王认为，在本地做生意，赚老百姓的钱，不能坑人，要讲信用。所以，老王收购的毛竹量很大，靠信用做生意，大家都很信任他。毛竹生意主要靠量赚钱，利润很薄，一年能挣20多万元，老王的毛竹生意一直做到2014年。通过做毛竹生意，老王花200多万元造了一栋房子，先是给儿子在上海开了一家汽车美容店，后来又在上海开了一家蛋糕店，做法式甜点。

从老王做毛竹生意的经历来看，当地对毛竹的利用经历了两个阶段：第一个阶段，毛竹用作建材，主要是供应给上海、江苏等地的建筑工地做脚手架，大量的毛竹外运，一部分村民做毛竹销售的生意，从而为当地村民种植的毛竹找到了出路，农民也由此获得了收入，随着毛竹退出城市建筑工地，毛竹的交易市场也就解体了。在毛竹利用的第二个阶段，随着毛竹加工技术的引入，当地的毛竹加工业兴起，这就是从过去的毛竹销售转型为毛竹加工，毛竹加工成竹席出口，但是，随着环保政策的愈加严厉，毛竹加工厂由于环境污染而不得不关闭。

（二）进城经商

2014年开始，随着环保政策的严厉，报福镇和景溪村的拉丝厂大量关闭，毛竹生意做不下去了，老王也开始谋划转型。其实，早在2005年的时候，老王在经营毛竹生意的同时，就开始了多元化经营，为他的儿子在镇上开了一家汽车美容店。当毛竹生意不能再做的时候，也是为了给儿子换个环境，老王选择了去上海创业。老王早些年也想过在村里开农家乐，但没有造新房，开农家乐也挺辛苦，后来就没有想过再开农家乐。

老王有一儿一女，儿子1990年生人，女儿1988年生人，都已成家生子。女儿是大学毕业，在上海有房。2015年，老王带领全家到上海创业，主导者就是老王的女儿，女儿喜欢法式甜点，就开了一家法式甜点店，老王也有投资。他们先是从微商做起，做了6个月的微商，为了可持续发展，就开了一间店面，楼上楼下共200多平方米，开业第一天就做了1万多元的营业额。老王家的店专做法式甜点，定位是高档产品，没有添加剂，讲究原生态，口味纯正，价格很贵，满足了城里人对品质和健康的需求，顾客认同，生意很好。

老王家的甜品店实行公司化运作，雇工有30多人，其中客服就有3人，都是年轻人。微信客户就有2万多人，5部手机用来与客人交流。为了更好地做生意，老王家还在自家甜品店旁边开了一家鲜花店，为客人提供一条龙服务，客人可以同时买到鲜花和蛋糕。蛋糕店和鲜花店的营业额一个月至少80万元，除去人工工资后，一年的纯利润有300万元。老王说，吃的东西都是现金，没有欠钱的，现金流比较好。开蛋糕店能有这个收入，老王说给村里人听的时候，很多人都不相信。老王认为自己家的运气好，找到了一个好的生意。

2019年，老王的女儿去了法国，老王回到村里担任毛竹合作社理事长，蛋糕鲜花店交给儿子儿媳管理。在回村之前，老王召开了家庭会议，宣布退出蛋糕鲜花店的经营，并把工资与利润分开，工资与经营能力挂钩，除去工资才是利润，利润按投资分红。老王的儿子是高中毕业，通过在上海创业，改变了过去不求上进对自己要求不高的不足。换了环境之后，儿子发生了脱胎换骨的变化，把蛋糕鲜花店经营得红红火火，这是老王对自己二次创业最满意的地方。老王的儿媳是当地孝丰镇的，做事很认真，鲜花蛋糕店一开始请人管理，现在是儿媳管理，一年能够多收入100万元，在老王看来还是自己管理靠谱，管理出效益。儿子和儿媳对老王也很尊重，每年的经营绩效和分红方案都向他汇报。老王现在从上海的生意中退出来了，投资也撤出了，全部交给儿子儿媳打理，儿子2018年在县城花400多万元买了房子，准备给小孩读书用。

（三）返乡创业经营竹林合作社

老王还在上海的时候，村里就请他回来负责竹林合作社，老王也推荐了人，但村里还是坚持他回来，2019年，老王从上海回到村里。在老王看来，如果不是村里产业发展的需要，他是不会回来的，家人都在上海，儿子也能独当一面了，他本来可以退休了，在上海玩玩就可以了。老王回来就是为了村里发展做点事情，他认为成立毛竹合作社是对村民有利的事情，也想试试看。另外，老王的儿子在上海的事业也走上正轨了，他也放心了，没有什么负担了，所以才能安心回村再次创业。当然，这一次创业不是自己创业，而是帮助村集体创业。村里之所以请老王回来，也是认为老王这个人为人正直，且有经营毛竹产业的能力和经验，是毛竹合作社理事长的理想人选。

老王认为自己的想法比较多，会想问题也会看形势，总体上算成功的，比一般的老百姓过得好一点，苦力活没怎么干过，总体上是以做生意为主，能干自己的事情。所以，虽然老王的年龄比较大，但由于他拥有丰富的经营经验，在乡村产业振兴中也能够发挥积极作用。

景溪村的竹林合作社的名字为"福林专业合作社"，成立于2018年，2019年开始实质性运营，其管理人员包括理事长、村主任、会计、出纳等人，老王担任理事长，合作社平时由老王负责，挑起了管理的重担。合作社管理规范，对管理人员有奖惩制度，重大事项和账目，书记和村主任都要签字。合作社平时有两个人管护竹林，工资2500元/月，主要是管笋，看有没有被破坏的，有没有被乱砍滥伐的。会计是村里的退休干部，实行实勤工资，半年有3900元。两个村干部都是兼职的，不拿工资。老王的工资是3000元/月，不过，对老王来讲，这点工资不算什么，他也不是为了工资干这个事的，其实，老王担任理事长付出的很多，包括用车都是自己负担。合作社现在还没有盈利，很多时候都是村里垫资运营。

在毛竹生意逐渐冷清的今天，景溪村为什么又重拾毛竹经营呢？如何重振毛竹产业呢？

首先，竹产业出现去工业化，这是竹产业转型的背景。安吉是"两山"理念发源地,美丽乡村建设发源地,生态文明建设走在全国县域前列,2012年获联合国人居环境奖。安吉县是中国竹乡,毛竹加工过去是主导产业,报福镇主要是拉丝厂,加工过程中使用的药水会产生污染。相较于其他地方,安吉县的环保抓得更严,一些竹加工厂要么关闭了,要么迁走了。景溪村过去有三四家加工厂,现在都关停了。报福镇上过去有10多家工厂,现在只剩下了两三家,竹笋加工厂也由于污染被关闭了。随着毛竹加工厂的大量关闭和转移,传统的竹产业眼看着没有办法做了。这就是生态保护对当地经济发展的影响,工厂关闭了,市场没有了,竹产业不得不转型。竹产业转型是在去工业化的背景下展开的,山区发展出现了去工业化,从过去八九十年代的乡村工业化到如今的生态产业化经营,乡村产业发展出现了新趋势。景溪村正是要在这个背景下重振毛竹产业,在保护环境的同时发展生态经济。

其次,毛竹产业振兴的经营主体发生了变化,不能再依靠家庭经营,必须依靠集体经营,成立毛竹合作社。在乡村去工业化的背景下,毛竹逐步失去了市场,一个突出表现就是毛竹价格降低了,过去,安吉这边的毛竹价格高,现在,安徽那边的毛竹价格比安吉还高。毛竹价格降低,农民就不乐意种植了,山上的毛竹林就没有人打理了,甚至出现了荒芜,也就是毛竹山的抛荒。过去,农民精心打理自己的承包山,现在,农民的承包山无人管理了。在这种情况下,成立合作社就非常有必要了,国家也有扶持政策,鼓励成立合作社,推动毛竹种植从家庭经营向集体经营转型。改革开放以来,毛竹种植采取了承包经营的方式,随着毛竹市场的变化,家庭经营的活力释放完毕,毛竹合作社便成为新的经营主体。

(四)竹林合作社的集体经营

竹林合作社2018年启动,第一年流转了山林6000亩,合作社预收,按产量确认,把每家毛竹山的产量记好,也就是说,不是计每家多少亩,而是记每家有多少公斤产量,比如某村民家的毛竹山能产出1万公斤,那就记上1万公斤,这是一种很有意思的计算方法,因为山地很难确定亩数,且有时候亩数并不代表产量。这是和平原耕地不一样的地方,用产出来计量是最合理的。竹林合作社把林道以下的毛竹全砍了,收益也全部付给了农户。为老百姓做事,老百姓的利益一定要保证,否则,很难做下去。

毛竹合作社可以统一销售，绕过中介环节，并有一定的规模效应，因而可以卖到每50公斤22元，这比个体去卖每50公斤要高出2.5元，这就提高了毛竹的效益。同时，毛竹合作社实现了资源的组织化，可以统一雇工管理，统一看护，统一培养，统一砍伐，这就大大降低了人工成本。毛竹种植最大的影响因素就是人工费太贵，家庭种植仅有的利润都被工人赚去了，索性就不砍伐了，毛竹山也就荒了。毛竹合作社较好地解决了这一问题，通过规模经营，提高了销售价格，降低人工成本，实现了毛竹的增值。对毛竹种植户来讲，加入合作社后，仅毛竹销售一项，收益就能够增加10%。更为有利的是，农户自己不用管了，不用操心了，劳动力也就解放出来了，农民就可以外出打工或从事其他创业，获得更多的收入。毛竹种植管理还有安全隐患，统一管理大大减少了风险。所以，通过加入合作社，农民节省了劳动力，还获得了更高的收益，不用承担市场风险，对种植户来讲是有利的，群众的利益得到保障。

景溪村2018年成立了竹林合作社，刚开始运转，加入合作社的还不到全部毛竹的三分之一。据老书记陈云龙讲，合作社的前景怎么样还不知道，还没有显现出明显的效益。不过，老陈认为合作社是应该搞的，他给出了自己的看法：现在景溪村全村砍伐毛竹的不到10个人，都是外地人，主要是安徽人来砍伐毛竹，在老陈看来，砍伐毛竹的工价都是来自大别山区的安徽人抬上去的，一家比一家要得高。成立合作社以后，村里就可以统一砍伐，统一销售，外面的人就无法进入中间环节，投机取巧的就做不了，这样就能把大部分收益都留到农村，从而提高毛竹的收益。老陈还是从毛竹生产的角度来看问题，这仍然是一个传统视角，他认为合作社的价值就是把尽可能多的效益留下来，这就是规模经营的好处，用规模经营替代分散的家庭经营。家庭经营的积极性已经不高了，仅有的一点利润还被人工赚去了，这样就更加打击了家庭经营的积极性。分山到户以后，家庭经营毛竹的积极性是非常高的，家庭经营迸发出了活力，但是，随着市场需求和竹产业的转型，家庭经营的优越性已经释放完毕，亟须通过合作社来实现规模经营，通过规模经营，来实现竹产业的转型和高质量发展。

毛竹合作社实际上解决了毛竹林无人管理的困境，毛竹的产品价格下降，毛竹的效益低了，没有人去山上种植毛竹了，年轻一代的年轻村民更不会去种植毛竹了。现在的经济条件也好了，也没有家长会让自己的孩子去山上干毛竹的活计。总之，毛竹的家庭经营模式已经无法维系了。所以，集体通过成立合作社，把毛竹林流转过来统一经营，弥补了毛竹经营主体的空缺,否则毛竹山就会陷入荒芜。毛竹山荒了之后并不利于生态保护,毛竹必须及时砍伐,如果 10 年不砍,毛竹就要死去,就无法出笋了,生态也就被破坏了。毛竹合作社刚开始运营,目前还没有盈利。不管赚钱与否,毛竹合作社有利于保护生态,保护了绿水青山。当然,毛竹合作社的目的并不只是为了保护绿水青山,还要把绿水青山转化为金山银山。

(五)竹林合作社的新业态

为了把毛竹山转化为金山银山,除了传统的毛竹产品价值,景溪村毛竹合作社进行了两个方面的探索:一是发展林下经济作物,二是发展林下旅游产业。二者都是由合作社进行整体化管理,从分散经营到整体化经营,这是景溪村毛竹产业经营方式的新变化,正是通过这一变化,发展了新业态。这也是山区生态资源开发的有效途径,也是生态资源价值实现的有效途径。用老王的话来讲就是,合作社方便管理,发展前景广。由此看来,成立合作社并不是为了延续传统产业,而是为了发展新产业,为了推动产业转型,这才是竹林合作社的使命。

合作社在种植林下经济作物

一是发展林下经济作物。政府有产业项目扶持,项目周期为 4 年,建设林下生产基地,主要种植杨桐、蘑菇等,建好之后,政府有补助。目前正在建设林道,通过在山上开路,促进林下经济的发展。2020 年春季疫情期间,景溪村购进了 3 万棵杨桐苗并组织村民进行了栽种,共种了 500

余亩。黄大伟书记说：这批杨桐苗是景溪村未来的希望。景溪村于2010年就成立了杨桐树专业合作社，具有加工销售的经验，这次林下经济又增加了杨桐种植，加工后主要出口到日本，日本主要用作祭祀用品。除了杨桐，林下经济还包括菌菇、竹荪等，这些产品可以提供给当地的农家乐和民宿，成为特色美食。景溪村还准备培养500亩竹笋两用山，进一步提高毛竹价值。景溪村的林下经济项目，已经得到了安吉县自然资源规划局的大力支持，列入了省林下经济发展项目，将获得较为充裕的项目资金支持。

二是发展林下旅游。合作社准备开发一些旅游项目和景点，利用山地竹林的自然环境，打造一个大型竹林迷宫，山路本来就非常容易迷路，可以说是天然的迷宫，这个竹林迷宫可以吸引年轻人来玩，也能成为学生的体验馆，让学生体验竹生态文化。景溪村2018年被浙江省林业局评为"森林人家"，准备在山上的平地开发建设康养基地，为上海、江苏等地的老年人提供高端养生服务，老王认为这个很前沿，发展前景比较好，目前也得到了政府支持。林下旅游围绕着竹林做了两篇文章，一篇是吸引年轻人的旅游文章，一篇是吸引老年人的旅游文章。

林下旅游是对绿水青山的保护，也是国家支持的新产业，是竹产业转型的新方向。林下旅游需要基础设施建设，需要进行整体的景观设计和产业开发，这些都是单个的家庭无法完成的，只有合作社才有能力进行整体开发。不管是建设竹林迷宫，还是建设养生基地，首先都要修路，先把林道修上去。目前林道项目已经批下来了，合作社正在修建一条6米宽4.5千米长的公路，既是农业林道，又是景观林道，需要投资400万元，需要村里自己筹资建设。这条公路的坡度只有10度，可以开观光车上去，发展林下旅游，目前已完成了规划设计。

在老王看来，村里成立合作社是好事情，如果没有合作社统一管理，山上的竹林都要荒芜了。现在毛竹不值钱了，也没有劳动力愿意去种植砍伐毛竹了，通过合作社来开发林下旅游，让毛竹在山上就能赚钱，过去卖毛竹赚钱，现在靠卖风景赚钱。这就淘汰了过去的人工，没有人做毛竹活了，传统的劳动方式和产业模式被淘汰。林下旅游就不用砍毛竹了，让毛竹留在山上，山上的毛竹成了风景，这是对毛竹多功能的一个认识和利用。毛竹不仅具有实用功能，还具有景观功能，满足人们对景观、休闲和旅游的需求。过去对毛竹的利用是基于毛竹的物品功能，现在对毛竹的利用是基于毛竹的生态功能，对生态功能的开发既保护了生态环境，又促进了毛竹生态价值的实现。

三是发展体验经济。合作社在生产基地推出了挖笋体验项目,这是2019年初步开发的项目,有不少游客去体验。合作社建设了一个冬笋基地,对游客开放,一个人收费30元,20人以上的团队打八折,收费不高,也就是收个管理费。生意好的时候,每天都有几十个人在挖笋。游客可以去探索笋生长在哪里,如何生长,怎么挖笋,这些都可以成为旅游项目,受到了年轻游客的欢迎。随着城市化的快速发展,越来越多的人对农业生产失去了概念,体验经济就为游客提供了体验农业生产的机会,对年轻人具有教育意义,同时也为合作社带来收入。挖笋体验是合作社刚刚尝试的一个项目,合作社准备对之进行进一步的完善。

总之,竹林合作社对产业转型发展做了整体规划,其经营还刚刚起步,效益还没有显现出来。但可以明确的是,靠传统的竹林生产是赚不到钱了,传统的家庭经营模式也无法维系了。仅靠卖竹子是无法赚到钱了,合作社将产业规划的重点放到了林下经济作物和林下旅游两个方面,通过保护环境,发展旅游项目,进行生态产业化经营,从而实现竹林的生态价值。黄大伟书记认为,林下经济的增长无极限,目前正在积极探索新产业新业态,通过发展三产给老百姓增加信心,增加收益。林下经济是已成为安吉县产业转型的一个主方向,也是景溪村产业发展的一个重点方向。目前,景溪村正在大力打造安吉县的林下经济样板区,进一步打通"两山"转化通道。

三、开竹文化旅游节

(一)"无中生有"开竹节

2017年,上海视觉艺术学院的师生在报福镇调研,提出了"开竹节"的创意。据说在日本有"竹灯祭"的传统,砍竹做竹灯。安吉是中国竹乡,竹产品加工业发达,但却没有关于竹子的节日。设计团队充分挖掘中国竹乡的文化元素,便有了"开竹节"的创意。

从2017年底开始,报福镇政府便和上海视觉艺术学院通过校地合作的方式,策划筹办开竹节,并于2018年9月29日至10月7日成功举办了第一届开竹节。2019年9月底,我们在报福镇调研期间恰逢第二届开竹节开幕,这一届开竹节与70周年国庆结合,场面甚是壮观。我们在现场看到,开竹节主要由四个组成部分,一是竹文创产品展示,二是竹灯夜游,三是新山市,四是文艺汇演。

开竹节就是政府主办的一个山民文化节,举办开竹节的主要目的是发展夜游经济,丰富当地的旅游产业业态,吸引人流以拉动消费。在旅游旺季,每天都有1万多人住在报福镇,白天游山玩水,晚上缺乏游玩项目,发展夜游经济的市场潜力较大。集体经济做市场,政府的文化旅游节也是做市场,年货节也是做市场。在旅游淡季的时候,政府部门做文化旅游节,就是做市场,吸引流量也是为了做市场。

开竹节的夜游经济作为一种新的业态,主要包括竹灯夜游、竹文创产品的展示与销售,以及新山市的美食。竹灯夜游主要围绕统里村的石马湾展开,可以欣赏到各种富有创意的竹灯;竹双创展示厅可以购买到做工精美的竹文创产品;新山市即新时代新鲜山货市场,汇集了全镇各个村庄的小吃,游客们可以享受当地美食。通过这些项目,产生更多的消费。另外,开竹节的门票58元/张,还可以增加集体收入。

这个开竹节的夜游经济颇有创意,白天玩水,晚上夜游,填补了夜间旅游的空白。安吉的旅游资源除了景区、漂流,就是一些旅游产品,要通过开竹节这样的主题活动提供更为丰富的业态。从这一点来看,开竹节和夜游经济体现了竹业旅游的新思维,是乡村旅游的一个创新。开竹节把时间放在秋季举办,意在解决旅游淡季人气不足的难题,也是对淡季旅游项目的一个探索。往大的方面来讲,开竹节也是山水生态资源实现机制的一个创新,报福镇创新乡村旅游的勇气值得肯定。

(二)竹双创与竹产业转型

竹双创是开竹节的引爆点,竹工艺品和竹灯的设计富有创意,做工精美。一些竹工艺品用到民宿和农家乐的装修上,比如竹灯,形成了竹元素,也就是安吉元素。这些竹文创

开竹节上的竹灯

第八章 乡村经营 旅游兴村

产品的设计生产者都是安吉的竹木艺公司和专业团队,普通农户和手工艺者制作不了,农民参与率很低。

按照基层干部的想法,主要是通过竹双创来实现竹产业的转型。过去,当地农民种植的竹子主要用来加工为竹产品,现在竹产品的市场萎缩,农民种植的竹子不值钱了,竹产业面临转型。报福镇通过引入竹文创团队,开发竹文创产品,实现了竹产业由竹加工向文旅产业的转型,从而实现以竹子为中心的三产融合。

传统的毛竹初加工,主要做拉丝,用来做凉席用,在加工过程中要用到化学药品,产生了污染,受环保影响,竹加工无法维系,已经失去了最好的机会,即使开工也很难挣到钱。在环保政策的影响下,竹产业的转型加速进行。

竹文创产品

在工厂关闭之后,政府在大力推动竹产业的转型,其中,竹文创是一个主要方向。比如在报福镇政府主办的开竹节上,主打的就是竹文创产品,所谓竹文创产品,既有传统的竹工艺品,也有一些全新的文创产品。

157

包括民宿的装修，也使用了大量的竹元素和竹工艺品。但是，竹文创不同于竹加工的地方在于，对人才提出了更高的要求，一般的村民是无法从业的。

景溪村老书记陈云龙就认为，所谓的竹文创是华而不实，不适用，一些竹工艺品也容易炸开，容易长霉，也很容易坏掉，不实用。这当然是从传统的角度来看的，是从实用的角度来看的。但是，竹文创是从艺术的角度来讲的，这是竹产业转型的一个新方向。竹文创是与乡村旅游业高度相关的，竹文创的生命力在于旅游产业，竹文创的发展本身就是乡村旅游产业的重要组成部分。总之，竹产业转型对安吉山区农村的发展影响重大，竹产业的每一次转型，都促进了安吉山区农村经济的发展。

（三）开竹节与镇村联合发展

报福镇在美丽乡村建设的基础上推进乡村经营，村干部和村集体的产业意识强，每个村庄都形成了自己的产业特色和品牌。但乡村经营不只是村集体经营，村集体的经营能力和水平毕竟有限，还需要镇村联合经营。

开竹节就是一个镇村产业协同发展平台，不只是由村庄主办，而是由镇村合作举办，具体承办单位是福缘旅游发展有限公司和村庄 AAA 景区，县文广体旅局和报福镇人民政府主办。实际上，报福镇是举全镇之力举办开竹节，动员了全镇的资源。

当然，开竹节也是全镇乡村旅游产业的一个集中展示，每个村都有自己的摊位，形成了新山市；全镇的民宿得以推广，还形成了新山商会，竹工艺品也得以在各个民宿推广展示；竹双创展厅也展示了各个企业和创业团队的文创产品。

开竹节作为一个乡村旅游产业平台，包含的东西很多，不只是竹子，竹子只是一个媒介和引爆点。开竹节实际上是竹子搭台，产业唱戏。政府整合投入资金打造镇村产业协同发展平台，据说举办一场开竹节至少要投入 500 万元。政府为什么要投巨资打造产业平台呢，是为了推介本镇的美食、民宿、工艺品等旅游产品，展示区域旅游品牌和各个村庄的子品牌，聚集人气，从而推动旅游产业的发展。这就是开竹节作为镇村产业协同发展平台的显性价值。

开竹节所产生的经济社会效益，可能比主办方预想的还要大。作为一个镇村产业联合发展平台，开竹节不仅是创业创新，更是制度创新，制度创新是隐性价值。镇村产业协同发展,突破了以单个村庄为主体的乡村经营模式,有利于实现镇村两级的纵向协同,从而实现以小城镇为主体的乡村区域产业振兴。同时,开竹节也有利于城市要素进入乡村旅游产业,为工商资本和人才下乡提供空间载体,从而实现城乡融合发展和乡村振兴。

开竹节业已成为报福镇的旅游品牌,镇村合作搭台为各类要素和市场主体提供了一个产业协同发展平台,有效提升了区域旅游知名度和区域价值。这是政府该做的事情,是政府在尊重市场规律的前提下进行的积极探索。当然,这个平台也可以由资本提供。通过持续的创建经营,开竹节的品牌影响力就会越来越大,等时机成熟的时候再引进工商资本来运营,这是地方政府的一个策略。政府先做起来培育品牌,等品牌具有商业价值了再招商,这也是地方政府的担当和创新。

(四)开竹精神

竹产业的转型,可以视作安吉产业转型的一个线索,从种植到加工,再到文旅,安吉产业转型就围绕着竹产业转型展开。并且在这种转型中还形成了生态创业精神,即开竹精神。开竹精神是一种生态创业精神,是围绕着生态资源展开的。开竹精神是一种积极向上的奋斗精神,是一种善于转化的创新精神。开竹精神是锐意进取、创新融合的精神。

景溪产业的困境是来自传统竹产业的解体。竹产业解体之后,农民外出打工,村庄成为空心村,乡村就面临着陷入衰败和解体的危机。景溪的转机来自哪里?转机就来自竹子生态价值的再发现,也就是乡村旅游和农家乐。农家乐一开始是自发的,后来成为产业自觉,村集体也在积极探索乡村经营。

景溪村是安吉县的一个缩影,也是浙北乡村的一个缩影,目前已经形成了"一竹一溪一民宿"的产业格局。善于靠山吃山,敢于靠水吃水,这就是景溪村的生态创业中的开竹精神。开竹精神实际上一直蕴含在安吉的竹元素和竹文化之中,是中国竹乡的精神象征,只是这一精神过去并没有提炼出来。开竹节也是重在产业平台的打造,缺乏对开竹精神的提炼和宣传。

开竹节和开竹精神植根于安吉的竹产业和竹文化之中。理解安吉生态振兴,离不开竹产业和竹文化,我们要从竹子精神介入,竹文化才是景溪文化的核心。开竹节并不是最重要的,开竹精神更重要。报福镇举办开竹节,弘扬竹乡文化,并以竹乡文化带动旅游产业的发展,应该说这一探索是非常有价值的。开竹节是报福镇的文化旅游节,具有地方特色,还有进一步提升的空间,还可以进一步丰富其内涵,除了竹双创和美食,还可以加入当地的非遗文化。

开竹精神本身是一个逐步发展的过程,过去是生存之道,后来是创业精神,再后来就是创新精神,也是一种积极进取的市场精神。要理解安吉人,理解安吉乡村旅游和生态振兴,都不能绕开竹子。在中国竹乡安吉,竹子不只是生产和生活资料,不只具有经济价值和生态价值,竹子还具有文化价值,具有文化意义。竹子文化渗透在每一个安吉人的骨子里。

开竹节充分体现了报福人的创新精神,其中,竹文创和夜游经济体现了产业创新,作为镇村产业协同发展平台的开竹节体现了制度创新。在报福人的产业转型中,充分体现了这种创业创新精神。产业创新是主线,制度创新是引领,创业精神是灵魂。

四、全域旅游

安吉县的东北部是平原,主要发展工业,西南部是山区,主要保护绿水青山发展旅游业。报福镇地处安吉西南山区,生态资源丰富,乡村旅游是支柱产业,工业规模小到可以忽略不计。在乡村旅游产业体量上,报福镇和相邻的天荒坪镇是一样的,而天荒坪镇的余村正是"两山"理念的发源地,2005年习近平同志正是在余村调研时提出了"绿水青山就是金山银山"的论断。

(一)全域旅游小镇建设

近年来,报福镇积极打造全域旅游示范区和旅游风情小镇,在四个方面积极推动旅游产业的发展。一是大力引进休闲产业项目;二是积极创建景区,推动村庄景区化,有4个村庄成功创建了AAA景区;三是推动农家乐升级和乡村经营;四是举办乡村文化旅游节。

政府推动乡村旅游产业发展,推动生态资源价值实现和生态产业化经营,不是抽象的,而是非常具体的。报福镇从以上4个方面推动了乡村旅游产业的发展,当然,还包括创建全域旅游示范镇。乡村经营就是乡村生态资源的经营,这是安吉乡村振兴的核心经验,而乡村经营的主体不仅包括村集体，还包括乡镇一级。在乡镇，产业经营就是乡村经营，不能把产业经营从乡村经营中剥离出来。

报福镇成功创建全域旅游示范镇，现有一个 AAAA 景区浙北大峡谷，正在创建大石浪景区，全镇拥有 3 个漂流项目。村庄 A 级景区全覆盖，4 个村庄成功创建 AAA 景区。春天赏花，夏天玩水，秋天开竹节，冬天过大年，四季皆可游。大项目、村庄景区和漂流带来了源源不断的人流，尤其是在七八月份的旺季，导航地图上所有的道路都是红色。全镇一年有 200 万人次的游客，客人主要来自上海、无锡、南京、苏州等长三角地区的城市。

报福镇现有农家乐和民宿 300 多家，其中精品农家乐和民宿 30 多家，共有 2 万多张床位，接待能力较强。以前都是大型农家乐，床位多，石岭村就有 8000 多个床位，利马奇台风发生的时候，该村就有 4800 多名游客转移。石岭村是报福镇农家乐的发源地，毗邻浙北大峡谷景区，全村有 100 多家农家乐，60% 以上的农户都在经营农家乐，几乎所有农户都参与了乡村旅游产业。在报福镇的大小景区，有玩有吃有住的地方，已经形成了一个较为完备的旅游产业服务体系。

报福镇乡村旅游产业年产值 4 亿元，旅游产业税收很少，农家乐免税，藏富于民，对农民来讲有经济效益，对政府来讲，主要是社会效益。当然，对政府来讲，不光是社会效益，还有间接的经济效益，一个地方的农民富裕了，一个产业兴旺了，自然会带动消费和经济增长。

（二）乡村景区建设

报福镇通过项目招商大力发展休闲产业，当前共引进了 35 亿元的项目投资。项目引进坚持选商引资，大项目优先，低于 1 亿元的项目不引进，每个项目至少都是七八个亿的投资规模。这些项目投资主要进行旅游综合开发，建设精品酒店，发展休闲服务业。项目成功以后，将对区域旅游业产生极大的推动作用。大项目可以带来人流，该镇的 AAAA 景区浙北大峡谷一年可以带来 50 万游客，在建的南天目山景区若开发成功，每年至少也能带来 50 万游客。

这是乡镇一级的招商引资，以招大项目为主，开发一些优质的旅游资源，创建大景区，所谓大项目通常就是大景区。当然，村一级也可以招商引资，村里的项目就要小一些。政府通过招大项目来推动当地旅游产业的发展，大项目可以说是政府发展旅游产业的一个抓手。政府有成熟的招商引资和项目建设机制，文旅项目首先要经过县里评估，才能拿地。项目建成以后，政府还要提供配套建设。

浙江的万村景区化建设，是全域旅游的一个基础。村庄景区是开放性的，没有门票。目前，很多村庄都在进行景区建设，这是浙江乡村振兴的一个主要抓手。在美丽乡村建设的基础上进行景区建设，通过景区建设植入新的产业，实现城乡融合发展。景区建设是城乡融合发展的实现途径，村庄景区化就是生态资源价值的实现途径之一。村庄景区化建设也将乡村旅游产业落到了实处。村庄景区化是一项系统设计。在乡镇层面，如何打造全域旅游示范镇，如何打造风情旅游小镇，如何招商引资，如何创建景区，如何推动乡村经营，而在村一级，村集体如何进行乡村经营，如何创建村庄景区，如何招商引资，这些都是乡村经营非常具体的课题。

五、乡村经营的启示

（一）乡村生态资源开发

村干部讲的村庄经营实际上是集体经营，而非家庭经营，集体经营就是搭平台，做好服务，集体的作用就是整合资源，有一定投资和规划，然后再承包给工商资本。这种情况在生态资源和土地资源经营开发中较为常见，这是目前最为常见的经营模式，集体整合土地资源，再承包给工商资本，这种经营就是工商资本+农户，利益联结机制非常清晰，就是市场化的联结。

在这种新型经营体制中，政府和集体对资源集中整理、投资、规划后再统一承包给工商资本来经营，这就是一种常见的乡村开发模式，也可以说是乡村经营模式，或者说乡村建设模式，这个模式在生态资源开发中非常清晰明了。

这种常见的开发模式尤其体现在生态资源、土地资源的开发中，我们第一次听到是在景溪村黄书记那里，后来又在镇领导那里，反复听到了这种开发模式。这种开发模式目前是地方政府主导的，是村集体和工商资本主导的，是一种整体开发，是有价值的。安吉乡村也是这种模式，做好规划和整理，然后引入工商资本，工资资本和专业人才负责专业运营，因为集体并没有运营能力,也缺乏经营人才。

主要是一些景区资源的开发与运营,家庭经营缺乏整体开发与运营能力,家庭经营可以经营农家乐和民宿,主要是吃和住,而景区资源则需要整合资源进行整体开发与运营。家庭经营具有个性化、灵活性,主要是在游玩、娱乐和购物上,这就需要工商资本运营。

(二)乡村资源经营者

政府和村集体提供公共品,村民和企业提供私人产品,这就是乡村旅游的一个最佳模式,也是景溪经验的重点。村集体也并不擅长经营,但村集体可以培育产业业态。这是一种半经营的状态,乡村经营,村集体并不是主体。村集体大量的时间都是提供公共品。农户和企业才是经营主体。但村集体也不能完全不懂经营,村集体也是一个经济实体,合作社也是经济实体,但也并非不经营。村集体和合作社的经营是不完全经营,是半经营,这是村集体的一个新的定位。

政府发挥作用的方式:一是提供公共品,比如美丽乡村建设;二是进行资源整合,探索资源的价值实现机制;三是产业政策。这样的政府总体上是提供公共品,为市场主体创造更多的条件。村集体还要成立合作社和公司,成为市场主体,担当半经营的角色。村集体仍然是经营者,经营的是什么?不是企业,而是产业,是空间、乡村资源,经营的是资源。从企业经营者到资源经营者,有些地方经营的是生态资源,有些地方经营的是文化资源,有些地方经营的则是土地资源。政府和村集体都是资源的经营者,而非企业的直接经营者。乡村经营,经营什么,经营乡村资源,乡村经营的实质是资源经营。

(三)乡村产业孵化与经营

景溪村里的产业项目,成熟一个就承包出去一个。漂流承包出去,一年承包费140万元;小吃街承包出去,一年租金10多万元;那厢民宿,10亩地,老板来投资荒山地、沙滩地,承包20年,每年承包费10多万元。

整合好资源,招商引资,以村为整体的开发模式,把老百姓绑在一起。前期投资建设,结合项目建设,造好窝,再把鸡引进来生蛋。为了孵化项目,村集体成立合作社或公司,进行前期的基础设施建设和经营。

景溪村的乡村经营,主要是经营乡村资源,包括生态资源和土地资源，村集体成立公司或合作社，对乡村资源进行基础设施建设，发动村民筹资，或者吸引来自资本投资或经营。

漂流是村集体成立公司并发动村民筹资，然后承包给工商资本进行经营。小吃街是村集体把景溪边的土地重新进行建设，然后承包给专业公司来经营。那厢是村里提供基础设施配套，把土地承包给工商资本来建设经营。

村集体通过各种方式对资源进行整合，投资进行基础设施建设，使土地资源和生态资源具有经营价值，然后再引进工商资本，再把母鸡引进来生蛋。这是一种乡村资源的经营模式，村集体在里面起到了孵化项目的作用，孵化成功之后就承包出去。

这一做法值得总结，村集体通过各种方法，对乡村资源展开经营，每个项目的具体做法还不同，但共同点都是组织资源、前期投资，这是经营权的变化。村集体在这一过程中起着主导作用，乡村经营能否成功的关键，取决于村集体如何进行资源经营，并处理好利益关系。集体经济的有效实现形式，是乡村振兴的重要课题，这个集体经济是新型集体经济，是市场经济中的集体经济。

在景溪村，正如黄书记所言，这种乡村资源的经营模式已经成熟，可以称之为鸡窝模式，如何打造鸡窝，然后再抱鸡下蛋，这是乡村经营的一个成熟模式。这种模式在新一轮的集体经济与乡村振兴中，具有普适性，只是还没有引起学界和政策部门重视。这是一种新型集体经济的发展模式，即鸡窝模式。鸡窝造好了，才能吸引鸡来下蛋。村集体的作用就是造鸡窝。

景溪村的竹林旅游产业，也是要采用这一模式，目前正处在造窝阶段，在造窝的过程中，除了基础设施建设，最关键的就是在进行资源整合的过程中，处理好与农民的关系，确保农民能够受益，这样才可能把鸡窝造好。农民的利益是需要提前考虑的变量，而不是事后才考虑的变量。这是集体经济发展最关键的一个部分。否则，就无法造好鸡窝，即使造好鸡窝，也会有遗留问题，影响产业的可持续发展。首先处理好利益问题，然后才有集体经济的发展。

第九章

黄大伟的治村之道

景溪村通过美丽乡村建设走上了乡村善治与乡村产业振兴之路,在村书记黄大伟看来,美丽乡村建设的核心经验并不是投钱,而是人心建设,只有人心美才能真正做到环境美和产业美。黄大伟在治村实践中特别重视党建引领,通过党建引领来凝聚人心,并注重产业发展中的利益联结机制,重视农民合作,形成了务实且富有成效的治村之道。

一、党建引领

在乡村治理和乡村经营中,景溪村党建引领主要通过抓两个人群来实现,一是抓党员,二是抓村民代表。黄大伟书记认为:一个村只靠几个村干部是干不好的,必须发动党员和村民进行共建共治。

(一)发挥党员的带头作用

景溪村通过党建抓党员,发挥党员先进性作用。黄大伟书记认为,现在不是战争年代,党建如何做?这是一个挑战。过去党纪抓得不够严,开会的时候,老党员抽烟,年轻党员看手机。从 2015 年开始,景溪村开始了基层党建的新探索。

首先,抓纪律,党员开会的时候,党员的手机一律上交,不准吸烟,不准交头接耳,带着党章认真学习。在每月 25 日的党员主题活动日,以纪律为抓手,改变党员形象。每个党员都穿上红马甲,向群众亮明党员身份。一开始有些老党员不愿意穿,认为是形式主义一阵风,有些年轻党员责任心和担当不够，也不愿意穿。经过一段时间的要求和实践，景溪村党员都穿上红马甲参加党员主题活动，包括一些志愿服务活动和义务劳动，在群众中有了较好的反响，党员同志们也都接受了穿红马甲，敢于亮明自己的党员身份，增强了担当意识。黄书记说：时间长了，党员都认可了，搞活动的时候穿上红马甲，成为了景溪村一道靓丽的风景线。

党员主题活动日到安吉余村考察

其次，从小事做起，积极发挥党员在乡村治理中的模范带头作用。黄大伟书记认为：在和平年代，不用党员上战场洒热血，能在平凡小事中发挥带头作用就是合格党员。全村54名党员，每个党员联系8个农户，党员带动四邻，开展党员走访农户活动，讲政策，做群众工作，发挥党员的先锋带头作用。党员自身要在村庄发展的决策和政策执行中起带头作用，村级发展要带头。不管是美丽乡村建设，还是乡村经营，普通党员不需要村干部再上门做工作。党员除了自己要做好，还要带动群众，起到带头作用。平时党员的行为规范带头，垃圾分类要带头，党员自觉把地上的垃圾捡起来，生活环境干净了，老百姓也跟着学就不会乱扔了。

再次，景溪村党员还在志愿服务中发挥带头作用，推动了乡风文明建设。村里有爱心车队，游客招手停；有微心愿志愿服务队，帮助群众解决小困难、小心愿；有巡更队，党员穿上红马甲在村里走来走去；还有先锋调解队，老党员、老干部利用晚上的时间志愿参加纠纷调解。黄大伟书记举了这一个案例：有一起三个兄弟赡养老人的纠纷，是一个遗留问题，兄弟三个为此五六年都没有讲话。为了把这起纠纷调解好，先锋调解队的老党员和老干部利用休息时间，从晚上6点一直到调解到晚上12点，最终就财产分割和老人赡养达成了协议，问题解决了，大家都很高兴。

（二）发挥村民代表的带头作用

景溪村党组织引领的另一支队伍是村民代表，村里的最高决策机构是村民代表大会。在黄大伟书记看来，众人的事情众人商量着做，村里的事情不是书记、村主任要做，村民也不是要买村支书、村主任的面子去做，而是自己要去做。为了发动村民代表，村里采取了多开会、多考察的办法。

带领民宿业主外出考察

村里每年要组织村民代表到县内先进村庄考察两次，安吉县的美丽乡村建设搞得好，村庄之间你追我赶，形成了赶超式发展的格局。很多村过去不如景溪村，过去靠种地为生，生活贫困，不少村民讨不到老婆，现在，通过美丽乡村建设，尤其是精品村创建，村庄面貌发生了根本性的变化。这对村民代表的触动很大，这些村庄里的人和事都是他们非常熟悉的，这些熟悉的人和事更有教育意义。每一次出去考察，村民代表都受一次触动，坚定了村民们要建设乡村、经营乡村的想法。乡村要发展，不是村支书和村主任说要发展，而是村民代表们内心觉得自己的村庄要发展。

景溪村还组织村民代表到外县的先进村考察，最远去过陕西咸阳的袁家村，受袁家村的启发开发小吃街。外出考察不是去旅游，是带着问题和想法去看，每天每人补助100元，其他费用都是自己出。袁家村之行每个人还要交2000元，刚开始觉得可能行不通，后来可行，大家的积极性还挺高，村民代表们也愿意去做得好的村庄看一看。袁家村的资源还没有景溪村的好，但乡村旅游做得非常成功。黄大伟书记自己先去袁家村考察了3次，然后又带领全村的村民代表去考察了1次，大家都深受触动。

在集体外出考察的过程中，村民代表的思想受到触动，认识发生了变化。有一个农户，在家门口圈了一小块地搭了个鸡棚养鸡，大概有40多只鸡，下雨天的时候只要从旁边走过都能闻到刺鼻的臭味。这鸡舍的主人也参加了袁家村的集体考察，考察回来之后，他主动找到村支书黄大伟说：袁家村的条件没有我们好，都能搞得那么好，我们村也一定能搞好，我准备把家门口的鸡舍拆掉，搞成一个喝咖啡的地方。黄大伟一听，立即表示支持，并将该户农民所养的40多只鸡，以每只鸡150元的价格全部收购供自己家的农家乐用。该养鸡户剩下的饲料以40元的价格卖给了村委张新柱委员。

通过外出考察，村民们的观念转变了，都有了主动性，他们会主动向村干部提出，我们怎么做，村庄才能更好地发展。

2019年，村里组织村民代表去义乌小六石村考察，该村的办公室还是租来的，40多位村民代表都坐不下，大家觉得这个村有什么好的，结果在一个小山脚，大家看到了一个玻璃栈道，村民投资入股500万元，两个月就集体分红140万元，乡村旅游做得如此火爆。在回来的大巴上，景溪村的村民代表们就按捺不住讨论了起来，大家纷纷建言：书记，我们村这儿应该做一个什么项目，那儿应该做一个什么项目，我愿意入股5万，他愿意入股10万。

总之，乡村发展不能只靠几个村干部，要发挥党员的引领作用，调动村民代表的积极性，这是黄书记的治村心得。在黄书记看来，党员和村民代表是乡村发展的领头羊，乡村发展要建设好这两支队伍，用好这两支队伍，这就是黄书记的治村之道和用人之道。在访谈中，黄书记一再强调，村庄发展不只是几个村干部的事，更不是村支书一个人的事，黄书记的这一治村理念非常有启发。

那么，如何才能把党员和村民代表调动起来呢，黄书记主要采取了两种途径：对于党员队伍，主要是通过加强党的纪律建设，发挥党员的模范带头作用，让广大普通党员在乡村治理和乡村建设发挥作用；对于村民代表，则主要是在乡村产业发展中把村民凝聚起来，在发展中动员村民，并通过外出考察改变他们的观念，从而促进乡村产业振兴。很多村庄为什么连村干部队伍都不健全，党组织没有号召力，一是党建引领不够，二是乡村产业发展滞后，党员和村民代表都没有组织起来，更谈不上普通村民的参与。

（三）党建引领的效果

景溪村通过党建引领党员和村民代表在乡村治理和乡村经营中发挥积极作用，为乡村善治和乡村振兴提供了强有力的组织保障。通过加强基层党建，发挥了党组织的引领作用，村支部也把握住了村庄发展的大方向，民风有了改变，村民素质逐步提高，乡风文明程度提高。而乡风文明程度的提高又为乡村旅游发展提供了一个良好的环境，促进了乡村经营。

在美丽乡村建设中，由于党建引领的作用，群众参与度有了明显提升。景溪村2008年开始的美丽乡村建设，村里负债200多万元，完全是为了项目而项目，有很多钱都花在了占地赔偿上。2016年，景溪村创建美丽乡村精品示范村。

党员义务劳动

在精品村创建的过程中，村里发挥党员和村民代表的带头作用，把老百姓发动起来，不为建项目而建项目，不是那种砸钱式的硬建，而是为老百姓而建，让老百姓发挥作用，让老百姓成为乡村建设的主体。美丽乡村精品示范村建设投资了1000万元，这次没有形成负债，反而有了200多万元的盈余。在污水改造项目中，农户内部的设施全部是自己出资，共投资160万元，为村集体节省了建设资金。

二、共建共治共享

（一）村庄社会分层

改革开放以来，景溪村民抓住了重新开放的市场机会，通过艰苦创业和辛勤劳动，95%以上的村民都摆脱了贫困，过上了幸福的生活，基本上实现了乡村振兴的生活富裕这一目标。黄大伟书记根据村民收入和生活水平程度，将全体村民分为四个层次。

1. 上　层

这个层次有三四十人，大概占全体村民的10%，这个阶层的村民都在外面做生意。做的最好的村民姓包，包老板在县城有一条街，经营贸易、纸浆以及房地产等产业，年收入上千万，在县城拥有好几套房子，有上亿资产，还承包了村里的漂流。村里有好几位村民都在外做纸浆生意，将造纸厂的废水过滤，重新提炼利用，捞纸浆，然后再卖给造纸厂，很赚钱。另外一部分村民在外面办厂，一年至少也有几百万元的收入。从收入的角度来看，年收入百万是进入上层的基本条件。这一阶层的村民就是所谓的乡贤，他们过年也会回到村里。但他们的事业重心不会放在村里，与村里的关系紧密度一般，在老家有房子，在县城也有房子，平时住在县城。

这个阶层返乡创业的也有，但投资规模一般比较大，多是公司化经营，而非家庭经营，最典型的就是那厢民宿和漂流。2013年，村集体通过招投标把漂流承包给了村民包老板来经营，承包费为140万元/年，签订了10年的承包合同，每年的4月15日交清承包费。

2. 中上层

这一层次的村民也是在外面做生意，一年能挣个几十万，至少也有二三十万，这个阶层大概占全体村民的20%~30%。这个阶层的村民有经营头脑和经营能力，也有一定的资本积累，拥有一定的人脉，但在外面做生意也很辛苦。这几年，外面的生意不是特别稳定，返乡创业也是一个出路。也有因为这几年环保管得严，原来的工厂因为有污染开不下去了，也返乡参与乡村旅游开发。这一阶层的村民是农民返乡创业的主体，也是农家乐和民宿经营的主体。

据景溪村老会计余诚讲，安吉山村的环境好，上海人来旅游的多，从2003年以后开始多起来。在景溪村，黄大伟书记家的农家乐搞得最早，是村里的第一家，当时镇政府也提倡大家搞农家乐，但很多人家不敢搞。2018年时全村的农家乐有10多家，2019年增加到42户，2020年还要再多一些，2019年建新房的基本上都是为了开农家乐。2018至2019年，景溪村的民宿迅猛发展。很多年轻人返乡创业，回来有机遇，返乡创业的各种条件都成熟了。返乡的主要是30至45岁之间的年轻人，在外面发展多年,有创业经验,有一定的人脉。受大气候影响,在外面的发展遇到瓶颈,有一定的资本积累,放到外边不如放到家里,便有了返乡创业的动机。而美丽乡村建设和乡村经营则为返乡创业提供了条件。

景溪村农家乐快速发展的前提条件是美丽乡村建设创建的成功。通过美丽乡村建设,村庄的基础设施好了,环境变美了,为农家乐的发展提供了公共品和基础设施,这是农家乐发展的重要条件。除了外部环境条件,农家乐发展也意味着家庭经济条件的改善,一般来讲,经营农家乐的农户经济条件较好。只有经济条件较好的农户才有条件投资经营农家乐,至少要100多万的投资,这不是每一个家庭都能拿得出来的。当然,农户经济条件的改善,也得益于改革开放,一部分农民抓住了市场机会,从而改变了自身的经济条件,这是他们能够返乡创业的重要条件。

谁会经营农家乐民宿呢,上层不会,他们的事业重心在城里,只有中上层才具备返乡创业开农家乐民宿的条件和动机,中下层即使有创业动机,但一般都不具备条件。所以,农家乐和民宿经营主大部分属于中上阶层。通过在外打拼,在事业小有成就之后,他们抓住了乡村产业振兴的机会,返乡参与乡村旅游创业,他们是新产业新业态的主体力量,也是乡村产业振兴的主体力量。

3. 中下层

这个阶层的村民主要是干山上的毛竹活,平时也打个零工干点小活,年收入不会超过10万元,主要是务工收入,这个群体占到全体村民的60%~70%。比如野趣农庄请的服务员阿姨,50岁左右的年龄,工资3600元/月,她老公在家里打个零工,一年能挣个四五万,夫妻俩一年的收入加起来约有10万元。这个阶层的村民靠劳动谋生,很难富裕起来,不敢创业,个人能力和资本都不具备,创业还不如给别人打工,有稳定的收入,还不操心。

这个阶层的村民就锁定在务工状态,生活还可以,但不可能在县城买房,买车也困难。小孩从学校毕业以后,家庭能有点积蓄,把房子建起来,但买车是一个梦想。他们在村里生活,挣了钱就要消费,支出压力大,在追求较高消费的生活中,能够做到收支平衡。他们虽然不能大富大贵,但生活没问题,日子也过得去,除了一些奢侈性的消费,看起来和中上层的差别也不大。

虽然浙江农村较为发达,富人较多,但依靠出卖劳动力谋生的群体仍然占到了 60% 以上。当然，这部分务工群体只要辛勤劳动，就能过上较为富裕的日子，并且不用外出打工，在本村和周边就能够实现就业，这是乡村产业振兴带来的经济社会效益。这是浙江农村的特点，与中西部地区农民需要远距离外出务工不同。乡村产业发展能够解决就业，老百姓干活也有地方去了，实现了在家门口挣钱的梦想。农家乐至少解决了 100 个劳动力的就业问题，漂流解决了 50 多个劳动力的就业，山民文化街也解决了几十个人的就业。一般劳动力都能在本村就业，村民既能够照顾家人，又可以获得收入。

4. 下层

这是一个低收入的贫困群体，全村大概有 20 户左右的困难户，约占全体村民的 5%。这部分群体或者智力有问题，或者因为事故失去了劳动能力，他们无法参加农业劳动，也不能外出务工，无法获得劳动收入，只能靠低保和各类困难补助维持生活。低保户群体的评选主要看房子、车子和存款，由第三方测评，真正的困难户，能够明显识别出来。对一些老年困难户，鼓励子女承担赡养责任，子女有房有车的，老人不能享受低保。

总之，景溪村的经验表明，幸福，都是奋斗出来的。不光年轻人在奋斗，连老年人都在奋斗。村民们通过奋斗有幸福生活，生活没有问题的 95% 村民都能通过自己的辛苦劳动过上好日子，只有 5% 的困难户需要政府和集体的救助。村集体的福利，对困难群体的保障，也是乡村治理的重点内容。当然，在村党支部和村委会的领导下，各个阶层之间也是有合作的。浙江农村经济发展整体水平高，村庄内部既有分化又有合作，不能只看到分化，而看不到合作。有分化才有合作，平面化反而不利于合作。村庄内部分层中，创业者阶层对劳动者阶层有带动作用，创业带动就业，这是阶层之间的合作。村民之间的合作在浙江农村非常普遍，也是浙江农村的一个核心特点。这种不同阶层之间的合作，就是共建共享共治的基础。

5. 中层村民治村

黄支书并不是从外面返乡的商人，而是在村里经营农家乐起家的，也不是特别大的老板，也可以说是中产阶层治村。黄书记家的农家乐也是靠劳动致富的，这是一种精神，靠家庭经营，靠劳动致富的精神。

乡贤一般是在外工作，要么是在外经商，要么是在外工作，而中产则一般在村里经商，在村里有产业，或者说主要产业在村里，这就是中产，乡贤的收入来源并不在村里，乡贤的事业也不在村里，乡贤可以说是城市力量。但中产就不同，中产的事业重心一定在村里，与村庄发展和治理的捆绑更加紧密。

乡贤一定是经济上的上层，他们完全可以脱离农村，他们与村庄的关系并没有那么紧密。中产阶层的重心在村里，他们也可能在城里有房，他们的子女也会在城里接受教育，但他们的事业在村里，这是一种常见现象，事业在村里，生活在城里，人口再生产在城市里完成。当然，经济上层不只是生活在城里，事业也在城里。这两种人群与村庄的关系不同，担任村干部的话，也会有不同的效果。

乡贤与中产都是村庄里的富人群体，也可以说是老板群体，包括大量的小企业主，也包括农家乐经营者，这也是我们过去所讲的富人治村，我们过去对富人只是一个概化的印象。浙江的富人多，不同类型的富人可以发挥不同的作用。乡村富人群体是乡村产业发展的一个动力。

再就是下层的劳动者，以出卖劳动力为谋生手段，可能在村里打工，也可能在城里打工，他们的生活重心在村里，他们在城里谋生，但在村里生活。再就是村里的贫困层，一般是失去劳动能力的。

农民参与并不是笼统的农民参与，而是不同阶层的农民参与，共建共治共享也不是笼统的，而是分阶层的，阶层分化是我们理解产业发展和村民参与的一个重要视角。把农民群体具体化了，谁是产业发展的力量，如何保障农民利益，如何经营人心，这些都需要更加精准的对策。

在景溪村，农家乐经营者成为村庄的中等阶层，因为最有钱的上等阶层不在村里，中等阶层事实上成为村里的上等阶层，成为村庄治理的主体。村庄的经济社会分层，是共建共治共享的基础，正是经济社会分层，才需要做到共建共治共享，通过制度设计，调动每一个阶层群体参与乡村建设的积极性，并保证中下层农民的利益，这事关人心，事关乡村经营的成败。

（二）利益共享与人心建设

1. 利益与人心

景溪村也不是一天发展起来的，从2002年实施"千万工程"以来，先是环境美，再是人心美，然后才是产业美，人心最重要。人心美，这一提法非常重要，大家只看到了环境美，没有看到人心美。乡村建设的一个重要方面，是人心建设。如何进行人心建设，各个村庄都有自己的办法，人心建设是最重要的。经营人心，实际上也是治理的视角，也就是乡村善治和乡风文明。

那么，景溪村是如何经营人心的呢？黄大伟书记说：一定要让老百姓参与，让老百姓跟着去做，才能共建共享，这才是真正的美丽乡村建设。让村民参与进来，把乡村产业与老百姓的利益捆绑在一起。景溪村没有大项目，没有大开发商，没有大开发也没有大资本，都是以村民和村集体为主体的开发模式，这种开发模式是一种适度开发模式，当然也不排斥工商资本。大资本主导的开发，往往会驱逐村民。在景溪，村民的参与率是非常高的，这也是景溪村产业振兴的核心经验。

黄书记讲的重点是利益问题，是利益设计，这是乡村产业振兴的前提。乡村振兴必须要直面利益问题，进行利益制度设计。基层干部若无视利益，是做不好事情的，不能拿道德来指责农民，要做好利益规则的设计，这是景溪村的核心经验。集体资源和集体经济要做好利益分配的设计。这个利益分配是村集体进行的制度创新，不同于自发的利益秩序。这是景溪村的治村之道。

2. 乡村经营中的利益共享

景溪经验最重要的是试图做到共建共治共享，如何共建，如何共治，如何共享，利益分配实际上是为了做到利益共享，这一点特别突出。景溪村是如何做到共建共治共享的，景溪村有哪些方面的制度创新，相较于其他模式，景溪村为什么更能够实现共建共治共享，这是景溪村的治村之道，也是经营之道。

集体经济最重要的并不是基础设施投资，也不是引进外资，而是农民利益的保障。让农民得到实惠，农民才会支持。所谓经营人心，实际上就是农民利益保障。乡村资源经营的前提，是经营人心，这一点是经济学家所没有看到的。这也正是乡村经营的特点，乡村经营的实质是经营资源，经营资源就要经营人心，看起来是资源价值实现，处理的是人与自然之间的关系，是绿水青山和金山银山之间的关系，实际上是要处理好人与人之间的关系，人与人之间的关系，就是要经营人心。

所以，正如黄书记所言，经营资源和产业的过程，就是经营人心的过程，人心经营好了，农民得到实惠了，干群关系改善了，才会有产业的发展。当然，美丽乡村建设也会涉及人与人之间的关系，包括垃圾分类，看起来是人与自然的之间关系，实际上也关系到人心。黄书记说得非常到位，这也是景溪经验的核心，一般的产业经营和经济学家，是无法看到这一点的。这是经济学家盲区，也是技术专家的盲区，但是作为村支书，必须要关注到这一点。一个成功的乡村经营，一定是成功地经营了人心，而后者才是笔者要去挖掘的重点。

什么是人心？人心不是简单地说乡风文明，不只是道德说教。除了道德维度的经营人心，还有另外一个层面，那就是让群众得到实惠，让群众的利益得到体现，也就是增强群众在乡村产业发展中的获得感，这也是经营人心。这是黄书记比较在乎的，也是景溪经验的核心。什么是人心，人心就是利益，经营人心就是利益分配。乡村经营，首先要经营人心，就是要做好利益分配的制度设计，保障农民利益，让农民有更多的获得感。

从环境美到人心美，再到经济美，这是景溪村乡村振兴的三个阶段。人心变美非常关键，通过乡村产业把老百姓绑在一起，这就是利益关联，利益联结机制非常清晰。如何才能提升老百姓的素质，在黄书记看来，就是要通过发展乡村产业把群众联系起来，改变群众的观念，并改善干群关系，从而实现人心美。

3. 生态振兴中的农民利益关联

生态产品价值实现中最关键的并不是人与自然的关系，而是人与人之间的利益关系，景溪生态创业再次证明了这一点。最大的困境是利益关系，出路是利益调整，利益捆绑，农民组织化是利益组织化。

乡村建设和产业振兴最核心的也是利益关系，乡村产业发展一定要处理好利益关系，包括资源整合要想成功，就必须要处理好利益关系。

乡村生态振兴的实现途径是生态产品，生态产品不只要处理人与自然之间的关系，更要处理人与人之间的关系，环保处理的是人与自然之间的关系，生态产品价值实现要处理的是利益关系。所谓制度技术条件就是要处理利益关系，这样才能实现生态振兴。生态振兴看起来是人与自然之间的关系，这也许是生态学家关心的问题。但社会科学关心的是生态振兴中人与人之间的关系，也就是利益关系。只有处理好利益关系，生态产业化经营才能够成功。这也是景溪经验的核心。

山林怎么分，合作社怎么分红，核心都是利益关联，生态产品价值实现中的利益关联，也可以说是生态振兴中的农民利益关联，这才是我们关心的一个核心问题。这种利益关联从根本上来讲是一种市场关联，而非行政关联。景溪村通过合作社的制度设计，较好地处理了生态振兴中的农民利益关联及其分配。通过产业组织起来，这是最有效的农民组织方式，即产业组织化，也是利益组织化，也就是所谓的共建共享共治，通过产业组织化凝聚群众，是最有效的。

三、用人之道

（一）管理人才与经营人才

景溪村大量的经营型人才都是本土人才。黄书记很会用人，比如合作社社长，比如退职的村干部。乡村经营如何用人？主要用好两类人才，一类是本土的管理和经营人才，二是外来的专业人才，包括设计人才。专业人才还是比较少的，包括那厢的管家，专业人才很难下乡，黄书记很器重专业人才，但乡村很难留住专业人才，乡村只能花钱买服务。这也是一种人才观。

过去，乡村经营对外部的人才持排斥态度，不重视专业知识，只重视乡村的经营，学术界也有这么一种声音，重视实践智慧，也就是所谓的地方性知识，而对外来的专业人才和专业知识则不重视。这种人才观是符合时代潮流的，很多村庄为什么依然落后，这与村支书的用人观有直接关系。很多村支书用人只用比自己本领小的人，甚至连乡贤都不敢用，更谈不上外来的专业人才。

黄大伟书记和浙江大学学子座谈

正如黄书记所言，乡村经营最缺的并不是资本和项目，而是人才，乡村振兴必须要有人才，包括本土人才和专业人才，包括管理人才和经营人才，这就需要村支书有正确的人才观。这当然需要制度创新，但也需要突破人才下乡的最后一公里。乡村振兴能否实现，关键就是人才。凡是发展得好的村庄，村支书都善于用人，甚至不拘一格用人才。凡是发展得不好的村庄，都人才短缺。

关于乡村人才短缺问题，我们最先在乡村治理发现了，村干部队伍后继无人，这是管理人才的短缺，第一书记和大学生村官制度，解决的主要是管理人才短缺的问题。包括农村后备干部的培养，也是为了解决村干部队伍后继无人的问题，包括提高村干部待遇，实行职业化管理，也都是为了解决管理人才的问题。我们曾经写过这方面的论文，提出了村干部的不胜任难题。

在乡村振兴中，短缺的不只是管理人才，还有经营人才，经营人才的短缺更为严重，很多村庄秩序能够维系，是有管理人才，但乡村产业发展，不是留守农民能够胜任的，必须要有经营人才。浙江农村的农民大多在外经商务工，积累了不少的经营人才，最缺的是专业人才。如果没有人才，只有资本和项目，乡村经营是无法可持续发展的。浙江乡村为什么发展得好，最直接的原因就是乡村的人才丰富。不是文化，也不是资本，而是人才。人才振兴是我们的重要课题，是一个实践性课题。

所以，我们要在乡村振兴的背景下，拓展乡村人才观，刷新我们对乡村人才的认识。经济增长离不开人力资源，包括管理人才和经营人才。乡村振兴离不开人才，乡村振兴要有一个大人才观。改革开放以来的经济社会发展，为乡村振兴积累了人才。

这里的人才包括乡贤。所谓乡贤，实际上就是人才。乡贤是一个政策话语，并不是一个学术话语。今天的乡贤并不是昨日乡贤，乡贤是人才，黄大伟书记注意在乡村治理和乡村经营中发挥乡贤的作用，实际上就是一种大人才观。在景溪村，大量的人才和资本回流农村，流向乡村旅游产业，促进了乡村产业兴旺，而非城市化。这就是新时代的浙江经验。

（二）专业人才与专业经营

安吉的大部分村庄都在经历从美丽乡村建设到乡村经营的探索，大部分村庄的村庄经营都在起步，乡村经营比乡村建设更难。2011年，景溪村发展了漂流，此后大力发展农家乐，这是景溪村最为成熟的两个产业项目，都有盈利。

从2018年开始，景溪村主要做了三件事，一是打造乡村旅游品牌，二是打造山民文化街，三是成立合作社发展林下经济。这三个项目目前还都是在探索中。

景溪村是湖州市乡村经营示范村，乡村经营越来越倚重专业人才和专业经营，包括请进来专业的设计公司来发展民宿，来运营小吃街，来打造乡村品牌。这很显然都超出了家庭经营的范畴，这是集体经营与家庭经营的不同。集体经营现在的起点很高，一上来就追求专业化经营，包括专业设计、运营团队的引入。

这是黄大伟书记主导的乡村经营，追求专业化经营，这也是景溪的一个新经验。可以说，乡村经营就是专业化经营，这一点完全不同于过去的乡村经营，更不同于农家乐的发展。农家乐是自发的发展，是家庭经营的探索。但是，今天的民宿，已经开始专业化经营，引进专业化力量，包括规划设计团队和运营团队，前面所述农家乐升级，一个很重要的方面就是专业化升级，从设计到运营，都开始专业化。民宿开始请管家来运营，或者承包给专门的旅游公司，一些村民逐步退出了农家乐经营，也可以说退出了乡村旅游经营。外面的人才和资本开始进入乡村旅游。

乡村经营包括家庭经营、集体经营和工商资本经营三个经营主体，而这三个经营主体，则有两种经营方式，一个家庭经营，一个是专业化经营，专业化经营主要是由专业化的人才团队来运营。乡村经营的早期，是以家庭经营为主，而现在，在乡村振兴的背景下，乡村经营则以专业化经营为主。

黄大伟书记说：乡村经营需要专业的人来做，农民经营很多方面不达标，民宿也一样，不能在家等客人。做乡村旅游，资本不是问题，人才最短缺，做得好的民宿都是专业人才来做。浦江新光村的创客基地，让老百姓做不可能，要请专业团队来做。黄书记是专业化经营的推动者，专业化的信奉者，这可能与他工厂技术员的出身有关。黄书记的经营之道，就是专业化经营，他所有的探索，都是专业化经营的探索。包括他自己的农家乐升级，他对农家乐升级的推动，都体现了非常强的专业化思维。

在黄大伟书记看来，现在有好的项目，有资源，不缺钱，缺人来做文创、来经营。有文创，很多东西会变得更值钱，做一点设计，变成产品。黄书记以文创为例，指出了乡村经营的关键就是人才。黄书记理解的乡村经营，主要是指专业化经营，专业化经营特别需要专业人才。今天的乡村经营比以往任何时候都更加需要人才。因为今天的乡村经营已经从家庭经营开始向专业化经营转型，这是缺乏人才的背景。

乡村经营的实质是乡村服务业的发展，这是乡村经营不同于企业经营的地方，也不同于工业化。乡村服务业的发展，尤其需要专业的经营人才。农业产业化和乡村工业化，更加需要的是专业技术人才，当然也需要企业家，只不过企业家往往是本土的。但是，乡村服务业的发展，则更加需要专业化的经营人才。现在看来，安吉乡村经营最缺的不是资本，而是人才，是经营人才。高校应该为乡村振兴培养懂乡村产业经营的人才，尤其农林高校，要为乡村振兴培养人才，尤其是经营人才。

规划与设计下乡，已经成为乡村建设的一个普遍现象，完全不同于个别艺术家的乡村建设试验，艺术家的乡建试验不同于大规模的设计下乡。规划与设计下乡的实质是乡村建设的专业化，也是乡村经营的专业化，这一点在美丽乡村建设与乡村经营中特别突出。乡村振兴也是大力推崇乡村规划，规划先行，这个是我们此前所谓的技术化，技术化的另一面就是乡村建设的专业化。这个技术化不是一般的技术化，而是专业化，是专业机构和专业人才提供的技术化。这种服务是市场服务，主要提供的是规划与设计技术，乡村建设花钱买服务。这种服务不是政府提供的服务，不是公共服务，而是市场服务，不是住建部门提供的服务，而是规划与设计单位提供的服务。这种服务不是公益，而是市场。这就是规划与设计下乡的机制，主要是市场化机制，而非行政化和社会化的机制。

四、合作社

（一）合作社的类型

景溪村有两个合作社，一个是竹林合作社，一个是农家乐协会。前者是经营主体的松散联合体，后者则是对资源的整合，是比较紧密的。新产业需要新的经营主体，新主体促进了新产业的发展。竹林合作社的组织化程度更高一些，当然，这种组织化是更多资源的组织化，通过资源的组织化，推动了毛竹产业的转型发展。产业转型需要新的经营主体，传统经营主体被替代。农家乐协会的组织化程度更低一些，并没有实现资源的组织化，只是联合起来对接市场，还是以家庭经营为主，更多是一种市场合作。农家乐和民宿是家庭经营，农家乐协会弥补了家庭经营的部分不足，增强了家庭经营的市场竞争力。竹林合作社在全产业链上实现了合作，农家乐协会只是在产业链的部分环节进行合作。从实践来看，农家乐的全产业链合作的效率不高，部分合作是合理的。毛竹生产的独特性决定了其必须要进行全产业链的合作，这样才能够发挥出最大的效益。

据景溪村竹林合作社理事长王为年讲，以后村里的耕地也要成立合作社来经营，现在很多田都荒在那里，无人耕种，只有一些老年人在耕种。全村有120亩田，通过召开村民代表会议，把土地集中到合作社统一经营。老王设想可以采取入股的形式，把老百姓的田折算成股份，进行整体化的运营，从而盘活闲置资源，增加老百姓的收入。应该说，随着城市化和人口的外流，山区农业生产发生了根本性变化，出现了较为普遍的山林和耕地抛荒现象，原来的家庭经营主体和经营模式已经无法维系，必须成立新的经营主体，才能有效激活农村闲置资源，股份合作制是一个可行的选择。

（二）合作社的作用

刚开始发展农家乐的时候没有人管，景溪村原来只有2家农家乐，现在已经发展到了43户。价格在380元/天以上的就有的30多家，大部分都是升级后的民宿。农家乐协会是一个自发性组织，在党支部引领下规范发展。民宿协会分为环境组、安全组、营销组，对民宿发展进一步规范管理，在全镇算是好的。通过村集体的进一步引领，把民宿进一步提升。

据王为年讲，在村里开农家乐民宿的青年人，思想觉悟都很高，很多人都是村里的志愿者，积极参与保护环境。一是保护河里的小鱼。为了保护水生态，让游客夏天能够看到河里的鱼，景溪村禁止网鱼、钓鱼、炸鱼，以前河里有很多鱼，都被一些不自觉的村民炸完了，从2018年开始，志愿者在夏天会巡视，发现捕鱼的一律没收渔网。二是看护山上的竹笋。禁止乱采乱挖竹笋，保护竹林的可持续生长，也是为了保护良好的生态环境。

农家乐协会的一个重要功能就是对接周边各个景区，把分散的农家乐与旅游市场连接起来，这对农家乐和旅游市场都是一件有利的事情。在景溪村农家乐，具体负责与景区对接门票的就是老会计余大爷。为什么会是他呢，余大爷认为他服务态度好，家又住在村里的中心位置，退休了也有时间，便于为大家提供服务。当然，在笔者看来，这与余大爷30多年的会计从业经验有关。农家乐协会请余大爷负责景区门票，主要是开单子收费，以及与景区之间的转账，工资为1.2万元/年，余大爷又获得了一份收入。

余大爷虽然将近80岁,但为了胜任这一工作,还学会了使用智能手机,使用微信与各个景区进行业务联系,不由得让人佩服。余大爷的智能手机购买于2018年12月份,装有微信、支付宝等常用APP,还可以进行转账。余大爷还进行网购,在拼多多上买了一个老花镜。在我们调研时,余大爷的学习强国得分是14362分,他还在手机上给我们分享了他的中学同学的聚会照片。这是一个互联网时代的农村老大爷,其使用移动互联网的能力超出我们的想象。

农家乐协会先和各个景区协调好,建立起合作关系,包括浙北大峡谷、天目山漂流、深溪大石浪等均有合作。农家乐协会把景区门票放到余大爷那里,各个农家乐找余大爷拿票。比如天目山漂流,农家乐直接去买票是100元一张,到农家乐协会拿票是70元,卖给游客是100元,这样,农家乐从中赚了30元,因而也有积极性为游客推荐天目山漂流,这对景区、农家乐和游客三方都是有利的。刚开始余大爷只是开缴费单,农家乐给客人的也是缴费单,客人凭着缴费单去景区领取门票。时间长了,农家乐协会与景区建立了信任关系,一些景区直接把门票放到了农家乐协会。过一段时间,余大爷就和各个景区结一次账,用支付宝把钱转给景区。

现在景溪村周边有几家漂流,农家乐协会与天目山漂流合作得最好,天目山漂流直接把票给余大爷,农家乐业主也都说天目山漂流好,优先向客人推荐天目山漂流。我们于2020年元月份在景溪村调研的时候,天目山漂流经营者还在县城召开了答谢会,把景溪村的农家乐业主都请了过去,双方的合作密切可见一斑。正是农家乐协会搭建起来了农家乐和景区之间的关系,农家乐提供住宿,景区提供游玩,双方的合作是互补互利的。农家乐协会主导的合作是一种市场合作,这种合作对于推动乡村旅游产业的发展起到了重要作用。

第十章

景溪之路启示录

景溪村乡村振兴的经验可以概括为景溪经营、景溪机制、景溪精神和景溪路径四个方面,景溪村是浙江美丽乡村的一个典型,也是践行"两山"理念的一个样板,景溪之路的实质就是生态振兴之路。

一、景溪经营

(一)回头客

景溪村农家乐的兴起,既有人格化交易,也有非人格化交易。当然,陌生人也会通过重复交易变成熟人,要么本来就是熟人,要么通过重复交易成为熟人。交易形成熟人,而不是熟人之间的交易,是交易的熟人。契约关系的熟人化、人格化,而非熟人关系的契约化,这是一个有意思的交易现象,即回头客现象。

回头客,熟人式的服务,是一种合同,一种交易合约,合约执行机制是半熟人之间的人格化交易机制,这种人格化交易是一种双边的声誉机制或者说惩罚机制。网络营销是陌生人之间的营销,有规则,非人格化交易替代人格化交易。

回头客是直接交易,消费者与生产者之间的直接交易,不需要经过中间环节,没有代理人的交易,有了中间人,反而存在问题,消费者利益会受损,生产者的激励出现问题。回头客就不需要代理人,就是无须代理人的交易。

工业品的交易大都通过中间代理人得以达成,而农家乐交易不需要中间代理人,是最好的交易方式。没有代理人的交易,会是什么样的交易呢?其市场必然是小市场,大市场必须需要代理人。

农家乐和民宿的区别,最根本的区别就是交易方式的区别,民宿要通过代理人来达成交易,一般是网络平台,农家乐不需要代理人,有代理人的交易效果并不好,激励机制和惩罚机制不对。交易问题的关键不是人格化还是非人格化的问题,而是有无代理人的问题,没有代理人的交易才能保证农家乐的高品质和低成本,有代理人肯定成本高,比如民宿。没有代理人的交易,就需要回头客,也就更加需要回头客,当然,回头客的交易也是人格化交易,也就是人情式服务。没有代理人的交易也就更有效率。

有代理人的交易效率会更高吗?引来更加优质的客源?为什么民宿能够依赖网络,都需要代理人,代理人会推广,代理人的好处是专业推广,但有15%的提成,这无疑会提高成本,如果是规模化生产,生产成本低,也是可行的。

但是,不管是农家乐,还是民宿,都没有与旅行社合作,旅行社是一种代理人,民宿选择了与网络平台合作,这是一个非常有意思的现象。凡是交易就有成本,只有交易成本的最小化,才能取得交易效率的最大化。农家乐的市场秩序就是一种无须代理人的交易秩序。

农家乐服务的特点是什么?这是一个有意思的问题。农家乐的服务,有两个特点,一个是卫生,一个是热情。卫生,这是游客对农家乐的一个基本要求,农家乐要想做好,卫生必须要过关。再就是热情,农家乐服务要热情,这个热情,不同于酒店的热情,是人情式的服务。

(二)为半熟人提供的情感服务

产业主要在市场中长大,形成了自发的市场秩序。农家乐的市场秩序,市场主体有自我约束机制,前期投入下去,不会胡乱经营,这是市场的力量,并且农家乐主要靠口碑。农家乐的市场秩序,自媒体时代的口碑,全靠口碑来吸引客人,从这一点来看,农家乐比景区更加会做好服务,更加尊重市场,这也是农家乐能够赚钱的原因所在。

农家乐与客人之间的关系靠什么来维系?靠口碑。如何把服务消费关系变成熟人关系?做回头客,这是家庭经营的优势,用客人来带动客人。农家乐和客人之间建立的关系,不是一次性买卖,而是试图建立起一种长期的消费关系。农家乐与客人之间的关系，类似于一种半熟人关系。旅游市场中为什么宰客现象多发？因为服务者与消费者是陌生人关系，是一次性交易，不需要建立熟人关系。在景区旅游中，服务是为陌生人的服务，而在农家乐的服务中，是为熟人提供服务。这样一来，我们就抓住了农家乐服务的核心特征。农家乐为什么能够从做农活，转型为做服务，因为农家乐的服务不同于景区服务，它提供的是一种熟人服务，其中有一种情感劳动，或者说情感服务。这种劳动是一种非物质劳动，是情感劳动，这才是农家乐服务的最大特点。这种情感劳动是为熟人提供的服务。

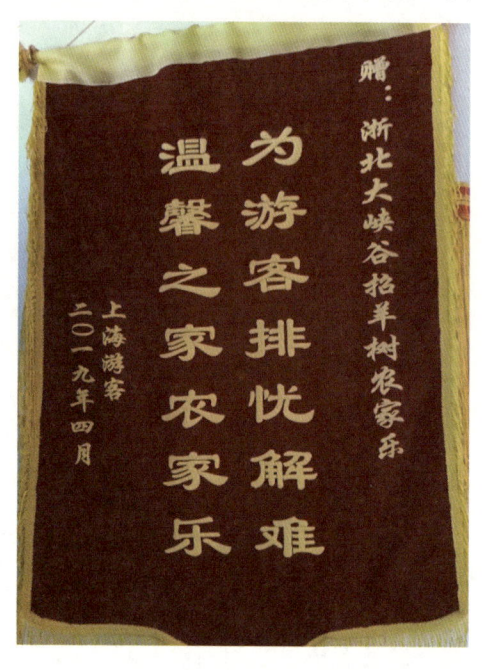

游客送给招羊树农家乐的锦旗

为熟人服务，提供家一样的感觉，这恰恰是农家乐家庭经营的优势所在，是农民的优势所在，也是乡村社会服务业的优势所在。农家乐不断在升级，升级的是环境、设施、装修等，但农家乐的升级不能丢失农家乐服务的优势，就是这种为熟人提供的服务，服务升级？服务也要坚守，守住农家服务的本色。但是，景区标准化就会丢掉这种熟人服务的特色。这种熟人服务在乡村旅游发展中至关重要，也是吸引游客的特质。这种熟人是市场化的熟人，不是村落中的熟人。市场化熟人关系，这就是农家乐与游客之间的关系。农家乐升级不能丢掉这一点。

这种市场化熟人关系是有条件的，双方都有重复交易的预期，还有客人带动客人的预期，农家乐提供了情感服务，游客则提供了下次还来的预期，以及更多的游客。农家乐经营的预期是长远的，当然，不同的农家乐经营模式不同，农家乐经营虽然有长远预期，能提供熟人服务，这一切都是为了盈利，并且农家乐也要考虑成本。农家乐为什么不喜欢散客？这是由成本决定的。

农家乐和客人之间的关系，并不是纯粹的消费关系，而是带有人情味的熟人关系，亲密关系，有这么一个市场激励。类似亲密关系，有人情味,不是陌生人的一次性的消费关系,这种长远预期,是农家乐能够活下来的根本之道。我们在春安客栈大厅中间的墙上看到了一个大大的"家"字,这可能是农家乐的核心精神。

农家乐其他的也不会,成本太高了也划不来,农家乐的短处反而成就了农家乐的长处。农家乐提供熟人的服务,以及相对低成本的产品,获得了自己的市场定位。在农家乐产品中,人情味就是生产力,并且很多客人也是朋友介绍来的,本身就是一种熟人关系。我们调研时听到一位上海老太太讲,这家主人好,对老年人客气。一家客栈在墙上写了一个大大的"家"。人情味就是营销。农家乐为什么也不宜与旅行社合作,旅行社就是专业经营,利润导向,游客的满意度就会很低,根本不可能提供熟人服务,连基本服务都做不到,更谈不上人情味。

(三)农家乐家庭服务与管家服务的比较

农家乐提供什么服务?要不要与客人聊天,其实聊天不是最重要的,最重要的是能够提供熟人一样的服务,价格也要合适。而不是奢侈的服务,不是什么高大上的服务,就是熟人一样的服务,甚至亲人一样的服务。几乎每一家农家乐都能举出这样的例子。而这样的人情味也只有农民经营才会有,如果村民把农家乐出租给专业人士来经营,可能会有专业化的经营方式,还能有熟人服务吗?还能保持带有人情味的熟人服务吗?

这就是两种经营模式,一种是家庭经营,一种是专业经营,或者说管家经营。先不说孰优孰劣,应该各有市场,也不是所有的客人都需要熟人服务,有些人就需要陌生人服务。但是,到了乡村社会,享受熟人服务,那样不更好吗?很多民宿根本没有这种熟人服务,尤其是包栋的民宿服务。但也有民宿主认为,客人需要更好的隐私,比如包栋,这可能是中年家庭的亲子游更需要的。

家庭经营就是能够提供带有人情味的熟人服务,专业服务提供的是什么服务?那厢是管家提供服务,简爱也是专业服务,是店长和服务员提供的服务。管家提供的服务,老板娘提供的服务,有什么不同?一个家庭经营,一个是管家经营。服务并不是说话,并不是陪客人聊天,而是服务方式,服务员的服务与老板娘的服务,肯定不同。农家乐的短处,成就了农家乐的长处,就是人情式服务。

老板娘的服务就是一种熟人服务,管家和服务员的服务就是一种陌生人的服务。中国农家乐的服务就是带有人情味的服务，我们一定要提炼出农家乐经营和农家乐服务的核心特点。家庭经营的农家乐与管家经营的高端民宿，在经营和服务上有什么差别？我们能否总结出那厢服务的特点。实际上，对农家乐和民宿来讲，服务就是经营，服务是经营的主要内容，我们重点关注的就是服务。有些农家乐升级成为了酒店，提供酒店式服务，比如汀溪山居，可以比较。

酒店营销就是要做大客户，做单位的生意，管家服务，大客户，高成本的。农家乐的人情一定要到位，人情化的服务，熟人服务则是人情化服务，人情化服务不同于专业化服务，管理部门和旅游专家不可能认识到人情化服务的价值，他们推崇专业化服务，这根本不适合农家乐。各种培训肯定也是请的专业人士，提供的是专业化服务，包括厨师，包括服务，农家菜也不是专业厨师做的菜品，但依然有市场。

农家乐不可能与大单位搞关系，要与每一个客人搞好关系，或者说与能够带来多次交易多人交易的客户搞好关系。农家乐虽然提供人情化服务，但也是高度理性化的、市场化的，才能在市场经济中存活下来，一定要相信这一点。农家乐经营中的人情化与理性化，完美统一。既有人情化，又有理性化。

农家乐消费是群体消费，家庭为基本单位，是家庭、亲友、邻居等群体消费，是非单位的群体消费，个体消费很少，单位消费也很少，只有较大规模的民宿，像那厢，才有可能做单位的生意。而单位一般也不会去农家乐。这就是市场定位与市场理性。

农家乐服务的特点是什么？值得认真总结，过去我们对之重视不够，没有认真总结，学界看重的是专业化经营，现在流行的是转型升级，产业政策甚至不再支持农家乐，而是重点支持景区创建、景点打造，以及民宿。农家乐被忽视了。农家乐最重要的不只是创业精神，更是服务。

（四）客人的忠诚度

农家乐客人的忠诚度高，忠诚度体现在反复旅游，并且会推荐客人来住。这一点也是农家乐经营的一个特点：人情式服务与忠诚度。农家乐并不是观光游，所以，忠诚度高。景点旅游几乎没有什么忠诚度，即使最有名的景点，鲜有去第二次的，求新求异。农家乐客人的忠诚度高，有一批客人一年来了10多次。这种忠诚度与人情味和亲密关系有关，忠诚度是游客的视角。

忠诚度如何培养，其实就是要靠人情式服务。农家乐特别需要培养消费者的忠诚度，这是农家乐为什么会成为乡村旅游主体的原因所在，没有农家乐，乡村旅游其实很难成功。农家乐才是乡村旅游最合适的产品。农家乐的人情味、卫生，建构起来的市场化的情感服务，情感服务+物质服务，像家里人一样。

正如春安客栈的业主所言：我们主要是靠口碑，以做回头客为主，与几个网站都有合作，但网上订房很少。农家乐的卫生要搞好，菜品要好。客人认可我们家的就是：家庭和谐、菜品好、价格合适。国庆节2—5日已经订满了，380元/天。我们家有客人一年来五六次，来三四次的很多，去年一个上海客人一年来了六次。还有无锡四姐妹，50多岁，一年来了五次。我们和客人有家人一样的感觉，会和客人聊天，聊人生、历史、过往，老客们会教我们营销，走的时候都要抱一抱。

农家乐的客人以回头客为主，并且很多客人一年能来五六次，处成了朋友和家人，农家乐的回头客多，农家乐市场在某种意义上是口碑市场，有口碑才会有更多的回头客，从而形成固定的客源。口碑和回头客是农家乐小市场的机制，这个小市场靠什么来维系，农家乐靠什么来吸引客人，就是靠口碑：一方面是回头客多，客人的忠诚度高，会反复来玩；另一方面，客人会推荐客人，游客与农家乐之间的信任关系，加上客人之间的信任关系，从而形成一个适度规模的稳定客源。

民宿会注重网上的评价，而农家乐则注重口碑，注重回头客，这是农家乐的营销手段，这一点不同于线上营销。农家乐的网上用户很少，这一点也明显不同于民宿。农家乐的服务与民宿的管家服务也不同，农家乐的服务是人情式服务，游客在这里获得的是一种熟人甚至家人的体验，城市家庭与农村家庭之间的链接就通过这种市场化的熟人关系得以稳固。

农家乐经营的关键是把菜做好，服务好，做口碑，让客人宣传，比在纸媒上做广告的效果好。客人带客人，自媒体时代的口碑营销，口碑通过微信朋友圈传播得更快，游客这就为农家乐带来了更多的客人。有上海客人一年最多来10多趟，20多个人，吃春笋，五一来玩，夏天避暑，冬天来购买年货，猪肉、茶叶、笋干，能把几头猪买回去。正月里春节七天的房费翻倍。

（五）城乡关系

景溪乡村旅游是城乡之间的交易，是乡村为城市提供服务业，城里人对田园风光的需求尤其是山区田园风光的需求很大。农家乐就是为城里人服务，农家乐是城乡交易，农家乐并不是为村民服务的。

农家乐发展比较好的地方，一定是村庄文化比较开放的地方，村庄只有开放，才能为城里人提供服务业。村庄要打开门做生意，尤其是农家乐，需要每一个家庭都要开放，村庄的开放性，不只是要走出去，而且要让城里人走进来。发展农家乐的村庄，是最早对城里人开放的村庄，当然，这种开放更多是市场意义上的开放，而非体制上的开放。

村民走出村庄的同时，村庄对城里人开放，城里人开始进入村庄，为乡村发展带来了新的机遇，这一机遇其实就是市场机会。村庄有了发展的市场机会，一部分村民抓住了这一市场机会，有些村庄从整体上抓住了这一市场机会。

景溪村景区入口

这一市场机会后来被放大，政府的介入，利用城市力量来振兴乡村，实际上是利用市场机会来振兴乡村。村庄正在继续开放，乡村旅游产业的发展正是村庄继续开放的过程。

一位民宿业主讲，上海、江苏客人多，现在单位团建少了，以散客为主，家庭游多，亲戚朋友同学同事一起来旅游的多。我们这儿分淡旺季，夏天是旺季，村里有漂流，很多家庭带孩子来玩漂流，二三十岁的多一些，偏年轻化，住两天的多，一般是双休日，大城市里的人过来吸氧。

中档农家乐的客人以家庭游为主，单位搞团建的少，老年团体游也少，家庭游最能接受的还是中档农家乐。现在看来，不管是高端民宿，还是中档农家乐，其主要的消费群体都是家庭亲子游，除了亲子游，还有家庭成员的聚会。

家庭游成为乡村旅游的主流，其意义重大，城市家庭下乡消费，促进了农家乐的发展，农家乐的经营主体是农村家庭，这样，通过农家乐，城市家庭与农村家庭实现了无缝对接，城市家庭通过旅游消费将资源带到了农村家庭，而农村家庭通过农家乐为城市家庭提供服务，并由此获得收入，实现了富民。

农家乐把城市家庭与农村家庭联系在一起，各得其所，这是城乡融合发展的一个有效途径。城市家庭是消费者，农村家庭是生产者，通过农家乐，生产者与消费者直接联系起来，省去了中间环节，这是一种特殊的市场。我们此前发现的农家乐市场，这一市场秩序是小农户与小市场的秩序，小农户如何与小市场对接起来。农家乐市场是一个小市场，这个小市场对农户是有利的，城里的消费者也能够获得更多的获得感，能够获得更优质的服务。这就是农家乐市场的特点。

农家乐市场是一个什么样的市场，是一个小市场，是乡村建设者一直向往的，城市家庭与乡村家庭的手拉手，如何把城市家庭与农村家庭通过消费市场直接连接起来。另外，农村家庭本身就是乡村生活的载体，农家乐的家庭经营也能够更好地满足城市家庭对乡村生活的向往。家庭游不是专业游，家庭游的特点和诉求，与团体游不同，我们还需要进一步分析家庭游的特点，从而在农家乐家庭经营和家庭游之间建立更好的解释链条。

二、景溪机制

景溪村产业发展三个核心机制，即家庭、市场、合作，构成了景溪村扩展秩序的三个要素。其中，家庭是基础，市场是核心机制，合作是保障机制。家庭主要是指家庭经营，合作主要是指集体经营，市场则主要是指市场机制。

家庭、合作、市场这三个要素促成了景溪乡村旅游的扩展秩序形成。在景溪村的扩展秩序中，在乡村产业发展中，家庭、市场、合作构成了一个三位一体的自发秩序，在市场规则之下，通过市场竞争与合作以推进秩序的演化。扩展秩序是不断扩展和不断升级的，也是不断创新的。

（一）家庭经营

1. 家庭经营的特点

农民利用自己家的住房经营农家乐，土地是财富之母，劳动是财富之父。农家乐为什么能够成功，与这两个因素有关。土地即租金，劳动创造价值，一家人经营农家乐，还可以住在一起，这是家庭经营的机制。农家乐实现了生产、生活、生态的合一，家庭经营是乡村旅游的最好载体。

农家乐以自己的劳动为主，请帮工为辅，如果当甩手掌柜，也赚不了多少钱。这就是家庭经营的重要性。没有家庭经营，农村住房的租金收入也实现不了，必须借助于劳动来实现。经营是最重要的劳动，经营不同于农业劳动，也不同于外出务工，是一种更为复杂的劳动，因而能够获得更高的收入。

从农家乐经营来看，有的经营得非常好，也有经营不下去的，经营不下去就采取了出租经营。每个家庭都有自己的经营故事，成功有成功的道理，不成功也有各自的原因。有的家庭将之作为主业来经营，有的家庭将之作为副业来经营，从而形成了不同的经营策略。农家乐有的是大投资，比如行趣、俞宅，需要贷款；有的是小投资，比如战友之家、和畅，基本上不需要贷款。

从家庭决策的角度来讲，每一个家庭的经营策略都具有合理性。过山名楼就不再自己经营了，它的主人将农家乐承包出去，又到外地做生意。很多农家乐业主都有第二职业，有其他的产业，光靠经营农家乐是不行的。农家乐经营业主也具有较强的抗风险能力，通过多元经营规避了经营风险，包括淡季的限制。家庭经营是有条件的，要想赚钱，每个家庭的机会和条件不同，但每个家庭都是一个经营单位，都会追求决策的最优化。

市场导向的家庭经营，发挥了重要作用，但未来会被大资本整合吗？目前来看，应该不会。农家乐和民宿不会规模太大，并且有自己的小市场，过去追求数量，现在追求质量和品质。在乡村产业发展中，如果群众积极性不高，可能会错失机会，也可能会规避风险。实际上，农民不会轻易一哄而上。这不是小农经济的缺点，这恰恰是家庭经营的优势所在。

2. 家庭经营让农民成为有产者

农家乐经营能够富民，农户能赚到钱，一年的营业时间也就是4—10月份，一般都能有20多万元的收入，好一点的能有八九十万元的收入，即使租出去能一年也能有10万元左右的租金收入。农家乐的富民效果特别好，为什么能够富民呢？这是因为农家乐经营中，农民获得的更多是租金收入，而不只是劳动收入。

景溪经验的核心是农民为开发主体，农民自己设计，自己经营，农民拥有开发权，而不是过去盛行的资本主导的开发模式。资本下乡，将农民排斥在外，认为农民是失能的，是无能的。我们在景溪发现，农民完全有能力进行自主开发，比较早开发了农家乐，并且进行了农家乐的升级，自己设计民宿，自己经营。同时我们也发现，这种以农民为主体的开发模式对农民是最有利的。这就是农民的主体性，当然有人说，只有资本才有开发能力，资本开发了，农民才能受益。

实际上，一个区域的产业开发，并不单单是资本的作用，是国家或者地方政府的开发战略，区域开发必然带来区域价值的提升，而资本给农民的补偿则是开发之前的补偿，而非开发之后的补偿。区域开发之后的价值提升的机会，农民是无法分享的。但是，农民进行开发，就可以享受区域价值提升之后的机会和红利。比如听风山庄，投资建设之后，自己经营15万元利润，出租出去的租金6万元，这就可以看得非常清楚，农民获得的主要是租金。租金收入是什么收入？就是所谓的财产性收入，劳动收入是很少的，民宿收入实际上是利用了宅基地和周边生态资源所形成的收入，这就是财产性收入，而不是劳动收入，为什么这个地方的民宿能够卖出高价格，就是利用了这里的生态环境所形成的收入，这样来看，实际上也是生态资源的价值实现，也是"两山"理念转化的通道。乡村旅游是最典型的生态资源价值实现途径。如果农民失去了开发权，那么就失去了获得租金的机会,失去了获得财产性收入的机会。

说到底,问题是什么?就是我们此前提出来的农民主体性问题,真正的以农民为主体的乡村振兴就是要让农民成为有产者,从而能够从产业开发和区域价值提升中获益,获得财产性收入。即使农民暂时没有能力参与产业开发,但他们仍然拥有开发的机会,拥有开发权。而另一种开发模式则是把农民变成无产者,还美其名曰获得两份收入,一份是地租,一份是务工收入,农民的资源长期出租,实际上就失去了经营权,失去了开发机会,也就失去了获得财产性收入的机会,也就是失去了发展权。这实际上是将农民变成了无产者,作为无产者,农民是无法获得财产性收入的,无法从区域价值提升中获得租金收入。

很显然,从景溪经验来看,无产化和有产化哪一个对农民有利,农民主体性的实质就是农民的有产化。并且农民有产化不只是让农民获得经济收入,而且具有多重价值,还能够让农民成为乡村振兴的主体,从而解决乡村的空心化问题。农民主体性的分析框架包括无产化和有产化,在区域产业开发中,农民主体性才能真正确保农民利益的实现,让农民在区域价值提升获得财产性收入和租金收入。具体来讲,无产化就是劳动力商品化,有产化就是家庭经营,不仅有经济收入,还保证了家庭的完整性,让家庭和社区充满了活力,乡村治理也有了主体,确保了产业兴旺、农民富裕、生态宜居、治理有效的统一,这是真正的乡村振兴。

景溪经验的核心就是要坚持以农民为主体的产业开发。即使引入工商资本,也要保证农民的主体性,一个标准就是让农民获得租金收入,成为有产者。在乡村产业振兴中,不要只看到表面现象,而是要看到问题的实质,也就是农民的主体性,即农民的无产化与有产化。我们讲的农民主体性不是抽象的,而是具体的,就是资产化与无产化。在政策主张上,资本、政府和农民之间要形成一个适当的关系,关键是要保证农民的主体性,要能够形成一个以农民主体性为基础的乡村振兴联盟,在某种意义上,有了农民主体性,才有真正的乡村振兴。没有了农民主体性,不管产业如何兴旺,那都不可能是乡村振兴。

(二)集体经营

1. 家庭经济的扩展秩序

景溪村集体经济是家庭的合作经济,这不同于华西村模式,这里集体经济的实质是合作经济，政府与农民共同创新，这里的集体经济并不是突生的一种新型经济，就是家庭经济的扩展秩序。从这个意义上来看，并不存在所谓二元经济，集体经济的实质仍然是家庭经济，是家庭经济为基础的合作经济，包括引进外来资本和专业人才来经营，并不是所谓的混合经济，看起来是混合经济，实际上是以家庭经济为基础的混合经济，是家庭经济的扩展秩序，这样更能解释乡村产业振兴的机制。

新型集体经济是新生的，是农民合作凑起来的，是众筹的，是合作经济，当然资本是众筹的，资源是集体的，村民通过众筹对集体资源进行合作开发，并引进外部工商资本和专业人才来运营。这不是单纯的家庭经济，也不是单纯的集体经济，也不是单纯的外部工商资本，也不是所谓的混合经济，而是一种家庭经济的扩展秩序。这种扩展秩序是以市场为基础的，这是乡村产业振兴的市场机制。也可以说是一种增长联盟，乡村产业振兴的增长联盟。这个增长联盟的概念并不准确，就是家庭经济的扩展秩序，在这一秩序中，家庭经济是基础，集体资源是基础，也不排斥外来工商资本和专业人才，这是家庭经济的扩展秩序。

家庭经济的扩展秩序就是集体经济。这是新集体经济的核心特征，集体经济与家庭经济是协调的，并不矛盾，传统的集体经济与家庭经济是矛盾的，集体经济排斥家庭经济，比如华西村、南街村就是典型的传统集体经济，是不允许家庭经济的。这就是景溪经验的核心特征，这一点完全不同于温州模式，也不同于苏南模式。

2. 合作机制

市场与合作是两种机制，我们过去注意到了市场机制，但忽视了合作机制。合作是扩展秩序的基本保障，没有合作，也没有扩展秩序。浙江经验更多是市场机制，鲜有讨论浙江经验的合作机制。包括众筹实际上是一种合作，浙江乡村振兴的一个重要机制，就是合作机制。越是市场经济，越需要合作。比如农家乐合作社、竹林合作社、众筹漂流，经济上的合作非常普遍。包括镇村之间的合作，比如开竹节。包括村与工商资本的合作，村与设计单位的合作，所谓合作，并不是纯粹的市场机制，而是合作精神。还有什么合作，我们必须要找到合作的视角。

乡村产业振兴更加需要合作。并且这种合作不只是农民之间的合作，还有村庄之间的合作，还有村庄与公司之间的合作，引入工商资本，就是一种合作，村集体与工商资本之间的合作，与专业人才之间的合作。当然也包括家庭成员之间的合作，夫妻之间的合作，代际之间的合作。没有合作，是很难想象产业振兴的。可以说，合作无处不在。当然，这种合作不是文化上的合作，而是市场意义上的合作。过去，在中西部地区，这种合作是绝种的，自人民公社解体之后，这种合作就看不到了。但是，在浙江农村，我们看到了这种合作的无处不在。

合作包括多种类型：家庭之间合作，家庭内部的合作，村集体与工商资本的合作，与专业团队的合作，这是外部合作，与其他村庄的合作。善于合作，这是景溪经验的核心。

这种合作还可以进一步拓展，比如镇村协同发展，就是合作，城乡融合发展也是合作，城乡要素之间的市场合作，这是乡村产业振兴的关键。乡村产业振兴，并不是单个村庄的合作，而是区域振兴，那么，如何实现区域振兴呢？那就需要突破行政建制的束缚，进行市场合作，这个合作就是真正的以市场为基础配置资源。

其实，乡贤抱团返乡，也是一种合作。乡村治理和乡村建设就是合作之路，这个合作不是传统的文化合作，而是市场合作。这种合作也不同于温州模式中的社会网络。景溪的农民合作更接近于现代市场意义上的合作，作为一个移民村落，这里的合作不只是基于血缘或地缘关系的合作，而是一种理性合作。景溪人不排斥外部资本，也不排斥外部人才。这种合作精神，就是一种开放的现代市场意义上的合作，是市场合作。除了交易的力量，就是合作的力量。再就是家庭的信仰，为了家庭更美好，为了生活更美好，追求美好生活的力量。

3. 集体经济与家庭经济

农家乐和民宿作为一种旅游产品，提供的只是住宿，如何才能获得市场呢？最常见的就是依托景区，石岭村实际上是依托于浙北大峡谷，景溪村依托于漂流。正如有的民宿业主所讲，很少有人专门来住宿的，大部分人都是来玩的，安吉最吸引游客的就是漂流。老年团就是为了来山里呼吸新鲜空气吗？他们会有游玩项目吗？我们在农家乐看到了当地景区的门票价格表，并且可以从农家乐拿票，这就说明住宿只是乡村旅游的一个环节。

不管农家乐还是民宿，都需要外部景区相配套。农家乐和民宿本身很难构成旅游目的地，民宿不管如何高端，都只是一个住宿产品。民宿自身能构成一个景点吗，很难。设计再高端的民宿，其自身也很难构成一个景

第十章 景溪之路启示录

点,一定要融入其所在的村落文化生态环境。这个环境要么是由工商资本经营的,要么是由村集体经营的。一个家庭只能经营好农家乐和民宿,无法经营景区,也无法提供基础设施。

农家乐和中档民宿通常由家庭经营,高端民宿和旅游项目由工商资本开发,而村庄景区则由村集体来建设。这就是有机融合的三元经济,也是一个开放的经济体系。乡村经营就是三元经济的经济秩序,三元经济如何搭配,这是乡村经营最重要的问题。最好的乡村经营不是封闭的集体经济,也不是工商资本主导的,更不可能是小农主导的,而是相互协调的三元经济。乡村经营的最佳模式就是以家庭经济为基础的三元经济,三元经济突破了双层经营体制,对工商资本和专业人才保持开放,同时又保障了农民的充分参与。这是乡村经营的最佳模式,也是乡村产业振兴的最佳模式,也可以说是乡村生态资源经营的最佳模式。

黄大伟书记为什么把漂流作为乡村经营的第一步,把集体经济作为叙事线索,而不是把农家乐作为叙事线索,景溪村的经济呈现出新二元经济结构,即集体经济与私营经济,集体经济多采用专业化经营的方式,而私营经济则包括专业经营和家庭经营两种方式。这个新二元经济是我们分析乡村经营的前提。

那么,这里就有两个叙事线索,一是集体经济的新生,二是私营经济的升级。黄大伟书记关心的乡村经营主要是集体经济的发展,漂流、小吃街、竹林合作社,这些都是集体经济。所谓资源经营,进一步来讲,就是集体资源的经营,因为乡村资源是属于集体所有的。农村宅基地则是承包到户的,农户利用自己家的宅基地和住房发展农家乐,这是典型的家庭经营,也可以说私营经济。

浙江农村本来是以私营经济为主的,但是,新时期的乡村经营则主要是集体经济的发展。这里面就有一个问题,如何处理集体经济与家庭经济的关系,乡村服务业中的二元经济,不同于工业与农业,也不同于农业生产的双层经营体系,与农业生产不同。农业家庭生产中有一个土地承包的问题,但服务业中的家庭经营并不存在这样一个土地承包的问题,耕地与宅基地并不相同。宅基地不存在承包权,只有所有权、资格权和经营权,宅基地过去只是生活资料,而非生产资料。宅基地的价值在近年来开始凸显。集体经济与家庭经济如何相得益彰,集体经济不能与家庭经济争利,要发挥各自的优势。

目前,集体经济发展还面临着一系列困难,但只要模式成立,就能够自我完善，不怕有问题和缺陷，关键是要有自我完善能力。这就更加需要集体经济，集体经济就是一种制度创新，村集体组织资源后引进工商资本，这就是一种制度创新，这种制度创新具有普遍性。合作社和集体股份制企业各有各自的优越性，可以享受政策，有利于对接部门，而农家乐的优越性在于利益激励兼容，能充分调动经营主体的积极性。

安吉的乡村经营就是集体经营，集体经营是对家庭经营的补充。村集体搞大项目，搞村庄景区建设，村集体适合搞什么产品？比如玻璃栈道、漂流等项目，这些项目对农家乐经营也是一个补充。村集体可以整合资源造平台，开发旅游项目，但村集体经营也缺乏专门的人才，经营起来也面临着各种困境，村集体往往将开发成功的旅游项目承包给工商资本来经营，专业人来做专业的事。

三、景溪精神

（一）市场精神

市场精神是浙江经验的核心，浙江乡村建设为什么能够成功，从文化的角度来看，是市场化精神，尤其是蕴含在家庭经营中的市场精神，没有市场精神，就没有浙江农村的成功。市场精神，就是农民的市场精神，是家庭经营中的市场精神。

浙江农民的市场精神，正是这一市场精神促进了浙江农村的发展，市场精神也是景溪精神，这种市场精神也可以说是创业精神。市场的力量才是最重要的乡村振兴的动力。安吉美丽乡村建设最早是政府行为，市场精神在这里并不典型。

浙江农民外出打工多是经商，而不像中部地区农民则多是出卖劳动力，农民外出如何谋生，无非是普通工/技术工/经商，浙江农民的谋生手段多是后者。浙江经验的核心是普通农民大多具有较强的市场意识，他们就是围绕着市场进行生产。普通人的市场精神，才是最重要的。我们从农家乐来看浙江农民的市场精神，农家乐为什么能够经营成功，就是因为普通农户的市场精神。不管是乡村工业，还是服务业，背后都是农民的市场精神。

浙江农村之所以有一批富人，有产业，有乡贤，从根本上来讲就是因为浙江农民的市场精神,也有一些浙江学者已经注意到了浙江农民的市场精神,这种敢为人先的市场精神,被大书特书。从工业化到去工业化,背后的市场精神没有变,农家乐升级靠的也是市场精神。为什么有些地方的绿水青山转化成为了金山银山,有些地方则守着绿水青山受穷?这说明,产业发展与资源和地理位置并没有直接关系,最重要的因素是农民的市场精神,缺乏市场精神的地方,工商资本缺乏,产业也不发达,产业发展对外部工商资本的依赖更大,乡村建设对政府资本的依赖更强。凡是市场精神发达的地方,则民间工商资本丰富,产业也发达,也更容易达成善治。

浙江农民的市场精神就是企业家精神。每个人都具有企业家精神。这是成功的关键。农家乐的发展,每个农家乐业主都具有企业家精神,村干部也具有企业家精神。可以说,在浙江农村,很多人都具有企业家精神。这种企业家精神就是我们所说的市场精神,企业家精神才是农家乐发展的真正动力。景溪人的精神,就是企业家精神。这也是我们此前所说的:乡村振兴需要企业家精神。

农家乐升级的精神动力是市场精神,这种代际精神虽然存在代际差异,但也有稳定性,市场精神的延续与升级,景溪创业是在市场精神的支配下进行的。我们在其他地方的农村很难看到这种市场精神,这就是安吉乡村旅游发展内部因素,也就是精神因素,也就是乡村产业振兴的文化因素。为什么有些地方的乡村产业能够成功,有些地方的乡村产业则难以成功,除了地方政府的产业政策因素,还有就是农民的精神文化因素,也是一个区域的精神文化因素,文化具有区域性,产业也具有区域性。

(二)合作精神

安吉位于浙北山区,多是移民村,村庄中很少看到古建筑,也很少看到祠堂,宗族文化氛围不浓厚,倒是古树不少。这一点不同于浙中和浙南的传统村落,宗族文化盛行。安吉山区农村在文化上更为开放,不像温州的家族主义,安吉农村作为移民村落,宗族文化弱化。安吉的文化是开放的。

景溪产业也是开放的,这也是景溪经验的重要组成部分,外部资本和人才是可以进来的,并且欢迎进来。农家乐一直在升级,并没有出现其他地方的低端锁定现象,产业升级,内部力量的升级,也可以说是一种代际升级,我们已经看到了这种代际升级现象。

史晋川教授提出了代际锁定现象,而我们则提出了代际升级现象。代际升级是内部升级，一旦出现代际锁定现象，外部力量也会介入，政府会推动产业升级，尤其是近年来的环保风暴，就倒逼了产业升级。有时候政府也会通过引进外部工商资本来推动产业升级。

不管是村干部，还是地方政府，还是经营户，都认识到了外部资本和人才在乡村经营中的作用，他们是欢迎资本下乡和人才下乡的。这也是农家乐升级的动力所在。安吉突破了温州模式，安吉一开始就是开放的，面向长三角开放，面向上海游客开放。

安吉农家乐为什么一直在升级，为什么升级成为产业发展的核心特征，其文化基础就是开放的文化，这是农家乐升级的文化动力机制。我们前面讲的市场精神，讲的农民理性，就是我们前面所讲的文化因素，那么，这个文化因素就是一种开放的文化，一种开放精神，这是农家乐升级的文化动力。这种开放精神如何促进了农家乐的升级？

浙江农民自己干，不仅有家庭经营，而且善于合作，浙江农民在经济上善于合作，与其他区域相比非常难得。景溪的漂流，自己开发，而不是坐等政府开发，也不是等外部资本来开发，村民合作开发，有合作性质的股份制，善于合作，农家乐协会和竹林合作社也是如此。

浙江农民更善于合作，这种合作精神是文化精神，还是市场精神？农民既善于家庭经营，又善于合作，合作成功的案例比比皆是。这种合作主要是经济合作，这在浙江农村非常普遍，但在中西部地区罕见，中西部农民的合作主要是生活合作。浙江的新型集体经济，其性质属于合作经济。

这是一个非常有意思的问题，不管是在文化生活，还是经济领域，浙江农民都表现出了善于合作的特征，为什么善于合作呢？这种合作精神是最主要的，不是一般意义上的企业家精神，而是一种合作精神。浙江农民善于合作的文化，是浙江经济增长的精神基础。

（三）创新精神

农家乐升级，我们看到了市场秩序和市场精神。这种市场精神就是农民理性，农民是企业家，农民理性也就是企业家精神，企业家精神就是农民理性，这里的农民能够抓住市场机会，追求自身效用的最大化。这种农民理性在农家乐升级和乡村经营中表现得非常明显。

有些地方的乡村产业能够不断升级，而有些地方的乡村产业存在低端锁定现象，或者说存在升级困难现象。我们在乡村工业集聚区看到，有些地方的乡村产业历经几十年的发展，规模很大，但存在明显的低小散现象，形成了路径锁定，一直无法升级。这些加工产业由于无法实现升级，环境污染成为大问题，最终限制了该产业的发展。

但是，我们在安吉农家乐产业，发现了一个不断升级的现象，为什么安吉农家乐在不断升级？农家乐业主具有自主升级的创业精神，当然，这种升级是以农家乐为基础的。农家乐的升级现象，可以说是安吉农家乐发展中一个最重要的现象，农家乐的升级精神，是农家乐发展最重要的动力。这种不断升级的精神，值得大书特书，不只是敢为人先，更重要的是不断进步，永不止步。安吉农民的市场精神就是敢为人先，永不止步。

温州人、义乌人最引人注目的就是敢为人先，冲破计划经济的束缚。而安吉精神最为引人注目的则是永不止步，不断升级，这就会突破家庭经营的固有弊端，就会突破乡村产业的低端锁定。我们在安吉农家乐并没有看到低端锁定，而是看到了不断升级，一直在升级，我们从农家乐升级中看到了当地的市场精神，看到了当地人的精神世界，也看到了乡村产业的希望。

为什么温州模式陷入困境，陷入了代际锁定？虽然敢为人先，但缺乏不断升级的精神。这是两个区域的差别，还是两种产业的差别？还是第二产业和第三产业的差别？一般来讲，小农是容易小富即安的，是容易满足的，是容易固守现状的。即使小农从事乡村工业，也仍然无法摆脱这种小农经营的惰性。但是，安吉农民为什么能够摆脱小农的惰性？安吉农家乐为什么能够不断升级？ 是市场和游客的促进，还是政府的促进，还是技术专家的促进，还是这几种力量综合发挥作用的结果。

报福镇的农家乐提升工程起码从2012年左右就开始了，镇政府提出了农家乐提升计划，但这里的农家乐提升主要是指硬件和设计的提升。在这一过程中，报福镇农家乐形成了两种模式，一种是石岭模式，以老年团为主；一种是景溪模式，以亲子团为主。前者是农家乐模式，后者是民宿模式。

农家乐与民宿，既是两种旅游产品，也是两种经营方式，更是两种经济组织。农家乐自从在安吉出现以来，就一直在升级，并没有像温州乡村工业一样出现"代际锁定"现象。乡村服务业的演变升级速度快，比乡村工业要快，这是一个有意思的现象。安吉农家乐并没有陷入"锁定"，而是一直在升级，出现了非常明显的"代际升级"现象。

安吉农家乐为什么没有陷入锁定呢，这只能从制度变迁的角度给予解释。这不只是一个技术问题，而是一个制度问题，是哪一个制度因素改变了乡村产业的代际锁定呢？制度升级背后不只是市场精神，更是一种创新精神。温州模式也是市场精神，安吉模式除了市场精神，还有创新精神，正是这种创新精神引领着安吉人民不断创新，具体到乡村产业和农家乐上，就是不断升级。体现在竹产业上，也是种植到加工，再到文旅的不断升级。

如果说创业是一种勇于开拓的市场精神，那么创新则是锐意进取的制度升级。创新精神不同于市场精神，市场精神是一种横向拓展的精神，而创新精神则是一种积极向上的纵向升级精神。安吉农家乐就像竹子一样，一节一节地向上升级，安吉的乡村旅游也像竹子一样不断升级，这是对市场精神的升华，这就是开竹精神。石岭是报福镇农家乐的发源地，景溪模式本身就是升级的产物，如果说石岭模式体现了市场精神，那么，景溪模式则更加体现了创新精神。景溪模式的最大启示，就是这种创业创新精神，就是开竹精神，像竹子一样积极地向上生长，这是景溪人对开竹精神的最好诠释。

四、景溪之路

与传统平原农区相比，景溪村属于山区农村，是非典型农村。但在过去，一直是按照农村来管理的，也是按照农村农业来发展的，这实际上束缚了山区农村的发展。如果山区农村也去种粮，走典型农村的发展道路，那是没有出路的。当然，山区农村也在乡村工业化道路上进行了探索，但最终并没有成功。山区农村如何发展，如何找到自己的道路，这实际上是景溪村探索的价值所在。

改革开放以来，景溪村逐步找到了山区农村的发展道路。当然，山区农村拥有自己独特的资源，比如竹林和溪水，只不过这些生态资源直到进入 21 世纪找到了自己的价值实现路径，这当然有村民的探索，有政府的鼓励，也有市场的需求，正是这些因素汇聚起来，促成了景溪村今天的发展模式与发展道路。

乡村经营是指经营乡村生态资源，安吉县最早提出乡村经营，那么，什么是乡村经营？就是经营生态资源，就是经营美丽环境，所谓美丽产业、美丽经济、美丽乡村、美丽县域等，就是生态经济，就是生态产业。

第十章 景溪之路启示录

所谓美丽乡村指的就是生态美,美丽乡村是指生态乡村,所谓美丽中国就是生态文明,美丽主要是指生态美,而非城市美,就是生态景观和生态美学,而非城市景观和城市美学。

乡村经营就是生态产业化经营,乡村经营与城市经营不同,乡村经营的不只是土地,更是依附于土地的生态资源。我们原来认为乡村经营的是空间,其实并不是什么空间,而是生态资源,生态资源价值实现和生态产业化经营,这才是乡村经营的实质。这也是景溪经验的核心。美丽是什么?是生态美。乡村经营都是集中开发,首先要整理土地,要对村庄空间进行好规划整理,对公共空间进行治理,对水利资源和土地资源进行规划。这是生态资源的开发模式。

景溪村优越的生态环境

安吉山区过去靠毛竹和产业,如今靠生态旅游,过去靠工业化,现在靠生态产业化。竹林现在的实物价值减少,因为竹制品加工业存在污染被关停,毛竹的价格下降,越来越不值钱。安吉的竹林经济转型,过去依靠出售毛竹,依靠烧炭,现在依靠旅游,实际上是农业产业化转型为生态产业化。过去利用自然资源,现在同样利用自然资源,过去是有形的物质产品,现在则是无形的生态服务产品。

农业产品不仅包括粮食作物和经济作物,这是我们过去的一个区分,更包括物质产品和非物质产品的区分。农业大学还在做农业产品，包括枣产业、苹果产业等，还是物质性产品导向。我们现在转向生态服务产品，通过制度创新加快生态产业化经营，建立健全生态产品价值实现机制。如何对生态产品的供给者进行补偿？这是生态产品价值实现机制创新的核心，提供生态产品的人也能够获得经济效益来改善他们的生活，这就需要在产权界定的基础上进行交易，需要一系列制度创新。

浙北山区农村，耕地少，竹林多，水资源丰富，被视为黄浦江源头，生态资源丰富；制度变迁是去工业化和生态化（"两山"理论），安吉农民先后退出了一产和二产，转向三产；最后的结果就是生态振兴，安吉模式不同于温州模式的地方在于，安吉模式是生态振兴的模式，而温州模式则是工业化模式。

安吉模式也是一种市场秩序，只不过安吉模式与温州模式最大的不同是，安吉模式是生态振兴模式，是去工业化模式。最大的制度变迁是去工业化，生态价值的实现机制不同于乡村工业化。温州模式和安吉模式的共同点是市场化，安吉模式也是一种自发的市场秩序，一种区域经济制度变迁的模式，是区域生态振兴之路。

温州模式是工业化模式，安吉模式是生态化模式。经济学家看到了工业化的浙江经验，目前还没有关注到生态化时代的浙江经验。生态化的浙江经验就是安吉模式，并且已经在全省开花。温州模式是乡村工业化时代的浙江经验。安吉模式是在去工业化的过程中逐步得以确立的，是一种与温州模式完全不同的模式。安吉模式就是生态化经营的模式，也可以说是生态经济模式。

当然，安吉模式的总结具有重要意义，去工业化和生态化是普遍的，这一轮乡村振兴的样本大都是生态振兴模式，安吉模式的总结对我们理解其他区域的经验要有启发，比如浔龙河村、战旗村等村落都是生态振兴模式，但是，生态振兴的机制是不同的。我们要继续深挖各地乡村生态振兴的路径与机制。

后记

2019年9月中旬的一天,师弟刘炳辉和夫人郭晓琳邀我同去浙江安吉报福镇调研,调研主题是乡村旅游产业发展,并做了详尽的调研设计和行程安排。这些年我也在关注安吉的美丽乡村建设和乡村经营,对当地乡村旅游产业的发展也颇有兴趣,便被炳辉夫妇的调研计划所打动,答应一同前去调研。

2019年9月26日至29日,我们对报福镇的分管领导、景区村庄负责人以及若干民宿业主进行了深度访谈,无不留下深刻印象。尤其是景溪村的黄大伟书记,待人真诚,思路清晰,富有激情,他所领导的景溪村是浙江省的AAA景区村庄,也是美丽乡村精品示范村,产业业态较为丰富,产业与治理协调发展。景溪村既有党建引领,也有合作社,既有中高端民宿,也有农家乐,既有乡村美食街,也有漂流。我当时就有一个直观的感受,这是新时代乡村产业振兴的一个样本。从一个"三农"研究者的角度,我一眼便看上了景溪村。

众所周知,安吉是中国美丽乡村建设的发源地,也是"两山"理念的发源地,2005年8月15日,时任中共浙江省委书记习近平同志在安吉余村提出了"绿水青山就是金山银山"的论断,余村便被视为践行"两山"理念的样板地模范生。景溪村虽不像余村那样拥有更为耀眼的政治光环,但也一直是"两山"理念的践行者,走出了一条绿色发展的乡村振兴之路。在我看来,景溪村就是一个拥有丰富生态资源的普通村庄,也正是因为普通,其生态创业之路也更具有代表性和借鉴价值。因而,我决定将景溪村作为新时代乡村产业振兴的样本进行研究。遇见景溪村虽是偶然,但当景溪村的生态振兴之路和我的乡村建设研究之路汇聚到一起的时候,走进景溪村便成为必然。

正当我准备对景溪村开展进一步研究的时候，陈文胜教授来电邀我参加他主持的一个"中国乡村振兴示范村"丛书出版计划，该出版计划已被列入"十三五"国家重点图书出版规划项目，拟在全国不同区域选取10个有代表性的村庄，每村一册。我当时就想到了景溪村，不管是景溪村自身，还是景溪村所在的安吉，乃至浙江，其乡村振兴经验对全国其他区域的乡村都具有借鉴意义。陈文胜教授是湖南师范大学中国乡村振兴研究院院长，并兼任中央农办、农业农村部乡村振兴专家委员会委员，他主编的丛书定会在乡村振兴领域产生较大的影响。如果能被纳入"中国乡村振兴示范村"丛书，对景溪村的发展是一件好事，同时也能够为我们的景溪村研究提供支撑，这一想法得到了黄大伟书记的认同与支持。

2020年1月13日至19日，我们第二次赴景溪村进行驻村调研，重点对黄大伟书记和民宿创业者进行了深度访谈。通过这次调研，对景溪村的美丽乡村建设、乡村产业和乡村经营有了较为深入的了解，对景溪村的乡村振兴之路有了一个整体把握。这次调研结束后，我才在网络上得知新冠疫情已进入公众视野。在疫情期间，我根据前两次调研撰写了调研报告，并开始写作书稿。疫情打乱了调研计划，也让我得以安静地思考景溪经验及其价值。2020年5月10日至21日，我第三次赴景溪村驻村调研，在此期间，疫情管控仍然非常严格，也正是因为如此，村里的游客少，村民也没有那么忙，整个调研过程顺利又愉快。在景溪村的三次调研中，先后访谈了多位老党员老干部、在职村干部、村民组长、民宿业主、企业主等，不仅获得了丰富的第一手资料和实践性知识，而且与村民们结下了深厚的友谊。一位民宿业主对我说：申老师你给人的感觉很亲切，我们都愿意和你聊。听到这样的话，心中泛起一股暖流，这对一名"三农"研究者而言，无疑是莫大的肯定、信任和鼓励。

在前后三次调研中，我们还得到了景溪村所在乡镇报福镇领导的大力支持，并从他们那里获得了诸多真知灼见，积极作为的乡镇基层干部是乡村振兴所不可或缺的。景溪村黄大伟书记是整个研究得以顺利进行的关键，可以说，没有大伟书记的用心支持，就不可能有这本书。大伟书记是景溪村的带头人，是一位有情怀的村支部书记，致力于让村民们在家门口就能吃上生态旅游的饭。在景溪村，我们近距离多角度地接触了大伟书记，一个最深的印象是大伟书记很忙，我们先后对大伟书记进行了7次访谈，其中多次由于工作原因被迫中断。大伟书记的爱人是一位贤内助，性格开朗，待人热情，在调研中提供了诸多帮助。景溪村民宿协会会长俞斌，是一位富有家乡情怀的返乡创业者，与我年龄相仿，责任心强，热心公益事业，为调研的顺利开展提供了非常多的帮助。

在这里特别要感谢的是在安吉城管局任职的竺海龙先生，海龙曾在报福镇担任大学生村官，深得当地干部群众的好评。我们第一次到报福镇调研就是海龙牵桥搭线，此后每次到景溪村，海龙都热情招呼。感谢海龙把美丽的报福镇和景溪村引介给我们，也祝愿他今后在美丽县域建设中做出更大的成绩。在此也感谢那些为农村调研提供过帮助的朋友们，你们的热情帮助对学术界而言是温暖而重要的，也必将助力乡村振兴战略目标的实现。

景溪村的基本经验正是"两山"理念在乡村振兴中的落地开花。本书以浓彩重墨来书写景溪人的生态创业故事，不是一个人的创业，而是一群人的创业，正是大众创业成就了景溪。景溪人身上的创新创业精神，正是乡村振兴的不竭动力，也是我想告诉大家的景溪精神。景溪人的创业故事是丰富的，我们的总结很难说是全面深刻的，并且景溪人还在探索，精彩还在继续。作为一种阶段性的记录、叙事和总结，希望能够助力景溪村的乡村振兴，能够对其他地方的乡村振兴探索有些许借鉴作用。

申端锋

2020 年 11 月 3 日